Hermann Simon
Confessions of the Pricing Man
How Price Affects Everything

ハーマン・サイモン [著]

価格の掟(おきて)

ザ・プライシングマンと呼ばれた男の告白

上田隆穂 [監訳]
渡部典子 [訳]

中央経済社

Copyright © 2015 by Hermann Simon
Japanese translation rights arranged with
Hermann Simon through Japan UNI Agency, Inc.

はじめに
───プライシング一筋でやってきた男の告白

　価格はいつでも，どこでも見かける，私たちの身近にあるものです。私たちは1日に何度も支払いや請求をします。時には価格に頭を悩ませ，また時には，ほとんど気に留めません。価格に備わっているダイナミクスを心得ているマネジャーは，その知識をさらなる利益向上や強い競争優位へと変えていけるのです。

　厄介なのは，「価格」をめぐるゲームがますます複雑化していることです。激しい競争，成熟するインターネット，グローバル化の進展により，消費者がどのように価値と価格を受け止め，それを踏まえて売り手がどう価格を設定すべきかをめぐって巨大で破壊的な変化が起こっています。マネジャーは注意し続け，絶えず学習しなくてはなりません。

　私が価格とプライシング（価格設定）というミステリーを探求し始めたのは40年以上も前のことですが，その当時，この魅力的な分野がこれほどまでに好奇心をそそり，陰謀やイノベーションをもたらすとは，まったく想像もしていませんでした。プライシングは私の職業，そしてライフワークになったのです。私は同僚とともに40年にわたって一連のパイオニア的な仕事を始め，世界中の何千もの企業の価格戦略やプライシングを手伝ってきました。こうした仕事から他に追随を許さない経験が蓄積され，価格に関する実践知の宝庫となっていきました。

　その宝庫を開ける鍵となるのがこの本です。
　この本では，価格というテーマについて知っておくべきことについて，洗いざらいお伝えします。こうした情報は，消費者はもとより，経営幹部，マネジャー，営業マン，マーケティングのエキスパートにも意味があるでしょう。読者にとって信頼のできるガイド役を務めながら，プライシングのトリック，戦術，「最高」と「最悪」の両方の実践例を見ていきます。また，革命的な行動研究というレンズを通じて，価格の合理性と不合理性の両面に迫ったり，時にはポイントが明確になるように簡単な数学も使ったりします。

そうした旅を始める前に，私の自己紹介とともに2，3告白したいことがあります。

　私は同僚とともに，売り手にとってベストの価格になるように消費者行動を重点的に研究して参りました。最初の16年間はビジネス・スクール教授や研究者として，1985年以降は博士課程の大学院生2人と一緒に設立したコンサルティング会社のサイモン・クチャー＆パートナースにて研究を続けてきました。この会社は今では，全主要国の30拠点で活動しており，売上高2億5,000万ドルを超える価格コンサルティングのグローバル・リーダーとなりました。ヘルスケア，自動車，テレコミュニケーション，消費財，サービス，インターネット，産業財など，あらゆる産業の経営者や経営幹部にサービスを提供しています。消費者や企業のバイヤーに対する現代的かつ高度な価格戦略はいろいろとありますが，当社はその裏方としてガイダンスや分析サービスを行ってきました。もっとも，こうした高度な価格構造を創り出したのはそもそも誰かということに，消費者やバイヤーは普通気づきもしません。

　私たちは推奨提案を通じて製品・サービスの価格に影響を与え，売上総額2兆5,000億ドルを達成してきました。この数字を上回る国内総生産（GDP）を誇るのは，世界でわずか6カ国です。

　ここで私は告白します。売り手と消費者の間に必ずしも公平な競争の場があるとは限らないことを。価格交渉における手強い調達のプロである企業のバイヤーには当てはまりませんが，総じてゲームはフェアだと私は思っています。その理由は「価値」の一語に集約されます。結局のところ，顧客が自分の獲得する価値に対して支払ってもいいと思うかどうかにかかっているのです。こうした知覚価値を見つけ出し，それに応じて製品やサービスに価格を設定することは，どの売り手にも難しいものです。それが公正な交換だという感覚が醸成され持続したときに限り，顧客はロイヤル・カスタマーであり続けます。顧客満足は長期的利益を最大化するための唯一の方法なのです。

　私は告白します。私たちは時折，倫理の問題に直面することを。あなたは命を救う医薬品に対して，最高でどのくらいの価格を設定するように推奨するでしょうか。企業としては，貧困国と富裕国とで同じ価格にすべきなのか。どのくらいまで独占的なポジションを追求できるのか。どの程度ならば独占禁止法に抵触するのか，許

されるのか。これらは白黒つけにくい難問です。最終的に意思決定するのはクライアントですが，私たちはコンサルタントとして，こうした法的側面や倫理的側面を考慮しなければなりません。

私は告白します。賢いプライシングを使って各社の利益が最大になるよう，これまでに何千社もの企業をサポートしてきたことを。一部の人は「利益」を資本主義の醜い側面だとみなしています。「利益の最大化」は，こうした人々の背筋を凍らせる刺激的な表現です。利益が生き残りをかけたコストであることは純然たる事実ですし，持続可能な利益を得ることは，どの民間企業にとっても「死活」問題です。利益を生み出せなければ，ビジネスは失敗してしまうからです。そして価格は，好むと好まざるとにかかわらず，より高い利益を生み出すための最も効果的な方法です。私たちはマネジャーたちに真の利益志向を教え込もうとしますが，だからといって短期的な利益の最大化を選好するわけではありません。私のミッションは，持続可能かつ長期的な収益性を達成できるように，価格の最適化において企業を支援することなのです。

最後にもう1つ，告白します。この本は私がこれまでに経験してきたプライシングにおける取り組み，冒険，勝利，失敗を幅広く集めたものであることを。新しくて，型にはまらない，創造的なプライシングのアイデアが次々と現れてくるのを目にすると，今でもほぼ毎日のように驚きを禁じ得ません。今後も引き続き，告白しなくてはならないことが出てくるのでしょう。

読者の皆さんが，価格という広大な世界の探求を大いに楽しみ，途中で「なるほど！」と思う瞬間が何度もあることを心から願っています。

ハーマン・サイモン
Hermann.Simon@simon-kucher.com
Twitter:@hermannsimon

謝　辞

　ドイツ語の原著の英訳では，プレゼント・テンス社のフランク・ルビーとエラーナ・ダフィーにお世話になりました。2人は翻訳や編集だけでなく，新たなリサーチでも貢献し，私に逸話や「告白」を増やすよう激励し，英語圏の読者にアピールする本になるよう構成変更などの提案をしてくれました。

　アイデアやコメント，批評的な文章チェック，テクニカル・サポートで助けていただいたサイモン・クチャー&パートナースの以下の同僚にも感謝の言葉を伝えます。

ボン：フィリップ・ビエルマン博士，クラウス・ヒレク博士，
　　　インゴ・リエル，ライナー・メックス博士，コーネリア・ライフェンベルク，
　　　ゲオルク・タック博士，ゲオルク・ヴッカー博士
ボストン：ファン・リヴェラ
フランクフルト：ダーク・シュミット・ガラス博士
ケルン：グンナー・クラウセン博士，マーティン・ゲーリンク博士，
　　　カール＝ハインツ・セバスチャン博士，エッケハルト・スタディー博士
ロンドン：マーク・ビリジ
マドリード：フィリップ・ダウス
ミュンヘン：クレメンズ・オベルハマー博士
ミラノ：エンリコ・トレヴィサン博士，ダニーロ・ザッタ博士
ニューヨーク：マイケル・クーン，アンドレ・ウェーバー
パリ：カイ・バンディーラ
サンフランシスコ：ヨシュア・ブルーム，マット・ジョンソン
サンパウロ：マニュエル・オソリオ
東京：イェンス・ミュラー博士
ウィーン：トーマス・ハラー博士

著者紹介

ハーマン・サイモン
(Hermann Simon)

　24カ国に30拠点を置く戦略・マーケティング・コンサルティング会社，サイモン・クチャー&パートナースの会長。サイモンは世界屈指の価格戦略の第一人者である。
　ドイツのマインツ大学（1989～1995年）とビーレフェルト大学（1979～1989年）で経営管理とマーケティングの教授を務めた。また，ハーバード大学，スタンフォード大学，ロンドン大学，INSEAD，慶應義塾大学，マサチューセッツ工科大学の客員教授を務めた。

　ボン大学とケルン大学で経済学と経営学を学び，ボン大学で1973年に学位を，1976年に博士号を取得した。様々な国際賞や名誉教授の称号を受け，ドイツ語圏ではピーター・ドラッカー氏に次いで，最も影響力のある経営思想家に選ばれている。

　1985年に2人の博士課程の学生と共にサイモン・クチャー&パートナースを創設。サイモンは同社で10年間顧問を務めた後，1995年に教授職を辞してフルタイムのCEOに就任し，国際展開を図った。CEO職を外れた2009年には，サイモン・クチャー&パートナースはすべての主要業界の案件を手掛ける世界最大手の価格コンサルティング会社となっていた。同社の顧客はフォーチュン・グローバル500社のうち200社以上にのぼるが，一部の顧客との関係は何十年にも及ぶ。

　著書には，世界中でベストセラーとなった『価格戦略論』（ダイヤモンド社，2002年），『脱・市場シェア主義』（ランダムハウス講談社，2006年），『隠れたコンピタンス経営』（トッパン，1998年），『グローバルビジネスの隠れたチャンピオン企業』（中央経済社，2012年，新装版2015年）などがあり，26カ国語に翻訳され，30以上の海外版が出版されている。

また，『*International Journal of Research in Marketing*』『*Management Science*』『*Recherche et Applications en Marketing*』『*Décisions Marketing*』『*European Management Journal*』など様々な雑誌の編集委員を務めるほか，1988年から月刊ビジネス誌『*Manager Magazin*』でコラムを執筆してきた。多数の財団や企業の社外取締役でもある。

監訳者まえがき

　監訳者である私は，2012年3月発行のハーマン・サイモン氏著『グローバルビジネスの隠れたチャンピオン企業―あの中堅企業はなぜ成功しているのか』（中央経済社，新装版：2015年9月）でも監訳を務めた。その際の著者との出会いを次のように説明している。

　「著者のハーマン・サイモン氏との出会いは，1980年代の最後辺りだと思う。パリ郊外で開かれたマーケティング・サイエンスの学会だった。当時監訳者は若く，駆け出しの研究者であった（今でも変わらないかも知れない）が，すでに有名になっていたサイモン教授は，話しかけた際にとても親切に対応してくれた。高名な教授ではなかなかそのような人格者はいないので，とても新鮮で嬉しく思ったことを覚えている。それから十数年の時が流れて，監訳者は縁あってプライシング研究を専門としており，そしてサイモン氏が世界のプライシングの第一人者であったため，日本に於いて再会があった。プライシング関連の講演会などで私が司会したり，一緒に講演させて頂いたりであった。そしてさらに10年近く毎年この関係が続き，今回の氏の書籍出版の監訳を務めさせて頂くに至っている。出会いから考えると監訳を務めることには一種の感慨を覚えるし，また非常に光栄なことと感じている。」

　あれからまた4年が経過し，今度は自分の専門分野のプライシングで監訳を務めさせて頂いている。以前『グローバルビジネスの隠れたチャンピオン企業』を岐阜県中津川市に拠点を置くサラダコスモ社の中田智洋社長に差し上げたところ，いたく感激されて，2015年10月にサイモン氏を中津川市にお呼びし，600名を集めた大きなカンファレンスが開催された。この催しは，地域活性化ともなり得る大イベントとなり，大成功を収めた。そして日本の隠れたチャンピオン企業経営者を全国から集めることとなった。サイモン氏は，このカンファレンス開催にも快く応じられ，2016年の今年もカンファレンスを開催することになり，テーマ「利益を上げるプライシング」で一緒に講演させて頂くことになった。監訳をきっかけとして，さらに親交を深めることになったことは私にとって大きな喜びである。

　サイモン氏は，かつてドイツの大学教授であり，アメリカのハーバード大学の客

VIII

員教授でもあり，あの故ピーター・ドラッカーとも親交があった非常に洞察力に富む研究者である。そしてサイモン・クチャー＆パートナースを創設した優れた経営者でもある。本書でも時々登場する同社は，現在，世界に広く30支社を持ち，売上高も2015年度実績で約250億円とコンサルティング分野で隠れたチャンピオン企業となっている。サイモン氏の若いときから続けている最も大きなテーマは，実はプライシングである。

　今回の書籍の面白さはずばりプライシングであり，実践にもかかわる同氏のこれまでの集大成と言っていいだろう。氏はアメリカでの大学院生時代，プライシングを研究するものがほとんどいなかった時代にプライシングの面白さとこれまでの研究における不十分さを理解し，取り組んだのである。そして大学教授をしているとき，あまりにも価格に関するコンサルティング依頼が多いことから，自分の教えた大学院の卒業生と起業し，大学教授からコンサルティング会社の会長・CEOに転身された経緯がある。これまでも価格に関する研究書，実用書を多く書かれたが，今回の内容はかなり趣を変えている。書籍そのものが面白いのである。自己の少年時代に価格に関する経験を持ち，そして大学院生時代にマーケティングの大御所フィリップ・コトラーにプライシングに関して論戦を挑んだエピソードなど興味深い話が満載である。そしてそのスタイルの中でも，プライシングに関して重要なことを豊富な事例を通じてわかりやすく読者に伝え，理解しやすいようにかみ砕いて解説を行っている。監訳者の書籍に対する固いスタイルと異なり，目からウロコが落ちる1冊であった。氏の幾星霜を経て体得したプライシングの奥義がたっぷりと解説されている。こういう書籍が書けたらと憧れる1冊なのである。

　さて本書であるが，価格の重要性，価格の本質から始まり，価格の持つ機能，心理学的な意味，価格戦略とその豊富な実例，収益に対する強烈なインパクト，価格の実際の場面での決め方，そして魔術的に細かく利益を拾うプライシング，イノベーティブな課金方法，価格戦争などに言及して，最後にプライシング重視の組織のあり方，株式に与える影響など広い視点から価格を語っている。氏以外では語れない，示唆に富んだ内容になっている。

　この書籍は読みやすいのに，内容が素晴らしく，かならず読まれた方の血となり肉となる内容である。前述の『グローバルビジネスの隠れたチャンピオン企業』が中長期的な利益を上げるための企業戦略であるとすれば，この書籍は短期的な利益

監訳者まえがき　ix

も上げうる企業戦略を示唆してくれる。両方併せればパーフェクトであろう。

　なお翻訳者の渡部典子さんの翻訳も素晴らしく，わかりにくい箇所も極めて内容を良く捉えて訳されている。この翻訳の素晴らしさがなければ監訳はもっと大変な作業となったであろう。翻訳・監訳と2回もコンビを組めることを感謝申しあげている。また今回の企画が実現したのは株式会社中央経済社と同社経営編集部の市田由紀子さんがおられたからである。多くの縁に感謝致したい。

2016年9月

上田　隆穂

目　次

はじめに ― プライシング一筋でやってきた男の告白　I

謝　辞　Ⅳ

著者紹介　Ⅴ

監訳者まえがき　Ⅶ

第1章　痛烈な洗礼を受けた私の価格体験
I

学生時代：プライシングの旅が始まった　2

教授時代：アカデミックが唯一の選択肢だった　7

価格コンサルタント時代：実世界に理論を適用する　8

第2章　価格を中心にすべてはまわる――　15

「価格」とは何か　17

「価格」の呼び方は多種多様　19

価格イコール価値である　20

価値を創出し伝達する　24

2012年ロンドン・オリンピック：秀逸なプライシング　27

ドイツ鉄道のバーンカード：賢いプライシングの果実　28

需要と供給のバランスをとる　33

希少性と景気循環はどう影響するか　33

政府が価格に介入するのはいいことか？　35

II

価格と力の関係　37

プライシングが倫理の境界線を越えるとき　38

第3章　プライシングの心理学
―価格をめぐる不可思議な人間行動に迫る―― 41

価格が生み出す威光効果　42

品質指標としての価格　44

価格のプラシーボ効果　45

価格は競争上の武器にならない？　46

価格のアンカー効果　47

南京錠が物語る中間のマジック　49

とびきり高くも，とびきり安くもないワイン　50

誰も買わないのに収益に貢献する商品？　50

希少性のマジック　51

選択肢を増やせばもっと売れる？　52

閾値と端数価格の心理的効果　54

プロスペクト理論　57

プロスペクト理論と価格　59

ビジネスクラスか，エコノミークラスか？　59

無料か有料かは大きな違いだ！　60

現金払いのほうがいい？　61

クレジットカードの誘惑　61

なぜ値引きではなく，キャッシュバックなのか？　62

「ムーン・プライス」の意義　63

総額は同じでも，価格構造によって
　支払意欲は変わる　64

メンタル・アカウンティング理論　66

ニューロ・プライシングの可能性と限界　67

目　次　III

行動経済学と神経経済学：鵜呑みにするのは危険！　69

第4章　価格ポジショニング
―高価格と低価格のどちらを選ぶか―――――― 73

成功する低価格戦略　73

アルディ　73

イケア　75

H&Mとザラ　75

ライアンエアー　75

デル　77

安価な代替品（LEA）　78

アマゾンとザランド：売上か，利益か　78

低価格戦略の成功要因　80

超低価格：低価格をさらに安くできるか　82

ダチア・ロガンとタタ・ナノ　82

ホンダウェーブ　83

超低価格ポジショニングは
　消費財や貧困層だけではない　84

先進国でも超低価格品は売れる？　87

超低価格戦略の成功要因　88

成功する高価格戦略　89

高価格と言えるのはいくら以上？　89

アップルとサムスンの違い　90

ジレット　91

ミーレ　92

ポルシェ　93

エネルコン　94

"バグズ"バーガー・バグ・キラーズ　96

高価格戦略が裏目に出るとき　97

高価格戦略の成功要因　98

ラグジュアリー・プライシングの成功戦略　99

ラグジュアリー時計の原価はいくらか　99

スイスの腕時計　101

LVMHとリッチモント　101

ラグジュアリー品は価格天国？　102

マイバッハ　102

ラグジュアリー品に価格の上限はあるのか？　105

価値を持続させるための課題　106

数量制限は厳守せよ！　107

ラグジュアリー価格戦略の成功要因　108

最も有望な価格戦略とは？　109

第5章　価格は重要な利益ドライバーである

115

誤った目標を追っていないか？　118

価格が2％上がると，利益はどうなるか？（レバレッジ効果／テコの原理）　122

価格は最も効果的な利益ドライバーである　123

価格変更のインパクト　125

バック・トゥ・ザ・フューチャー：
　GMの従業員割引プログラム　128

価格，利益率，利益　130

価格はユニークなマーケティング・ツールである　132

目　次　v

第6章　価格決定における検討ポイント - 137

価格の前提条件：5W1H
　（誰が，何を，いつ，どこで，どのように）　137

価格決定の影響　139

価格と数量　141

コストベースの価格設定　143

競合他社に追随する　144

市場ベースの価格設定　145

価値を均等に分け合う　147

需要曲線と価格弾力性の見つけ方　149

専門家の判断を聞く　150

顧客に直接的に聞く　152

顧客に間接的に聞く　153

価格のフィールド・テスト　153

ビッグデータの神話：
　正確な需要曲線と価格弾力性になるのか？　154

ライバル企業の価格に，どう反応すべきか？　156

囚人のジレンマ：ゲームを始めよう！　157

価格リーダーシップ　159

シグナリング　160

寡占市場における価格決定　161

なぜインフレが価格決定に重要なのか？　164

価格とインフレ：ブラジルに学べ　167

VI

第7章 価格差異化という高度なアート - 171

長方形の利益から三角形の利益へ 172

コカ・コーラ1缶はいくらか？ 174

2つの価格で差をつくる 176

なぜ1杯目のビールは
　高い価格にしたほうがいいのか 178

映画館の非線形的プライシング 179

価格バンドリング 181

オプションのアクセサリーの価格バンドリング 183

アンバンドリング 184

マルチパーソン・プライシング 185

要注意：多く買うほど安くなる？ 186

差異化か差別化か 187

価格と場所 191

価格と時間 193

鮮度が落ちる商品 195

ダイナミック・プライシングの特許 196

ジャグリング能力と価格 197

価格と希少性 198

ハイロー価格とEDLP（エブリデー・ロープライス） 199

前売価格と事前予約割引 201

ペネトレーション戦略：トヨタ・レクサス 202

スキミング戦略：アップルのiPhone 204

情報と利益の崖 207

フェンスの構築 208

コストに注意せよ 209

目　次　VII

第8章　プライシングのイノベーション ― 213

抜本的な価格透明性の向上　213

使用ベースの従量制課金　214

新しい価格測定基準　218

新しい価格パラメータの導入：サニフェアの事例　220

Amazonプライム　221

産業用ガス　222

ARM　223

フリーミアム　223

定額制料金　227

前払い制　230

顧客主導型プライシング　231

ペイ・ワット・ユー・ウォント方式　232

利益志向のインセンティブ方式　233

より良い価格予測を目指して　234

追加料金を賢く活用する　235

アラカルト・プライシング　240

ハーバード・ビジネス・レビュー・プレス　241

オークション　242

第9章　経済危機への対応と価格戦争 ―― 245

危機とは何か？　245

数量削減か，値下げか　247

賢明な値下げのやり方　249

値下げよりも，キャッシュや製品を提供したほうが
　　いい？　251

顧客のレーダースクリーンをかいくぐれ！　253

過剰設備という大敵　254

危機の最中に値上げは可能か？　257

価格戦争は企業の利益を破壊する　258

第10章 プライシングはCEOが取り組むべき仕事である —— 265

価格と株主価値　267

価格を使っていかに時価総額を高められるか　268

プライシングを通じて1億2,000万ドルの増益　269

価格と時価総額　270

フィリップ・モリス：
　マールボロ・マンが落馬した日　270

プラクティカ：「すべて20％オフ」は効果的？　271

炭酸カリウム市場：
　価格競争がもたらした破壊的な影響　273

ネットフリックス：成功体験が災いした？　274

J.C.ペニー：トレードアップ戦略の落とし穴　275

アバクロンビー・アンド・フィッチ：
　割引と販促キャンペーンが裏目に　277

電話通信会社：価格統制で時価総額が向上　278

プライシングと金融アナリスト　280

価格とプライベート・エクイティ投資家　282

トップ・マネジメントの主要な役割　284

索　引　289

——第1章——
痛烈な洗礼を受けた
私の価格体験

　人生で初めて学んだ価格のパワーや重要性，その効果を思うと，私は心中穏やかではいられなくなる。それは，私の心に永遠に刻み込まれる体験となった。ただし，その洗礼を受けたのは，成人してから教授やコンサルタントとして長い時間を過ごした大学の教室や会社の会議室の中ではない。

　舞台となったのは，人類の知る最古の商業形態，田舎のファーマーズ・マーケット（農畜産物直売所）だった。

　私は第二次世界大戦の直後に小さな牧場で育った。私の父は養豚業を営んでいた。豚が成育すると，父は地元の卸売市場に運んでいき，そこで肉屋や取引業者によって競り落とされた。市場の中に豚を卸す農家がどれほど多くても，「買い手」である肉屋や取引業者の数とつりあいがとれていれば，個々の買い手や売り手が豚の価格に直接的な影響力を持つことはない。私たちは，取引を仕切る地元の協同組合の言いなりだった。父に価格を告げるのはいつも組合であり，それで父が家族のためにどれだけのお金を持ち帰れるかがわかるのだ。

　私たちが地元の牛乳加工所に卸していた牛乳も同じ状況だった。私たちは価格に対してまったく影響力を持っていなかった。私たちに価格がいくらになるかを告げるのは，やはり協同組合に属する牛乳加工所だった。牛乳の価格は需給によって変動する。供給過剰になると価格は安くなるが，需要と供給の具体的な数字はなく，私たちは市場そのものを観察して心証を得るしかなかった。ほかには誰が牛乳を卸したか。それはどのくらいの量か，というように。

　父が卸していたどの市場でも，私たちは常に「価格を言い渡される側」だった。

好むと好まざるとにかかわらず，提示された価格を受け入れるしかなかった。それはひどく不愉快な立場だ。同じ経験をした人なら誰もが請け合うように，農家ではお金が逼迫している。そこでの売上が私たちの唯一の収入源だった。

　子ども時代にこうした気持ちをたっぷりと味わったが，それが面白くなかったことを認めよう。後年になってインタビューされたならば，こうした学びは，自分でビジネスを手掛けたり，他者のビジネスを支援したりする際の指針になったと説明しただろう。言い換えると，自分が価格に影響を及ぼせないビジネスは絶対にやってはいけないのだ[1]。

　1950年代の私は子どもだったので，それほど明確に自分の考えを主張できなかっただろう。しかし私は今日でも，豚肉の価格について考えたり，牛乳を買ったりするときにはいつも，理屈抜きで同じ思いを抱いてしまう。この子ども時代の体験が私のビジネス観を形成したことは間違いない。私は今日でも，お金の儲からないビジネスが良いとは思えないのだ。

　どのくらい儲けを出せるかは価格で決まる。それについては疑問の余地はない。しかし，金銭的にカツカツで，四半期や月々をようやく食いつなぐ状況に陥らぬように，あなたはどれだけ価格に影響を及ぼせるだろうか。また，影響を及ぼせる場合，それをどう使えばベストなのか。私は生涯を通じて，この2つの問いについてより良い答えを求めることに情熱を注いできたが，その大元には子ども時代の経験がある。このテーマにすっかりのめり込んだ私にとって，プライシング（価格設定）は生涯の伴侶となった。とはいえ，小さな農家からグローバルなプライシングの専門家になるまでの道のりは決してまっすぐではなかった。

✛ 学生時代：プライシングの旅が始まった

　大学時代の私は，プライシング理論の講義に魅了された。それは数学的にエレガントで，しばしばひどく複雑だった。私は難解な授業を受けながら，価格問題を考え，構造を理解し，解決するための一連の方法論を学んだ。これは，プライシングの働きを理解するうえで，もう1つの重要な基盤となった。

第1章　痛烈な洗礼を受けた私の価格体験　3

　しかし，農家の息子である私はすぐに，あることに気づいた。教授や学生たちは，こうした理論が実生活にどう適用されるかについて語ることはほとんどなかったのだ。当時の私は，こうした概念が最終的に現実の世界で起きる問題に当てはまるとはまったく思っていなかった。そのわずか数年後に，私は数学も重要であり，プライシングの他の側面と組み合わさると，企業に強い競争力をもたらすことがあると理解するようになった。

　ドイツの数学者のラインハルト・ゼルテン教授との出会いも，感慨深いプライシング体験となった。彼は1994年にゲーム理論に関する研究でノーベル経済学賞を受賞している。ゼルテン教授はクラスでプライシングの実験を行ったが，実際にお金を賭けて，100ドルの賞金までついていた。Aプレーヤー1人がBプレーヤー4人と交渉して，少なくとも10分以内に連合を組めれば，仲間内でこの賞金を分け合うことができる。

　ここで，あなたがAプレーヤーだとすれば（私に割り振られた役割だった），どうするだろうか。どんな原則に従い，どんな動機を持つだろうか。ここであなたの頭に浮かんだ考えをしばし記憶しておいてほしい。この実験の結末はこの章の最後に触れることとして，ここで今，私が伝えたいのは，このときの実験結果が私の中で「価値」という語彙としっかりと結びついたことだ。プライシングとは人が価値を分け合う方法だと，ストレートに教えられたのである。

　私が経済学修士課程を終えた1970年代は，実業界では誰もプライシング自体が1つの分野だと考えていなかった。プライシングへの情熱を探求し続けたければ，現実的な選択肢は1つしかなく，私は学問の世界に留まる必要があったのだ。博士論文「新製品の価格戦略」が次の主要なマイルストーンとなった。ティーチング・アシスタントを務めていた頃，価格政策に関する問題を扱った論文をいくつか研究するチャンスが訪れた。そこには専門家の意見も載っており，大企業がどのように製品の価格を設定しているかという実態が初めて垣間見えたのだ。そのプロセスや政策にはかなり改善の余地があると強く感じたことを覚えているが，当時の私には具体的な解決策がなかった。

　1979年1月，私の旅は次のステップに進んだ。私は当時，マサチューセッツ工科

4

大学の博士研究員（ポスドク）だった。私はほんの数日のうちに3～4人の人物に出会ったのだが，彼らは私のキャリアパスに影響を及ぼしただけでなく，プライシングを一部の情熱的な教授の学術的トピックから，重要なコーポレート機能と強力なマーケティング・ツールへと発展させる下地を作った。

　最初に私が訪ねたのは，ノースウェスタン大学のフィリップ・コトラー教授だ。比較的若い年齢でマーケティングの第一人者となったコトラーに，私の研究結果を見せたかったのだ。私は当時，製品ライフサイクルを通じて買い手の価格感度がどのように変容するかを研究していた。これは，オンライン・ストアのハイテクガジェットであれ，地方市場で熟した果物であれ，対象製品を問わず，世界中のあらゆる買い物客が現実に経験しているトピックだ。つまり，製品が年月を経るにつれて，私たちの知覚価値は変容するのだ。それがどのように賢明なプライシングの機会となるかを，私は知りたいと思っていた。

　私は1978年に，当時の主要な学会誌『マネジメント・サイエンス』に論文を発表した。そこでは，製品ライフサイクルを通じた価格動向に関するコトラーのモデルにつじつまの合わない部分があることを示していた。私自身の製品ライフサイクルと価格弾力性に関する実証研究も一般常識に反するものだった。

　私はコトラーに，型にはまらないプライシング研究がしたいのだと意気盛んに語った。高度な効用とエレガントな理論という世界を飛び出して，実際にマネジャーや営業担当者が理解し，それぞれのビジネス上の意思決定に使えるものを作りたかったのだ。

　コトラーの言葉に，私の幻想はすぐに打ち砕かれた。

　「ほとんどの科学的なマーケティング研究者は，日々のビジネスに関連させたいと思っていますが，成功しているのはほんの一握りですよ」と，彼は告げた。

　コトラーが正しいことはわかっていた。プライシングに関する科学の大半はミクロ経済学に由来していた。プライシングがミクロ経済学の境界線や推移に限定されたままなら，実世界との関連性はせいぜい周辺的でしかないだろう。

第1章　痛烈な洗礼を受けた私の価格体験　5

しかしコトラーは，ちょっぴり励みになることも教えてくれた。彼は「価格コンサルタント」を名乗る人物を知っていた。その人はプライシング問題で企業を手伝い，それなりに生計を立てているようなのだ。今なら「価格コンサルタント」という言葉を聞いてすぐにピンとくるが，初めて耳にしたとき，私には想像もつかなかった。その人はどんなことをやっているのか。クライアントに何を提案するのか。この旅行の後，私はこの言葉を胸に刻み，「価格コンサルタント」を見つけ出してその仕事についてもっと学ぼうと心に誓った。

私はノースウェスタン大学だけでなく，ミシガン湖沿いに数マイル離れた場所にあるシカゴ大学サウスサイド・キャンパスも訪ねた。同大学助教のロバート・ドランとトーマス・ネーグルに会う約束をしていたのだ。

前日の夜に到着した私は，イリノイ・セントラル駅から大学のゲストハウスまで，肌を突き刺すような寒さと風の中を4ブロックほど歩いた。翌朝，ビジネス・スクールで2人に会い，夜分に駅からゲストハウスまで歩いたことを話すと，彼らは恐れおののいた。

「なんと軽率なことを！　ここは犯罪多発地帯ですよ。襲われなくて本当に運が良かったですね」と，彼らは言った。

シカゴ大学は，天候や犯罪のリスクはさておき，定量的研究を扱う経済学者である私にはうってつけの場所だった。まさにキリスト教徒がバチカンを訪れるようなものだ。同大学のビジネス・スクールでは，若手の助教のドランとネーグルが私と同じ研究に取り組んでいた。当時は，ワクワクするような新しいアイデアが多数，広まり始めていた。たとえば，価格弾力性と需要曲線の実証的測定，非線形プライシング，価格バンドリング，ダイナミック・モデリング，新製品の普及への価格効果などである。偉大なるフィリップ・コトラー教授に物申して物議を醸している無名のドイツ人として，私は目立っていた。コトラー教授自身は批判について気にしていなかったが（今でも彼とは良い友人だ），私の指摘を侮辱だとみなす人も多かった。だが，こうした感情論は背景に紛れていった。若い助教たちはプライシング研究に注目していたので，私たちには議論すべきことが豊富にあったのだ。

ネーグルは数年後にシカゴ大学を去り，プライシング・トレーニングに特化した
ストラテジック・プライシング・グループを設立した。彼の共著書『Strategies
and Tactics of Pricing（プライシングの戦略と戦術)』は，このテーマに関するベ
ストセラー書となった。ここ数年，私はボストンを訪れると決まってネーグルと
会っている。

一方，ドランとは生涯にわたる家族ぐるみの友情を築くこととなった。彼はその
後，ハーバード・ビジネス・スクールに移り，私も1988/1989年に同校のマービン・
バウアー・フェローを務めた[2]。ドランと私は緊密に協力しながら共著書の執筆を
始め，1996年に『Power Pricing』（邦訳『価格戦略論』，ダイヤモンド社，2002年)
を完成させた[3]。

1979年に話を戻すと，私はコトラーが教えてくれた人物について実際に調べてみ
た。そして，価格コンサルタントを名乗るダン・ナイマーと連絡をとった。彼は自
分の書いた文献をいくつか送ってくれたが，私が学術分野で読み書きしてきた理論
研究との違いはこれ以上ないほどに顕著だった。アカデミックな世界の価格関連の
科学的論文は，理論には事欠かないが，実用的なアドバイスを欠いていた。ナイ
マーの書いたものはそれと正反対で，シンプルだが，役立つインサイトに満ちてい
た。ナイマーは調査することもなく，おそらくその理論的な基礎も知らないまま，
プライシングのトリックや戦術について非常に鋭い直観を働かせていたのだ。たと
えば，スタンフォード大学の教授が理論やそれが最適である理由を示す2年前に，
彼は価格バンドリングを提案していた。

ナイマーは，学界で実証される前にこうしたツールボックスを備えた，実践志向
のコンサルタントだった。彼の価格コンサルティングへの情熱には伝染性があり，
私は間違いなくそれに感染した。しかも，私たち若者が行っていることについて，
彼は興味を持っていた。自分よりも年上で，豊富な経験を持つ，知名度の高い人た
ちが，こちらの仕事に関心を持ってくれることは，とても大きな励みになるものだ。

私はその後も長年，ナイマーに時々会いに行った。彼の情熱は90代になっても衰
えなかった。彼は依然としてプライシングの講義を行い，クライアントにアドバイ
スをしていた。2012年，プライシング・コミュニティの面々は，彼の90歳の誕生日

を祝うために約400ページの分厚い本をまとめて，このプライシングのビジョナリーを称えた[4]。私は光栄にも，この記念出版書の中で「価格コンサルティングの時代がいかに到来したか」と題する章を担当させてもらった。

これらの出会いや人間関係はすべて1979年の出来事であり，まさに転機の年となっていた。このようにして私はプライシングとその未来を理解するようになったのだ。感情，インセンティブ，理論，数学，価値，調査をすべて組み込む方法を見つけて，私が本心からその企業には必要だと思う支援を行うようになるまでには，それからまだ6年かかった。1979年から1985年にかけて私は引き続き学問の世界にとどまり，プライシングの重要性とその研究対象としての魅力について関心を高めていった。

✢ 教授時代：アカデミックが唯一の選択肢だった

1979年秋，私は複数の大学やビジネス・スクールで経営学を教え始めた。私の専門は主にプライシングだった。その成果をまとめたのが，1982年に出版したドイツ語の書籍『Preismanagement（価格マネジメント）』である（英語版は1989年に出版されている）[5]。実にシンプルなタイトルだが，時間をかけて熟考を重ねたものだ。当時は価格をマネジメントするという考え方は主流ではなかった。一般的な用語があるとすれば，それは「価格理論」か「価格政策」だった。前者は高度な定量的概念を扱い，私が経済学を学んでいたときに最初に遭遇したものだ。価格は結局，定量的でなくてはならないし，実際に数字で表現される。後者の「価格政策」は，実務家の現実の行動を指している。これは非常に定性的で，社内ではある種の歴史として次世代に口伝えや文書で引き継がれていくものだ。

私は「価格マネジメント」という言葉を使って，日常的に価格決定を行うマネジャーや営業担当者，財務担当チームに役立つ形で，この一見すると相容れない世界を統合したいと思っていた。言い換えると，定量的で理論的な概念を取り上げて，実務家にも身近で有用なものにすることで，自社のプライシングの意思決定を向上させられるように試みたのだ。

私は大学教授として在職中，定期的に実務家向けに価格マネジメントの講演やセミナーを行った。また，このテーマの学位論文や修士論文も多数指導した。そうした論文の多くは，そこで解明された疑問と同じくらい多くの新しい問題を提起し，他の研究と組み合わさって価格マネジメントの知識体系を拡大・深化させていった。1992年に私が出版した『価格マネジメント』第2版が740ページに膨らんだ理由もここにある。このように知識が増えることにより，プライシングに関するさらなるインサイトへのニーズが満たされていった。

✦ 価格コンサルタント時代：実世界に理論を適用する

私は1975年から，当時は世界最大の製薬会社だったヘキストで「優秀な人材」向けに3週間のマネジメント・セミナーを担当した。フランスのINSEAD，ロンドン大学，慶應義塾大学，スタンフォード大学，ハーバード大学の客員教授となり，世界中のビジネス・スクールへと教育活動の幅が広がった。また，企業に対してアドバイスをするようにもなった。最初は小さなサイド・ビジネスとして，研究漬けの生活からうまい具合にペースを切り替えることができた。次のステップに進んで，ダン・ナイマーが1970年代に考案した肩書きを引き受ける時となったのだ。私はあえて「価格コンサルタント」を名乗るようになった。

私が手掛けた最初のコンサルティング・プロジェクトのクライアントは，巨大な化学メーカーのBASFだった。同社の経営陣から，業務用塗料事業の市場セグメンテーションを見直す必要があるので手伝ってほしいと言われたのだ。ヘキストからもプロジェクトを依頼され，私たちにとって初期における最大のクライアントとなった。1985年までに，私はドイツとヨーロッパの業界で知られるようになり，ほぼすべての大手ドイツ企業が参加するマネジメント協会のディレクターに指名された。ごく短期間で，私はドイツ産業界のトップ層と知り合うことができた。

これらの業務をすべて専門的に行う唯一の方法は，コンサルティング会社をつくることだと，私たちはまもなく理解するようになった。そこで1985年に，私は最初の博士課程の教え子であるエクハルト・クチャーとカール＝ハインツ・セバスチャンと共に会社を設立したのである。『価格マネジメント』の執筆動機と同じく，私

たちは学術研究の方法論や理論を実際のビジネス課題に適用したいと思っていた。エクハルトとカール＝ハインツは，私の業界内のコネクションを使いながら，創業後まもない企業を運営した。さらに3人の従業員を雇い，初年度に売上高40万ドルを達成した。1989年には，従業員が13人，売上高が220万ドルになった。ゆっくりとだが着実に成長を続け，私たちはクライアント企業の未充足のニーズをうまく捉えているという自信をますます深めていった。

　ダン・ナイマーのところで述べたように，年上で，豊富な経験を持ち，知名度の高い人たちが，私たちの仕事に関心を持ってくれることは，この上ない励みとなるものだ。私たちはこの頃，世界的に著名な経営思想家のピーター・ドラッカーから，さらなる支援とインスピレーションを受けた。私はドラッカーと，プライシングについて何度も興味深い議論を重ねた。ドラッカーはいつも，プライシングの理論や研究を実践的に適用する方法を見つけるという目標を追求するよう励ましてくれた。

　カリフォルニア州クレアモントのドラッカーの自宅を訪ねたときに，ドラッカーは私に「あなたがプライシングを重視していることに感銘を受けました」と言葉をかけ，「マーケティングでは最も顧みられていない分野ですね」と続けた。彼はプライシングと利益は明らかに結びついていることを理解しており，私が博士課程のときに最初に気づいたように改善の可能性を感じ取っていたのだ。

　ドラッカーは経済的観点や倫理的な観点からもプライシングに興味を持ったようだ。利益は「サバイバルコスト」であり，十分に高い価格は「生き残りの手段」になるという，私も深く共感する2つの論点を理解していた。21世紀に「利益」という言葉は，数々の抗議の対象となり，否定的に報じられた。ドラッカーは常に明確な倫理上のバランスを保とうとしていた。彼は市場の力の濫用を警告し，価格透明性について指摘し，公正な行動を呼びかけた。それと同時に，儲けを出すことの重要性を理解しており，1975年に『ウォールストリート・ジャーナル』紙オピニオン欄の中で非常に雄弁に語っている。

　「それは，純粋な資本コスト，明日のリスク，明日の労働者や年金受給者のニーズに見合った利益を稼ぐビジネスではない。そういうことに失敗したビジネスであり，社会を“搾取”している」

2000年代初期に，ドラッカーは私にこう語った。「今日の価格政策は基本的に推測の産物です。あなたが行っているのはパイオニア的な仕事です。ほかの競争相手が理解するまでに，相当な時間がかかると思います」[6]。そして2005年に亡くなる前に，ドラッカーは私の共著書『脱・市場シェア主義』（ランダムハウス講談社）に推薦文を寄せてくれた。「市場シェアと収益性のバランスを保たなくてはならないが，往々にして収益性はないがしろにされる。したがって，これは非常に必要とされる本の1冊だ」[7]

1995年までに，私たちの小さなコンサルティング会社は従業員数35人，売上高790万ドルとなっていた。その時点で，私は2足の草鞋を履くのをやめることにした。アカデミックのキャリアを捨てて，会社と価格マネジメントに重点を置くことにすべての時間を投じることにしたのだ。私は1995年にサイモン・クチャー＆パートナースのフルタイムのCEOに就任し，2009年から会長になった。

2015年，サイモン・クチャー＆パートナースの売上高は2億3,500万ドルに達した。同年末時点で，世界24カ国の30拠点で850人以上の従業員を擁するまでになった。そして今では，価格コンサルティングという専門分野のグローバル・マーケット・リーダーだと広く認められている。

ファーマーズ・マーケットに最初に訪れた時から，直近の中国への講演旅行までの間に，私は何千もの形の価格に遭遇してきた。価格がどのように決まり，なぜ，どのように機能するかを理解しようという，この生涯にわたるチャレンジングな旅は，時としてこの上なく楽しい。

コトラーがつかみどころがないと評した実世界との関連性を持ちながら，同僚とともにまた1つ秘密を解明して「わかったぞ！」と思う瞬間は，特にそうだ。あなたにとって，この本の中にもそうした瞬間がたくさんあるだろう。ただし，私は欲求不満や混乱，時には無力感も経験してきた。あなたも，この本の中でそれと同じ気持ちになる瞬間があるだろう。

プライシングで最大の勝利の瞬間が訪れたのは，新しい手法の考案と導入を支援して，消費者と当該企業に大きな成功をもたらしたときだった。私たちは1992年に，

ドイツの巨大な鉄道会社のためにプリペイドの割引カードを導入した。これは消費者に大好評だった。このカードを使えば，旅行プランがはるかに立てやすくなり，かつてないほどの価格透明性が担保されたからだ。また，会社側も大いに満足した。というのも，電車が実用的で手頃な選択肢だと思う人が増えるにつれて，カード料金から安定的な収入の流れが確保され，売上が拡大したのだ。

ダイムラーが革命的なメルセデスAクラスを市場投入したときには，かなりの高価格を実現させるべくサポートしたが，この案件についても誇りに思っている。私たちのチームは，ポルシェの新車投入や，ほとんどの主要なインターネット会社がブレークスルーとなるアイデアを事業化し持続的に成功させるためのサポートも行ってきた。

こうした勝利において重要になるのが，将来のトレンドを予想し，その影響を推定する能力だ。石油開発などの業界では，結果が明らかになるまでに何年もかかる。しかし，世界はわずか数分で様変わりすることもある。たとえば，私たちは世界最大の旅行会社であるTUI向けに新しいプライシングを開発し，2001年10月1日の導入を目指していた。9月11日にアメリカで同時多発テロが起こると，そのシステムの背後にあった前提，分析，提案は1つ残らず無効になってしまった。にもかかわらず，1年後にもらったTUIの経営層からの電子メールに，新プライシング・システムの取り組みは無駄ではなかったと書かれていたので，私は胸をなでおろした。従前のシステムを使い続けていたならば，もっとひどい状況になっていたと，彼らは述べていた。

私が味わった最初のプライシングの勝利は，ゼルテン教授の実験かもしれない。あのときに，価値，インセンティブ，コミュニケーションの重要性を私は学んだのだ。ファーマーズ・マーケットの経験とは違って，私には価格に対して影響力をふるい，交渉で提示金額を勝ち取る機会が与えられていた。Aプレーヤーになるとしたら，あなたはどんなことを考えるだろうか。私が昔，その役回りになったときには，Bプレーヤーたちと喧々諤々の交渉を行い，最終的に制限時間の10分以内に提携がまとまった。2人のBプレーヤーが20ドルずつ持ち帰り，私は残りの60ドルを手にした。それは当時の学生にとって大金であり，期待値を20%上回っていた[8]。プライシングは常に人々がどのように価値を分け合うかを表すのだ。この実験は私

の研究のハイライトの1つとなった。

　当然ながら，私はプライシング・コンサルタントとして何度か大失敗もした。クライアントが私たちの提案した価格を実行できなかったり，価格を変更しても市場で期待された効果が見られなかったりしたこともある。幸いにも，こうした大失敗はごく稀だった。私たちの提案に抵抗感を持つクライアントとは，何度も激論を戦わせた。後から考えても，どちらが正しかったのかわからないこともある。ビジネス・チームには，現実的なオプションがたくさんあるが，選べるのはたったの1つだ。その意思決定にはあまりにも多くの要因が絡み，あまりにも多くの市場ダイナミクスが働くので，白黒はっきりつくほうが珍しい。

　人は誰でも価値を創出し消費する。私たちは絶えず，自分のお金を投じるのにふさわしい価値があるかを判断したり，相手を説得しお金を引き出そうとしたりする。それが，プライシングの本質である。この本の中でその驚くべき世界を一緒に旅して，プライシング一筋でやってきた男の告白をぜひ楽しんでいただきたい！

注◆

1　"Hier ist meine Seele vergraben" (Here my soul is buried), interview with Hermann Simon, Welt am Sonntag, November 9, 2008, p.37.

2　マービン・バウアー（1903～2003年）はマッキンゼー・アンド・カンパニーの共同創業者で，私のプライシングの仕事にも非常に興味を持っていた。

3　Robert J. Dolan and Hermann Simon, Power pricing：how managing price transforms the bottom line, Free Press,1996.（邦訳『価格戦略論』ダイヤモンド社，2002年）

4　Gerald E. Smith (ed.), Visionary pricing: reflections and advances in honor of Dan Nimer, Emerald Publishing Group, 2012.

5　Hermann Simon, Price management, Elsevier, 1989.（邦訳『脱・市場シェア主義』，ランダムハウス講談社，2006年）

6　ピーター・ドラッカーからの書簡，2003年7月7日付。

7　2005年11月2日，ピーター・ドラッカーの妻のドリスからの書簡。「残念ながら，ピーターの具合がひどく悪いことをお伝えしなくてはなりません。彼は倒れる前にあなたへの手紙を口述筆記させました。秘書がたった今，署名をもらいにここに持ってきました」と夫人は書いている。それから，本に関する彼の推薦文が続く。私は2005年11月12日にドラッカーとクレアモントの自宅で会う約束をしていた。その前夜に，メキシコシティーから確認の電話を入れると，夫人が電話口で「ピーターは今朝亡くなりました」と語り，私はショックを受けた。

8　AプレーヤーはBプレーヤーの2倍となるので，期待される分配金はAプレーヤーが50ド

ル，2人のBプレーヤーが25ドルとなる。しかし，それ以外の結果にすることも可能で，すべては交渉次第なのだ。

第2章
価格を中心にすべてはまわる

価格は市場経済の中心軸となるものだ。考えてみてほしい。企業が生み出す売上と利益はすべて価格決定の直接的，間接的な結果である。あなたが家計費から捻出して何かを手に入れるたびに，対価を支払っている。価格を中心にすべてがまわっているのだ。しかし，これほど価格が世の中に出回り，プライシングに関する書籍や記事が何千何万と書かれているにもかかわらず，価格がどこから生じ，どのような影響があるかをろくに知らない人があまりにも多すぎる。元マイクロソフトCEOのスティーブ・バルマーも2014年に，起業家との話の中でこの点を強調していた。

「この"価格"と呼ばれるものは本当に本当に重要だ。価格を過小評価している人が多いと，私はいまだに思っている。多くの企業がスタートするが，成功する人と失敗する人を分ける唯一の違いは，どうやって儲けを出すかを理解しているかどうかだ。なぜなら，そこで売上，価格，ビジネスモデルを熟考することになるからだ。一般的にその点が不足していると思う」[1]

「価格」という言葉について考えるとき，あなたの頭に何が浮かんでくるだろうか。もちろん，ウィキペディアで「価格」と入力すれば，私たちの多くが大学時代に目にしたものと，そうかけ離れていない理論の概要が入手できるだろう。経済学の教科書を開けば，価格が需給バランスに一役買っていることがわかる。非常に競争の激しい市場では，価格はマネジャーが好んで使う武器であり，最も多用される攻撃スタイルだ。マネジャーの常識として，販売量を増やす即効策として，他のどのマーケティング・ツールよりも，値下げが適している。価格戦争が例外どころか，ルールと化している市場が多いのはそのためで，利益に破壊的影響を及ぼしていることも少なくない。

特に価格を引き上げる必要がある場合，マネジャーは及び腰になりがちだ。怖いと思うのは無理もないことだ。顧客が価格変更にどう反応するかが絶対確実にわかるはずがない。値上げした場合，顧客はロイヤルティを持ち続けるのか，一斉に競合品に流れてしまうのか。値下げしたら，本当にもっと多く買ってくれるのか。

特別割引や価格プロモーションは標準的な値下げ手段で，小売業では日常的に行われているが，その頻度や深さが増しているように見える。世界最大規模のビール市場の１つでは最近，ビールの売上高の50％をプロモーションが占めていた[2]。そのわずか２年後，小売レベルの全売上高の約70％を，半額の特別セールが占めていた[3]。チャンスだと考えたのか，必要性があったのかはさておき，これは価格攻勢をかけることが事業に役立つとマネジャーが考えている明白な証拠と言える。しかし，本当にそうだろうか。

この不確実性を評価するには，アメリカで2013年のクリスマス・シーズンの売上が期待外れの結果に終わった後，家電量販大手ベストバイのCEOであるヒューバート・ジョリーが簡潔に説明した内容に耳を傾けてみるだけでいい。「プロモーションが多すぎて，業界内の需要増につながらなかった」。ウォールストリート・ジャーナル紙は実際に，ベストバイの積極的な割引策が「買い物客に家電の追加購入を促しているように見えなかった。むしろ，売る対象である製品の価格を単に引き下げただけだ」と報じた。

価格変更は，失敗すれば劇的な結果を生む，いちかばちかの意思決定だ。シーズン中の売上関連のニュースが報じられた日に，ベストバイの株価は約30％下落した。このように顧客と株主の意向に対して，全国規模の破滅的な影響を及ぼすので，マネジャーは少しでも疑念があればプライシングのレバーから手を引き，もっと具体的で確実なコスト管理に注意を向ける。コスト管理には内部の問題やサプライヤーとの関係が絡んでくるが，マネジャーはたいてい顧客リレーションほど神経をとがらせる必要がなく，扱いやすいと感じているのだ。

確かに，プライシングには不確実性と神秘性がつきまとう。どの科学分野でもそうだが，より多くを学ぶほど，より多くの疑問が湧いてくるものだ。しかし，私たちはこの30年間で，プライシングをめぐる行動，戦略，戦術，トリックの理解や適

第2章　価格を中心にすべてはまわる　17

用において大いに前進してきた。古典派経済学では，非線形プライシング，バンドリング，マルチパーソン・プライシングなどの新しい価格構造が開発された。21世紀初めに，行動経済学への関心や研究が急増し，古典派経済学では説明のつかない現象の多くが解明された。これらの魅力的な行動研究の結果については第3章で触れるが，まずは価格がどこから生じ，どのような影響を持つかを詳しく見ていこう。

✛「価格」とは何か

　ほとんどの人はおそらく「価格」について最もシンプルな形で捉えているだろう。つまり，モノやサービスに対して支払わなくてはならない金銭的単位の数字である。大雑把に言えば，ガソリン1ガロンは約4ドル，レギュラー・コーヒーのラージサイズは約2ドル，映画のチケットは10ドルもする。毎日見かける製品やサービスの大半にはそういう特徴がある。そうではないだろうか。

　ガソリンを満タンにすれば，洗車は割引となるかもしれない。コーヒーにドーナツやベーグルをつければ，割引してもらえるかもしれない。映画館の売店に立ち寄れば，単品価格よりも，おそらくセット価格（ラージサイズの飲物とポップコーン）に目が行くだろう。

　状況はさらに複雑になっている。次の質問にすぐに答えてみてほしい。携帯電話の1分当たりの費用はいくらか。家電を1キロワット時当たりの電力はいくらか。1日当たりの通勤費用はどのくらいか。多数の商品やサービスがあり，価格には多様な側面があるので，こうした質問によく考えずに答えることは難しい。だから，関連する実際の数字をさっと挙げにくいのだ。

　図表2−1にあるように，価格の1つの側面だけでも，「いくらか」という問いの答えは諸々の変数によって変わってくる。

図表2－1	価格の様々な次元

- ❏ 基本価格
- ❏ 割引，ボーナス，リベート，条件，特別セール
- ❏ パッケージ・サイズや製品バリエーションによる価格の多様性
- ❏ 顧客セグメント（子ども，高齢者など），時間帯，場所，製品サイクルの段階に基づいた価格の多様性
- ❏ 補完製品の価格（カミソリ本体と替え刃，スマートフォンとデータプラン）
- ❏ 特別サービスや追加サービスの価格
- ❏ 複数次元に関する価格（前払金や利用料など）
- ❏ バンドリング
- ❏ 個人的な交渉による価格
- ❏ 卸売業者，小売業者，メーカーの希望小売価格（MSRP）

実際に支払っているものという点で，価格はこうした複雑さの副産物と言える。電気通信会社，銀行，航空会社，公共サービス会社のプライシング構造を把握できている人はごく少ない。インターネットでは価格透明性が増してきたが，利用できる情報量が膨大なことに加えて，製品と売り手の数も圧倒的に多いため，メリットはしばしば相殺されてしまう。価格は毎分や毎時で変わることが多く，どのメリットも一瞬にすぎない。あなたは混乱の極みから抜け出せないのだ。

銀行の価格表を見ると，たいてい何百項目も並んでいる。卸売業者は何万種類もの製品を取り扱っているが，各品目のプライシングはころころと変わる。自動車や重機の製造業者は何十万点もの予備部品を必要としており，そこでは何十万もの価格が必要になる。その最たるものを表彰するならば，受賞者は大手航空会社になるだろう。航空会社では年に何百万回も価格変更を行っている。

このように価格，価格変数，価格変更が入り乱れる状況に，顧客はどう対処しているのだろうか。私はドバイで開かれたワークショップで，世界最大規模を誇るエミレーツ航空のマネジャーに，ニューヨークとドバイ間のプライシングの変動幅はどのくらいかと尋ねた。

「それは難しい質問ですね」と，そのマネジャーは観念したような笑みを浮かべて答えた。

「そうでしょうね」と，私はうなずいた。「でも，何百万人もの旅行者は毎日そういう疑問を解明しなくてはならないのですよ」

こうした課題に手作業で取り組むことはほぼ不可能だ。カカクコムのような価格比較サイトを使えば，顧客の手間は幾分か楽になるが，依然として価格透明性のレベルや比較の品質を信頼する必要がある。だが，マネジャーが自社のプライシングの説明に詰まるとなれば，社内ではどうなっているのだろうか。自分たちが決めた数量，売上，利益の効果をどのくらい理解できているのだろうか。

これはエミレーツや航空業界に限られた話ではない。多くの業界が同じような課題を抱えている。プライシングの複雑さと多様な次元は，正しい意思決定をすれば絶好の機会につながるが，判断を間違えれば，同じく，複雑さによるダウンサイド・リスクも増える。多くの「間違った」価格や価格構造があるなかで，「適正」なものは常に1つだ。ロシアの格言に，「どの市場にも2種類の愚か者がいる。値段を高くつけすぎる人と，低くつけすぎる人だ」とある。消費者も同じような課題に直面する。誰もが研究や努力の甲斐あって，取引で大きな節約ができたときの高揚感を味わったことがあるだろう。その一方で，誰もが一度ならず火傷の経験もしてきた。マネジャー，消費者，売り手，買い手を問わず，価値とお金との適切なバランスを保つ必要があるのだ。

買い手や売り手として，常に完璧な意思決定をするのは無理な話だ。しかし，私が数十年の経験から学んだのは，十分なレベルの「プライシングの知恵」があれば，うまくいくということだ。私たちが価格をもっと知り，その働きを意識するようになれば，プライシング活用のチャンスが広がり，もっと成功するビジネスを築いたり，価格情報の津波の中でよりよい取引を選別したりできるようになるだろう。

✛「価格」の呼び方は多種多様

モノやサービスにはたいてい「価格」や「値札」がついている。しかし，その用語は業界によってばらばらだ。保険会社は価格とは言わずに，「保険料（premiums）」というより上品で無害な言葉を用いる。弁護士やコンサルタント，建築家は手数料

や謝礼金を受け取る。私立学校は授業料を請求する。政府や公共機関は手数料，税金，時には追加料金や付加税を徴収して，ゴミ収集から学校教育，運転免許証の発行や検査まであらゆるものをカバーしている。高速道路，橋，トンネルではよく通行料が求められる。アパートの居住者は賃料を支払い，ブローカーは歩合を請求する。イギリスのプライベートバンクでは，サービス価格表は送ってくれないが，「手数料表（schedule of charges）」なら快く提供してくれる。

　しかし，リストや表示上で見る価格は必ずしも最終的な価格とは限らない。企業間取引ではほとんどの場合に価格交渉が行われ，サプライヤーと仲介業者は「価格」を様々な現場での戦いとして捉えている。表示価格はせいぜい目安や出発点にしかならず，割引，支払条件，最小注文数，リベート，定率割引などの条件交渉を入念に行うことになる。一部の文化では依然として，ビジネスや個人の取引で物々交換が行われている。

　「報酬（Compensation）」も取引の性質や取引内での価格を曖昧にさせる用語だ。あなたが直近の業績評価で，自分が会社に貢献した対価としていくらほしいか交渉したときに，この言葉を思い浮かべるよりも，給料，賃金，ボーナス，手当などの言葉を使っただろう。

　しかし，どんな呼び方をしようとも，価格は価格だ。私たちは絶えず，自分のお金に見合った価値があるかどうか判断し，他の人にお金を手放すよう説得を試みる。お金と呼ぼうが，当事者が取引をまとめる手段と呼ぼうが，それがプライシングの本質である。すべてのものに価格があるのだ。

✛ 価格イコール価値である

　プライシングで最も重要な側面を挙げてほしいと数千回も請われてきたが，私の答えは「価値」の一語に尽きる。

　詳しく話してほしいと頼まれたときは，私は「顧客価値」という言葉を使う。顧客が支払意欲を持つ価格，つまり，企業にとって達成可能な価格は常に顧客の目に

映った製品やサービスの知覚価値を表しているのだ。顧客がもっと高い価値だと知覚すれば，支払意欲も増大する。同じくその逆になることもあり，顧客が競合品と比べて価値が低いと知覚すれば，支払意欲は減退する。

「知覚（Perceive）」は最適な言葉だ。企業が達成可能な価格を理解しようとする際に，唯一重要なのが顧客の主観的な（知覚）価値である。その製品の客観的価値や，労働時間で価値が定義されるとするマルクス理論などの価値基準は，本質的に大切なことではない。顧客が重要性を認め，その見返りとしてある価格を支払おうとする程度のみが問題となるのだ。

ローマ人はこの関連性を非常によく理解しており，自分たちの言語にも取り入れているほどだ。ラテン語の「pretium」という言葉には，価格と価値の両方の意味がある。文字通り，価格と価値は全く同一なのだ。これは，企業が価格決定時に従うべき良いガイドラインとなる。ここから，マネジャーにとって3つの課題が出てくる。

○**価値の創出**：原材料の品質，性能，デザインはすべて，顧客の知覚価値を促す。これはイノベーションが関係してくる部分でもある。

○**価値の伝達**：これは，顧客の知覚にどのように影響を及ぼすかということだ。製品，営業提案，そして，決しておろそかにできないブランドについて，どう説明するかも含まれる。パッケージング，製品の性能，店頭の棚やオンライン上の配置も，価値のコミュニケーションの対象となる。

○**価値の維持**：持続的でポジティブな知覚を形成する際に，購入後に起こることが決定的となる。価値がいかに長く持つかという期待は，ラグジュアリー品，耐久消費財，自動車に対する顧客の支払意欲に決定的な影響を及ぼす。

価格設定プロセスは，製品アイデアをコンセプトにするところから始まる。製品の発売準備が整った後ではなく，開発プロセスのなるべく早期に繰り返し価格の検討をしなければならない。顧客と消費者にもやるべき宿題がある。「買い手の自己責任」や「安物買いの銭失い」という昔からの格言はもっともな警告だ。あなたは

必ず顧客の立場で製品やサービスの価値を理解し，対価としていくら払ってもよい
かの判断をしなくてはならない。購入前にこうして価値を知ることは，後悔しない
意思決定にするための最善の予防策となる。

　私がこの教訓を学んだときに苦い思いをさせられたことを告白しなくてはならな
い。私の故郷の村の農家はとても規模が小さく，2〜3人で1台のバインダー（刈
取と結束を同時に行う農業機械）を共同利用しなくてはならなかった。互いに収穫
を手伝う必要があったのだ。私は16歳の時に，この時間のかかるルーティン・ワー
クにうんざりして，何か手を打とうと決めた。私の家族が独立すればいい。父の意
見に耳を貸さずに，私は中古のバインダーに600ドルを払った。とても手頃な価格
だと思った私は，これほどのお買い得品を見つけたことが誇らしかった！　次の収
穫期に使ってみると，すぐに忌々しい事実が明らかになった。その機械にはよく知
らない新システムが使われており，実用面での信頼性に欠けていたのだ。この厄介
な代物は頻繁に壊れた。私のお買い得品など，所詮その程度だったのだ！　この機
械を永久にお蔵入りさせるまでの2年間，私たちは欲求不満を抱き続けた。私に
とっていい教訓となった。フランス語で「*le prix s'oublie, la qualité reste*」という
言葉がある。おおまかに訳すと，「価格を忘れ去った後も，買ったものの品質は長
く残る」。

　有名なスペインの哲学者，バルタサル・グラシアン（1601〜1658年）も同じ主旨
のことを述べている。バインダーのエピソードから何年も後になってから，私は彼
の名文句を見つけた。「それは最悪だが最も犯しやすい間違いだ。品物の品質より
も，価格でだまされたほうがましだ」[4]。国の機関や企業が最安値をつけた入札者
を選ぼうと言い出すときは，この点を考慮しているのだろうかと思ってしまうこと
がある。

　確かに，必要以上にお金を払うのは非常に不愉快なものだ。しかし，それでも製
品がきちんと仕事をしてくれるなら，この種の「ぼったくり」への怒りは薄らいで
いく。状況が悪化するのは，その製品がまがい物だったときだ。最終的にその製品
を使い切るか，捨ててしまうまで欲求不満が残ることになる。ここでの教訓は，う
まい取引を求めて品質を見落とすな，ということだ。確かに「言うは易し，行うは
難し」である。

第2章　価格を中心にすべてはまわる　23

　ここで思い出されるのが，グローバル案件を扱うある税金アドバイザーと初めて出会った時のことだ。私は厄介な税金問題を抱えていたが，その人は30分で回答した後，私に1,500ドルの請求書を送付してきた。とんでもなく高額だったので，うっかりミスに違いないと思った私は，彼に電話をかけた。

　「30分の仕事にしては，少し高すぎる金額だと思いませんか」と私が尋ねると，彼はこう答えた。

　「サイモンさん，こう考えてみてください。あなたは普通の税金コンサルタントに依頼してもよかったのです。そうすれば，あなたの質問に答えるまでにおそらく3日はかかり，そのうえ最適な答えが得られなかったかもしれません。私は15分以内にあなたの問題を理解し，もう15分で最適な解決策を見つけ出したのです」

　彼の言う通りだった。今になってみれば，彼の答えはまさに私にとって最適なものだった。優れたアドバイスは高くないのだと思い知ることとなった。あなたがその価値を認めるなら，それはまさに良心的な価格なのだ。もちろん，アドバイスの価値がわかるのはたいてい後々になってからで，そこに難しさがある。この種の支払いには信頼もさることながら，時には思い切りが欠かせない。解決に要する時間と品質の間には，とかく相関関係がないのだ。

　価格はしばしば短命で，すぐに忘れ去られる。買ったばかりの製品でさえ，私たちがろくに価格を覚えていないことは，消費者調査や行動研究でも繰り返し証明されている。しかし，品質は善きにつけ悪しきにつけ，ずっと残る。私たちの誰もが，取引条件をさっと見て買った製品が，ごくささやかな期待すら満たさなかった体験をしたことがあるだろう。逆に，高すぎると思ったけれど，その特別な品質に驚いてしまったこともあるだろう。私の母は1964年に初めて洗濯機を買ったときにミーレ製品を選んだ。貧しい農家には法外に高い価格だったが，母はそれを買って後悔したことはなかった。2003年に母が他界するまで，この洗濯機は動き続けた。

✛ 価値を創出し伝達する

　真の価値を提供することは必要だが，それは決して成功の十分条件ではない。良い製品を作ればおのずと売れると，マネジャーたちはよく主張する。これは特に理工系出身のマネジャーに多く見られることだ。大手自動車メーカーのある取締役は1980年代半ばに「良い車を造れば，売上数字のことは何も心配しなくていい」と語っていた。その人は心の底からそう信じていたのだ。同社は今日，大きなトラブルに見舞われている。

　なんという間違いだろうか！

　幸いにも，最近ではマネジャーたちの口調はだいぶ変わってきた。2014年時点で世界最大の自動車会社フォルクスワーゲン・グループのCEOであるマルティン・ウィンターコーンは，直近のワークショップで「私たちはエクセレントな車をつくる必要がありますが，製品と同じくらいブランドも重要です」と語った[5]。これはエンジニアとして訓練を受けてきた人のコメントとしては印象的で，20〜30年前にはまずは聞かれなかった言葉だ。

　この間に何が変わったのだろうか。価値がうまく伝わらなければ，たいして役に立たないことを，マネジャーたちは目ざとく察知するようになったのだ。購入対象を理解し評価するのは顧客である。顧客の目に映った認知価値が支払意欲を促す唯一の基本的ドライバーだったことを思い出してほしい。

　それにもかかわらず，悪戦苦闘が続いている。顧客価値を理解するのが厄介な理由は往々にして，マネジャーがきちんと理解や定量化できていない成果，すなわち，二次効果や無形のベネフィットと，こうした価値が密接に関係していることにある。

　二次効果の力を理解するために，仮にあなたはエアコン事業で働いているとしよう。あなたの会社は，物流会社が長距離輸送に使う大型トラック用の特殊なエアコンを設計している。自社製品の品質のどこがいいかと聞かれたなら，あなたは仕様書を引っ張り出してきて，冷却速度がどのくらいで，いかに静かであるか，それに

説明書なしでも直感的に操作できる，といった説明をするだろう。しかし，実際に顧客であるトラック会社にとって，製品価値の決め手は何か，その価値はいくらかと聞かれたら，あなたは何と答えるだろうか。

　ここであなたが首を傾げ，肩をすくめたとしても，気に病むことはない。実際に，私がその手の製品のメーカーに同じ質問をしたとき，まったく同じ反応が返ってきたのだ。この答えを見つけ出すために，このメーカーは職業安全衛生調査を行った。その調査から，製品価値の２つの決め手が判明した。そのエアコンのおかげで事故件数と病欠日数が減っていたのだ。これは二次効果の典型例と言える。運転手にとって涼しく快適な状態を保ちながら（一次効果），より安全に健康的に仕事ができる環境を維持することが（二次効果），この製品の真の価値だった。運転手にとっての快適性という主観的側面は改善されればすぐに気づくが，こうしたソフトの要因は定量化しにくい。しかし，事故件数や病欠日数が減ることにより，物流会社にとってどのくらいの経費節減になるかは測定できる。こうしたデータが示す確かなベネフィットはエアコン設置費用をはるかに上回っていた。このメーカーはこの調査を，顧客との交渉で価値を伝える資料として使うようになった。

　第１章で取り上げた鉄道用カードの事例は，無形ベネフィットの力を示している。私たちチームは前述したように，ドイツの鉄道会社がプリペイド式割引カードを発売するのをサポートした。チケット１枚につき50％の割引を約束することにより，何百万もの人たちにカード会員になるよう促し，電車に乗る頻度を増やすように説得した。しかし同社は，カード所有者の多くが，毎年更新する人も含めて，完全に元をとっていないことに気づいた。つまり，所有者の節約分はカード料金よりも少なかったのだ。

　無形のベネフィットを考慮に入れない限り，経済合理性はないということだ。私たちが毎日支払ってもいいと思う最強の無形ベネフィットは，利便性と心の平安の２つだ。乗客はいつでもどんな距離でも50％割引でチケットを購入でき，最も安く目的地に行ける方法を選んでいるはずだと思うことが，時間の節約と不満解消につながっていた。鉄道サービスにこの無形の価値が加わったことで，カード料金の元を取るほど利用しなくても，乗客の心証においてカードの価格は正当化されたのだ。

図表２−２ GEの価値の伝え方

1％が持つパワー 1％の変化で顧客にとって膨大な価値を提供できる		15年間で
航空	1％の燃料節約	300億ドル
電力	1％の燃料節約	660億ドル
鉄道	システムの非効率を1％削減	270億ドル
ヘルスケア	システムの非効率を1％削減	630億ドル
石油・ガス	設備投資を1％削減	900億ドル

　現代の手法を使えば，市場調査の際にブランド，デザイン，サービスの親しみやすさなどの無形要因に金銭的価値をつけることができる。企業はこうした知識で理論武装しつつ，過度に手を加えずに品質の高い製品を設計したり，顧客の共感を呼べそうな価格で製品を提供したりすることができる。

　多くの製品，特に生産財における最も効果的な価値の伝え方は金額で表すことだ。幾度も優れたプライシングのパイオニアとなってきたゼネラル・エレクトリック（GE）が2012年のアニュアルレポート（年次報告書）にある表を載せたことに注目したい。図表２−２は，省エネの劇的な効果をドル換算したものだ。15年という期間になっているのは，GEが販売する製品には多額の投資が必要で，少なくともそれだけの耐久性が期待されているからである。

　特にB２B（企業間取引）では可能な限り，ハードデータを使って価値を伝えたほうがいい。これはもちろん，消費財にとっても大きなチャレンジとなる。広告業界で名を馳せたデビッド・オグルビーがかつて書いていたが，コカ・コーラは，飲料に入れるコカの実の量を増やすことによって，ペプシを打ち負かそうとはしていないのだ[6]。評判，品質，デザインは数字になかなか置き換えにくい。しかし，家電メーカーのミーレはこの領域である方法を見つけ出した。それは，自社の家電の耐久性が20年に及ぶことを定期的に伝えるやり方だ。私の母親が買った洗濯機は実際に約40年にわたって壊れなかった。信頼性，心の平安，利便性に対して，それがどういう意味を持つのかは消費者自身が自由に考えればいい。だが重要なのは，その主張が真実であり，ミーレの顧客がそれを知っているということだ。ミーレ製品が高価格であるにもかかわらず，リピート購入率が100％近い理由もそこにある。知覚価値のみが支払意欲を生み出すのだ。

✛2012年ロンドン・オリンピック：
秀逸なプライシング

　2012年のロンドン・オリンピックは大成功したが，その際にプライシングが決定的な役割を果たした。チケット・プログラムの管理を担ったポール・ウィリアムソンは，売上と利益の有効なドライバーとしてだけでなく，強力なコミュニケーション・ツールとしても，価格を活用した[7]。価格の桁数そのもので，追加説明なしにメッセージを届ける仕掛けを入れたのだ。最も安い標準価格は20.12ポンド，最も高い価格は2,012ポンドだった。「2012」という数字を繰り返し登場させることで，オリンピックにちなんだ価格であることは誰の目にもすぐに見て取れた。

　18歳未満の子どもには「料金はあなたの年齢で」というスローガンを掲げた。6歳なら6ポンド，16歳なら16ポンドだ。この価格構造は極めて好意的に受け止められた。メディアは数千回も報道し，女王や首相でさえ公式の場でこれはいいやり方だと称賛した。こうした価格はコミュニケーション手段として効果的だったことに加え，非常に公平だと受け止められた。シニア層も割引価格でチケットを購入することができた。

　この価格構造のもう1つの重要な特徴は，絶対に割引しないことにあった。ロンドン・オリンピックの管理チームは，一部の種目でチケットが完売しなかった時でさえ，断固たる態度でこの方針を貫いた。これは価値に関する明確なシグナルとなった。チケットと試合はその価格に見合った価値があるのだ。スポーツでは，人気の試合や種目をそうでないものを組み合わせることがよくあるが，管理チームはそういうバンドリングを一切提供しなかった。ただし，地元の公共交通機関の利用料はチケット価格に含まれていた。

　管理チームはコミュニケーションと販売のどちらについてもインターネットを大いに活用した。チケットの約99％がオンラインで販売された。オリンピック前には，チケット収入3億7,600万ポンド（6億2,500万ドル）を目標としていた。ウィリアムソンの独創的な価格構造とコミュニケーション・キャンペーンにより，それを完全に上回る6億6,000万ポンド（11億ドル）のチケット収入が得られた。それは想定よりも75％多く，その前の3回のオリンピック（北京，アテネ，シドニー）を合

わせたチケット収入の総額を上回っていた。ロンドンのチケット担当チームの仕事
から，価値の認知と秀逸なコミュニケーションをうまく組み合わせれば，支払意欲
が大いに高まることが示されたのだ。

✛ドイツ鉄道のバーンカード：
　賢いプライシングの果実

　新しい価格システムは革命的な影響力を持つことがある。1990年代初めに，ドイ
ツの鉄道会社ドイチェ・バーン（以後DB）は深刻な苦境に陥っていた。電車を避
けて車に切り替える人が増えていたのだ。主な原因の1つが乗車券の価格だった。
車で同じ距離を行くときのガソリン代の約2倍もしたのだ。

　1991年秋に，DB旅客部門の当時のCEOだったヘムユ・クラインは私たちに「車
の移動よりも電車に価格競争力を持たせる方法を見つける」という課題を示した。
調べてみると，ドライバーが電車と自動車の交通費を比較する際に考慮するのは
もっぱらガソリンで，いわゆる「財布から出ていく」費用しか見ていない傾向が明
らかになった。当時，DBの2等席の価格は1キロメートル当たり約16セント，一
方，フォルクスワーゲンのゴルフなど典型的な大衆車のガソリン代は1キロメート
ル当たり約10セントだった。つまり，電車に乗って500キロメートル行くと約80ド
ルかかるのに対し，同じ距離を車で行くときのガソリン代はわずか50ドル程度だっ
たのだ。こうした価格上の弱みによって，DBの先行きは暗そうに見えた。車と互
角に競争するために，乗車券の価格を1キロメートル当たり10セント以下に全面的
に引き下げることは問題外だった。

　完全に削減できないとすれば，どうなるのだろうか。車での移動時の真のコスト
は2つの要素で構成されていることに気づいたとき，ブレークスルーが訪れた。そ
れは，私たちが日々気にする変動費（ガソリン）と，ほとんど意識しない固定費
（保険料，デフレ，税金など）だ。電車の費用も同じく固定費と変動費に分けるこ
とは可能だろうか。

　もちろん可能だ。こうしてバーンカードが誕生した。

第2章　価格を中心にすべてはまわる　29

　一律運賃の代わりに，価格は今や乗車券（変動費）とバーンカード（固定費）という2つの要素で構成されていた。まず，1992年10月1日に2等席用バーンカードが年間約140ドルで発売された。その3〜4週間後に年間280ドルの1等席用カードが続いた。シニアと学生はその半額でカードが買える。バーンカードを持っている人は誰でも通常料金の半額で乗車券を購入することができた。これで電車の移動に伴う変動費が低下して1キロメートル当たり8セントになり，普通の車で移動するときの1キロメートル当たり10セントをはるかに下回っていた。

　バーンカード50（50％割引なのでそう呼ばれるようになった）はすぐに大ヒット商品となった。4カ月も経たないうちに，DBが販売したカード数は100万枚を超えた。その数は年々増え，ハルトムート・メードルンがCEOを引き継いだ2000年頃には400万枚に達していた。ドイツ有数の辣腕経営者として知られるメードルンは，航空業界に親和性を感じ，航空業界のコンサルタントを招聘した。すると，その人物は2002年にバーンカード50を打ち切り，空の旅と同じく顧客に事前予約を求める新システムを導入した。しかし，メードルンの算盤には個々の消費者や一般市民が考慮されていなかった。2003年春，DBが愛用者の多かったバーンカード50を打ち切ると，ドイツの消費者とは一触即発の雰囲気となった。同年5月初めに，フランクフルトで開かれた会議でメードルンと会った際に，私はなぜバーンカードを廃止にしたのかと尋ねた。

　「もはやシステムに合わなくなっていたからです。それに私は，金曜日の午後や日曜日の夕方といったピーク時に半額で人を乗せるつもりなど毛頭ありません！」と彼は答えた。

　「それは的外れですよ。そういう利用者は最初の割引が適用される前に，すでに数百ユーロも前払いしているのです。利用者にとっての実質的な割引は実際には50％未満ですよ」と，私は答えた。白状すると，私はその時点でバーンカード保有者の真の平均割引額は知らなかった。その計算はなかなか難しいのだ。

　数日後，メードルンから電話をもらい，私たちは2003年5月18日の日曜日にベルリンで最も有名なホテル・アドロンで会うこととなった。2段階価格スキームに関する博士論文を書き，10年前に最初のバーンカード50の開発で主要な役割を担った

30

ゲオルク・タックにも同行してもらった。そのわずか2日後には，私たちは同社の価格システム改訂に着手していた。私たちは日夜を問わず働き，"航空会社流"システムの石積みを1つ1つひっくり返していった。毎週火曜の午後6時に，私たちはDBの取締役会に出席した。特に"スーパー・タフ"なハルトムート・メードルン（名は体を表すで，ドイツ語でハルトムートは文字通り「強い勇気」を意味する）と激論を交わしたことを，私はいまだに覚えている。最終的に，彼らは納得してくれた。

プロジェクト開始からわずか6週間後の2003年7月2日，DBは大規模な記者会見を開き，8月1日にバーンカード50を再導入することを発表した。その一方で，別バージョンのバーンカード25（割引率25％）も導入した。私たちはさらに新たにバーンカード100も追加した。このカードは保有者が（高額の）前払料金を払えば，1年間無料で乗車できる（100とは100％割引を表す）。DBはその後，混乱の原因となった例の「航空会社」出身のマネジャーを解雇した。

今日，バーンカード保有者は約500万人にのぼる。年間料金には2等席用バーンカード25の61ユーロ（約80ドル）から，1等席用バーンカード100の最高8,900ドルまでの幅がある。バーンカード50は2等席用が249ユーロ（約325ドル），1等席用が498ユーロ（約650ドル）だ。追加サービスとして，法人向けカードもある。**図表2−3**の通り，各種バーンカードによって，通常の乗車券の価格とはまったく異なるレベルの節約ができる。ここでは2等席用バーンカードのデータを載せたが，1等席用の節約率もおおむね同様である。

各種バーンカードを使うと通常価格からの実効割引が増えるので，カードを使う保有者が増加した。これはカード保有者にとって先行投資を「取り戻す」ための強い動機づけとなる。バーンカードはこのような形で非常に効果的な顧客維持ツールとなっている。

2003年のプロジェクトから興味深いインサイトが得られた。バーンカード50の顧客が平均で節約したのは通常価格の30％足らずだった。しかし顧客は，乗車券を買うたびに50％節約していると認識していた。言い換えると，DBの利用者は50％のメリットを享受していると感じているが，そういう印象を生み出すために，企業側

第2章　価格を中心にすべてはまわる　31

| 図表2-3 | バーンカードでいくらの節約になるか（2等席用） | | | | |

通常価格でのDBの収入（利用者の実質支出額）	各種バーンカード	バーンカード使用によるDBの収入（利用者の実質支出額）	利用者の節約金額	節約率
500€	BC25	436€	64€	12.8%
750€	BC25	624€	126€	16.9%
1,000€	BC50	749€	251€	25.1%
2,500€	BC50	1,499€	1,001€	40.0%
5,000€	BC50	2,749€	2,251€	45.0%
10,000€	BC100	4,090€	5,910€	60.1%
20,000€	BC100	4,090€	15,910€	79.6%

はほんの30％足らずの費用で済んでいたのだ。悪くない話だ！

　DBにとってバーンカードは新たなチャンスを切り開いたが，まったくリスクがなかったわけではない。1つの重要な側面は，バーンカードを購入した後で，どのくらいのカード保有者が車の代わりに電車で移動するかである。ある有名な経済学者は，自分自身に対して車での移動を完全にあきらめさせるために，バーンカード100を買ったと述べていた。バーンカードを購入したのが既存のヘビーユーザーだけならば，DBは売上の相当額を失うことになる。ヘビーユーザーがバーンカードを使って支払う金額は，カードがなかった頃よりも少ないからだ。対照的に，それまでは電車で移動していなかったバーンカード利用者からの売上は以前よりも増える。各種バーンカード間の正確な損益分岐点を知っている顧客はほとんどいない。バーンカード50の保有者のうち，損益分岐点に達しそうな人はごく少数派だが，それでも乗車券を買うたびに50％割引になるのは嬉しいものなのだ。

　バーンカード100は特筆に値する。DBは長い間，個人向け年間「ネットワークパス」を提供してきたが，「申込書」への記入が義務づけられていたので使いにくかった。DBはネットワークパスを積極的に拡販しておらず，ほとんどの人はその存在を知らなかった。パスの販売数は年間1,000枚に満たなかったのだ。バーンカードの仕組みにパスに代わるバーンカード100を含めると，パスよりもやや価格が上がったにもかかわらず，バンカード100の売上は拡大した。今日，バーンカード100の保有者は4万2,000人にのぼる。このカードはとにかく便利で，持ち主は乗車券を買う必要が一切なくなる。ただ乗りたい列車に乗って，行きたいところまで行け

るのだ。

　今日，バーンカードや関連する乗車券販売からの売上は数十億にのぼる。長距離旅客部門がDBの売上の最大比率を占めていることは，バーンカード利用者によって説明できる。バーンカードは間違いなくDBで一番人気の商品であり，最も効果的なロイヤルティ醸成ツールでもある。

　バーンカードのような2段階価格システムはまだ非常に珍しいものだ。私たちは以前，大手航空会社のために「乗って貯めよう」というスローガンを使って，似たようなシステムを開発した。それは，（全世界ではなく）ヨーロッパ大陸内のあらゆる搭乗券に割引が適用されるカードで，価格は約7,000ドルだった。このときには，もっとリスクが大きかった。というのは，このカードで多額の節約ができるヘビーユーザーがかなり多かったのだ。しかし，この航空会社がこのカードを導入しなかった究極の理由は，独占禁止法にあった。こうしたカードを購入した人は，できる限りこの会社の便だけを利用するように努め，その会社に強い選好を示すようになるだろう。弁護士の出した結論は（おそらく正しいとは思うが），独占禁止法取締当局がこのスキームを禁じるだろうというものだった。カード・プロジェクトは棚上げとなり，将来的に復活するかどうかはわからない。ここでのジレンマは，航空会社が高い市場シェアを持っていた場合に独占禁止法の問題に抵触してしまうことだ。一方，市場でのポジションが弱く，ネットワークも小さな航空会社には，この種のカードは効果的ではなく，支払意欲を示す人もおそらく極めて少ないだろう。

　ここで告白するが，私は1992年の立ち上げ当初も，2003年に復活させたときも，バーンカードに貢献したことを今日でも自慢に思っている。こうした2段階価格スキームがもっと増えていくだろうと，私は確信している。バーンカードの成功や，別の一般的な2次元プライシング・スキームであるアマゾンのプライムサービスの成功を見ると，このコンセプトが他の多くの業界でも有益だろうという思いが強くなる。しかし導入するには，経済的要因，心理的要因，時には法的要因が関係してくるので，これらを深く理解する必要がある。また，リスクなしというわけにもいかない。

✛ 需要と供給のバランスをとる

　経済的な観点では，価格の最も重要な役割は需給のバランスをとることだ。価格が高くなれば供給が増えることを意味する。供給曲線は右上がりになる。価格が高くなると，需要が落ちることも意味し，需要曲線は右下がりとなる。2本の曲線の交点は，需給が釣り合う唯一の価格である「市場の均衡価格」として知られている。

　均衡するとは，その価格で売ってもよいと思うサプライヤー全員が希望する量を売ることができ，買い手全員が同じ価格で欲しい量を確保できることを意味する。需要と供給がいずれも自由である市場は，常に市場の均衡価格が存在する。規制や課税などの障壁を通じて政府が介入すれば，結果的にたいてい需給はアンバランスになる。

✛ 希少性と景気循環はどう影響するか

　価格は，ある財の希少性を示す最も強力な指標となる。価格の上昇は，その財の供給がやがて増えるという指標になる。価格が上がれば，作り手の利益は増加傾向となり，それによって生産量が拡大する。そうやって拡大すれば，さほど希少性のない財には資源が回らなくなるので，企業はよりスピーディーにより多くの希少性の高い財が作れるようになる。価格が低下すれば，正反対のことが起こる。価格が下がるのは，供給過剰とはいかないまでも，供給量が多すぎるということなので，サプライヤーは生産を減らす。価格が下がれば購入を促すことになり，結果的に均衡状態に落ち着くのだ。

　私は大学時代に初めて経済学の講義に出席したときに，教授にこんな質問した。市場がだいたいうまく機能し，最終的に製品が適正量に落ち着くように見えるのはなぜか，と。教授はただ私のことをじっと睨みつけた。黒板に書いた公式や理論とは無関係な愚問をしてくる学生がいることに呆れていたのだ。しかし，この問いはどの機能的な市場経済にとっても中核を為すものだ。それをコントロールした形で短期的に行っているのが，「クリアランス」という広告中の文言やショーウインド

ウの表示であり，私たちはそれを見るたびに，この現象を実際に目の当たりにしている。時には，このサイクルが進むのが長年に及ぶこともあり，その過程で国民経済や政策決定に極めて強い影響を及ぼすことになる。

物価変動は遅れて表れることが多く，「景気の波」や「コーン・ホッグ循環」などと呼ばれる。トウモロコシ（コーン）や豚肉（ホッグ）は，品薄になると価格が上がる。すると農家は，来シーズンは飼育する豚の数を増やす方向へ背中を押される。こうして供給量が増え，3～4カ月後に市場に出回れば，価格の下がる原因となる。こうなると，農民は次のシーズンに養豚の頭数を減らそうと考える……。このようにしてサイクルは続いていくのだ。

石油開発・生産など一部の市場では，こうした価格サイクルが10～15年にもなる。私のチームは1997年に，ドイツの大手石油・ガス探査会社デミネックスからの依頼でグローバル調査を行った。私たちは世界中の主要な石油会社にインタビューをした。当時1バレル当たり20ドルに達していた原油価格について長期予測を集めたかったのだ。大方の予測は1バレル約15ドルに集中し，1999年初めになると実際に1バレル12ドルに落ち込んだ。

価格が下降傾向に進むという予想はすでに投資判断に現れていたが，このことがその後，1999年当時の価格の10倍以上に達した近年の原油高騰の根本原因となるのだろう。この「コーン・ホッグ循環」がどのように展開するかを詳しく探ってみないと，パラドックスのような印象を持つかもしれない。石油価格が低迷していた間，全体的に新規の探査プロジェクトへの投資が急速に落ち込んだ。最も有望なプロジェクトのみに資金が回ったのだ。プロジェクト数の減少は石油の減少を意味していた。なぜかというと，新しい油田の操業が始まるにつれて，既存の油田が成熟化したからだ。この要因が中国や新興国市場での石油需要の高まりと重なって，長く続く大きな需給ギャップを引き起こしたのだ。

価格変動はこのギャップを反映していた。2008年7月，石油価格は市場最高値の1バレル147.90ドルに達した。それまでの10年間は，開発プロジェクトが当初の探査からフル生産へと進むまでに要する時間と一致しているが，これは偶然のことではない。石油価格が今後数年間ずっと下落したとしても，私は驚かないだろう。こ

の10年に及ぶ価格上昇に背中を押されて，企業は探査への投資を増やし，新しいエネルギー源や生産手法を拡大させた。これらへの資金調達は1バレル12ドルでは不可能だが，1バレル100ドルを超えれば，新規投資でかなりの利益が得られる可能性があった。新興国市場での需要，環境への影響に対する意識の高まり，より効果的な燃料活用は，その方程式の不確定要素であり，正確に予測することはできない。たとえ稼働にもう3〜4年かかるとしても，供給量の増加は避けられないことだ。

ここでの教訓は，石油であろうと豚肉であろうと，価格の循環変動は自然に生じるものであり，上昇傾向や下降傾向がずっと続く可能性は低いということだ。この本の執筆時点で，世界でその循環の「ブーム」をまさに体験している地域がアメリカのノースダコタ州である。同州では新発見と抽出技術によって石油生産量が急速に伸び，国内産出量でテキサス州に次ぐまでになった[8]。その副次的影響として，ノースダコタ州の他の産業も好況に沸いた。アメリカで2014年前半に最も賃料が高かったのは（物価もだが！）マンハッタンやシリコン・バレーではなく，ノースダコタ州のウィリストンという町だった[9]。しかし，これは長続きしなかった。2015年に石油の価格は1バレル当たり50ドル以下へと急落した。

✛ 政府が価格に介入するのはいいことか？

価格メカニズムが崩壊すると常に不均衡が起こる。そして，世界中のどの国でも最大の破壊因子となるのは，さまざまな形で価格に介入してくる政府だ。これは歴史を通じて証明されてきたことでもある。政府の干渉は供給過剰の原因となり，バターの山やミルクの海ができようとお構いなしということもある。逆に，供給不足を引き起こすこともあり，それについては賃料規制や旧社会主義国の状況を通じて，あなたもご存知かもしれない。

政府が価格を設定するやり方を見れば，私の言わんとすることがさらに理解できるだろう。政府は実際に価格の代わりに，○○費，○○料，○○税という名目で諸々の価格を設定している。電気・水道・ガスの使用料，パスポート発行料，商業登記申請料，地下鉄運賃は，政府機関や政府の監督下で直接設定されることもある。問題は，政府がこれらの価格を設定する際に市場のシグナルをほとんど考慮しない

ことだ。これらの「価格」は政治決定であって，経済的に決まるわけではない。

　アメリカ人であれば，アムトラック（全米を結ぶ鉄道運営会社）と郵便サービス（アメリカ郵政公社）の現在の財務状況（訳注：良好とは言えない）はよく知っていると思うが，年配の方はAT&Tが1984年まで電話サービスを独占していたことや，1970年代までの航空規制や鉄道規制の影響について覚えているだろう。ヨーロッパでは第二次世界大戦後から数十年間，そうした状況がさらに顕著だった。西欧諸国の経済の大半が国営企業や寡占企業の支配下にあったからだ。その分野は，電気通信，テレビ，公共サービス，郵便サービスから，鉄道や航空会社にまで及んだ。こうした独占企業の多くは今日も存続している。

　ここでの教訓は，市場自体にできる限り価格設定を委ね，自然の成り行きに従ったほうがいいということだ。このスタンスが物議を醸すものであることは承知の上だ。とりわけ，価格の不正を防ぐために政府が介入すべきだと感じている人や，より幅広い意味で，もっと規制していれば2008年の金融恐慌の引き金となった事象を防げただろうと感じている人たちはそうだろう。

　言うまでもなく，政府の介入によって，競争と価格のメカニズムが円滑かつ公正に機能することもある。アメリカでは司法省や連邦取引委員会がこうした監視機能を担っている。ヨーロッパでは，各国の独占禁止法取締機関や欧州委員会の責務となる。こうした当局や機関はいずれも過去10年間ではるかに厳格かつ慎重になった。彼らの使命の1つは，カルテルをやめさせることだ。カルテルは，価格，条件，量に関してパイを分け合うために，明示的もしくは暗黙的に企業間で合意をとる場合に起きる。それを食い止めようと，何十億ドルもの巨額の制裁金を課すことも多い。2012年12月，欧州委員会はテレビとコンピュータ用チューブ・メーカー7社に合わせて19億ドルの制裁金を命じた。2013年12月，欧州委員会は再び動き，デリバティブ業界の金利カルテル疑惑に対して，6つの金融機関に合計23億ドルの制裁金を命じた。

　ヨーロッパにおける1社に対する最大の罰金は，フランスのガラスメーカーのサンゴバインが自動車用ガラスのカルテルに関与したとして2008年に欧州委員会から約12億ドルの制裁金を命じられたケースだ。アメリカにおける「過去最大の価格固

定の取り調べ」は自動車のサプライヤーが対象で，この本の執筆時点までに経営者など12人が逮捕され，10億ドル以上の制裁金の支払いを命じられた[10]。

　独占禁止法の規制が厳しくなるほど，価格競争がうまく機能するようになる。それは，政府の介入のうち，市場におけるプライシングのメカニズムが実際により自由に働くよう促すレアケースと言える。

✛ 価格と力の関係

　「事業評価における唯一の重要なビジネス上の意思決定は，価格決定力である。価格を上げる前に神に祈る必要があるとすれば，ひどいビジネスということだ」と，投資家のウォーレン・バフェットは指摘している[11]。価格決定力の最たる例として，『フォーチュン』誌のインタビューで，メディア界の大物ルパート・マードックがマイケル・ブルームバーグのビジネスについて次のように語っている。ブルームバーグは大企業を創り上げ「事業を推進し続けた。利用者は今や，とんでもない価格で情報を購入する——それなくして生きられないのだ。会社の経費が少し上がり，その分が価格に転嫁されたとしても，キャンセルする人は誰もいない」[12]。個々の企業にそれほどの価格決定力があったら，どれほどいいだろうか。

　価格決定力は実際に極めて重要である。価格決定力は，サプライヤーが望ましい価格を実現できるかどうかで決まる。また，あるブランドがどのくらい高価格にできるかでも決まる。価格決定力と表裏一体の関係にあるのは，購買力だ。つまり，買い手がどのくらい自分にとって望ましい価格をサプライヤーから引き出せるかである。自動車製造など一部の業界は購買力が強く，買い手がサプライヤーに対して大きな購買力を行使する。同じく，市場寡占度が高いと，小売業者はサプライヤーに購買力を持つことができる。

　プライシングと力に関して変わった解釈をしているのが，フランスの社会学者のガブリエル・タルド（1843～1904年）だ。価格，賃金，金利に関するあらゆる合意は軍事的な停戦に等しいと，タルドは考えた[13]。価格交渉は戦争と似ており，最終的に停戦で終わる。この感覚は，労働組合と雇用者間の賃金交渉後の状況を見れば

わかるだろう。次の闘争が始まるまで限定的に平和な状態が続くのだ。Ｂ２Ｂの価格交渉の合意には、サプライヤーと顧客との間の権力抗争が反映される。幸いなことに、それはゼロサム・ゲームではない。しかし、サプライヤーと顧客の間におけるお金の分配方法をめぐって、価格は重要な役割を演じる。

　現実には、大半の企業の価格決定力はほどほどのレベルだ。サイモン・クチャー＆パートナーズが「世界のプライシング研究」を行い、50カ国の2,700人以上のマネジャーと面談したところ、自社の価格決定力は高いレベルにあると感じている回答者はわずか33％だった[14]。残りの３分の２は、市場で自社は望ましい価格を実現されておらず、収益性に響いていることを認めた。

　価格決定力の源泉に関するこの研究から得られたインサイトは、強みを模索する企業にとってガイダンスとなる。トップマネジメントが権限移譲せずに価格決定の枠組設定に関与している企業では、そうでない企業よりも、価格決定力が35％大きい。プライシングの専門部門を持つ企業は、持たない企業よりも、価格決定力が24％大きい。ここでの重要な教訓は、トップマネジメントがプライシングの向上に向けて強く真摯に関与し、時間や精力を投じれば報いられるということだ。これが好循環のきっかけとなり、価格決定力が強いほど、より高い価格とより大きな利益が持続するようになる。

✢ プライシングが倫理の境界線を越えるとき

　何世紀もの間、特定の財やサービスには価格がなかった。道は無料で利用できたし、学校に行くために金を払う必要はなく、全部込みの価格でのサービスも多かった。政府、教会、慈善団体は、他の人の助けになる、あるいは、お金を取るが不道徳的でタブー視されるという理由で、財やサービスを無料で提供してきた。しかし、それが急速に変わってきている。

　ハーバード大学の哲学者であるマイケル・Ｊ・サンデルは、著書『それをお金で買いますか』（早川書房、2014年）の中で、私たちの生活全般に価格が入り込んでいると報告している[15]。航空会社のイージージェットでは早割の搭乗券が16ドルだ。

アメリカに外国人が入国する場合，ESTA（電子渡航認証）申請料として14ドルかかる。一部の国では，通常の通行料とは別に追加料金を払えば，ラッシュアワーに専用レーンを使用することができる。アメリカの一部の医者は年間1,500ドルで，専用の携帯電話番号を使った24時間年中無休サービスを提供している。アフガニスタンなど交戦地帯では，民間企業が資格，経験，出身国に基づいて1日250～1,000ドルで傭兵を雇っている。イラクとアフガニスタンで，これらのセキュリティや軍事関連の民間会社が配置する人員は，米軍を上回る数となっている[16]。

道徳的範疇から外れるが，インドでは6,250ドルを払えば，代理母を雇って赤ん坊を出産してもらえる。アメリカに移住したければ，50万ドルでその権利を買うことができる。

私たちの暮らしや日常の大部分は，市場やプライシングのメカニズムの中に組み込まれているので，将来的に値札をつけることができる対象は増えていくだろう。道徳や倫理の境界線を越えた，この気味の悪いシロモノは，現代の最も重要な経済傾向の1つとなっている。

サンデルはこの展開について「私たちはある財が売買対象になると判断すると，少なくとも暗黙のうちに，利益や利用の手段としてその財を商品として扱うのがふさわしいと判断する。しかし，すべての財がこのようにきちんと評価されるわけではない。その最たる例が人間だ」とコメントしている[17]。

私が子ども時代に農場で経験したのは，それとはまったく別世界である。豚肉や牛乳の価格について私がどう思っていようが，生活の中でお金が果たす役割は二次的なものにすぎなかった。自給自足が最優先され，事実上の公式な「価格」メカニズムなどなくても，隣人同士で助け合った。私たちの経済のうち金銭に基づく部分は小さかったのだ。最近は，価格が蔓延し避けて通れなくなっている。私たちは至る所で価格を目にするし，時には思いもよらぬ厄介な役割を演じることもある。この市場の力とそれに伴う価格は，今後どれだけ私たちの生活を占拠するのだろうか。これは私たち全員が取り組む重要な問題だ。だからこそ，価格とプライシングのメカニズムがどう機能するかを理解することが一層大事になってくるのだ。

注◆

1　"Be all-in, or all-out: Steve Ballmer's advice for start-ups", The Next Web, March 4, 2014.

2　Christoph Kapalschinski, "Bierbrauer kämpfen um höhere Preise", Handelsblatt, January 23, 2013, p. 18. The beer market in this case is Germany.

3　"Brauereien beklagen Rabattschlachten im Handel", Frankfurter Allgemeine Zeitung, April 20, 2013, p.12.

4　Baltasar Gracian, The art of worldly wisdom, New York: Doubleday, 1991, p.68.

5　2009年3月5日にドイツのヴォルフスブルクで開催した，プライシングの領域内のマルチブランド戦略の実践に関するワークショップ。

6　David Ogilvy, Ogilvy on advertising, New York: Vintage Books, 1985.

7　Paul Williamson, Pricing for the London Olympics 2012, Vortrag beim World Meeting von Simon-Kucher & Partners, Bonn, December 14, 2012.

8　The US Energy Information Administration for January 2014のデータ。

9　"North Dakota wants you: Seeks to fill 20,000 jobs", CNN Money, March 14, 2014.

10　"Probe Pops Car-Part Keiretsu", The Wall Street Journal Europe, February 18, 2013, p.22.

11　2010年5月26日the Financial Crisis Inquiry Commission（FCIC）の前に行ったウォーレン・バフェットへのインタビュー。

12　Patricia Sellers, "Rupert Murdoch, The Fortune Interview", Fortune, April 28, 2014, pp.52-58.

13　Gabriel Tarde, Psychologie économique, 2 volumes, Paris: Alcan, 1902.

14　2012年に行った研究。

15　Michael J. Sandel, What money can't buy: the moral limits of markets, New York: Farrar, Straus and Giroux, 2012.

16　Christian Miller T., "Contractors Outnumber Troops in Iraq", Los Angeles Times, July 4, 2007 and James Glanz, "Contractors Outnumber U.S. Troops in Afghanistan", New York Times, 2, 2009.

17　Michael J. Sandel, What money can't buy: the moral limits of markets, New York: Farrar, Straus and Giroux, 2012; see also John Kay, "Low-cost flights and the limits of what money can buy", Financial Times, January 23, 2013, p.9.

― 第 3 章 ―
プライシングの心理学
―価格をめぐる不可思議な人間行動に迫る―

　古典派経済学の原則は，買い手と売り手が理性的に行動することが前提となっている。サプライヤーは自己利益を最大化しようとするのに対し，買い手は自分の価値，経済用語でいう「効用」を最大化しようとするのだ。また，どの当事者も完全情報を持っているとされる。売り手は買い手が様々な価格にどう反応するか，つまり自分の需要曲線を知っているのである。買い手はあらゆる可能な選択肢と自分の価格を知っており，価格とは無関係に，各選択肢に備わっている効用について限定的判断を下すことができる。

　ノーベル賞の受賞者であるポール・サミュエルソン（1970年）とミルトン・フリードマン（1976年）は，この考えを提唱したことで有名だ。たとえクレバーな数学やエレガントな経済理論を使った明確な意思決定ではないにせよ，買い手は理性的に振る舞うと，フリードマンは述べた。ゲイリー・ベッカー（1992年にノーベル賞を受賞）は，効用の最適化や最大化という概念を犯罪，薬物売買，家族関係といった生活の他の側面にまで広げた。同氏のモデルでは，すべての当事者が同じく自分の利得や効用の最大化を求めて理性的に行動する。

　合理性や情報に関するこうした前提に初めて疑問を投げかけたのは，ハーバート・サイモン（1978年にノーベル賞を受賞）の研究である[1]。同氏の見解では，人間が情報を吸収し処理する能力には限界がある。だから，自分の利得や効用の最大化に努めるよりも，「満足のいく」結果でよしとするのだ。同氏はこの行動を説明するために，Satisfy（満足させる）とSuffice（十分である）を合成して「satisficing」（これでいいだろう）という造語を編み出している。

　この最初の疑問と似ているが，心理学者のダニエル・カーネマンとエイモス・トヴァスキーも1979年に「プロスペクト理論」に関する草分け的な論文を発表し，

「行動経済学」と呼ばれる新しい学派を生み出した[2]。カーネマンは2002年にノーベル賞を受賞している[3]。それ以降，行動経済学の研究者や出版物の数が激増した。この方面の研究は（主に経済学以外の分野から始まったことは注目される），経済理論を恒久的に変えてしまう可能性がある。行動経済学において，価格は中心的な役割を果たし，しばしば直観に反する驚くべき効果や価格管理の結果をもたらす。行動経済学という分野全体はあまりにも複雑で包括的なので，ここで取り上げるのは差し当たって行動学的プライシング（behavioral pricing）の基本的要素としたい。行動経済学を詳細に取り上げた本が読みたい人には，ダニエル・カーネマンのベストセラー書『ファスト＆スロー』（早川書房，2014年）がお勧めである。

✦ 価格が生み出す威光効果

　古典派経済学では，価格が購買決定で果たす役割は顧客の予算への影響に限定されている。需要曲線は右下がりを描き，価格が高くなるほど，顧客は買わなくなる。しかし，こうした状況には例外があり，どう見ても理屈に合わない結果が生じることがある。

　アメリカの経済学者で社会学者のソースティン・ヴェブレンは，1898年にその古典的な著書『有閑階級の理論』（講談社，増補新訂版，2015年）の中で，価格はステータスや社会的名声のシグナルとなるので，買い手に付加的レベルの社会心理的効用を与えることを明らかにした。これはヴェブレン効果（訳注：価格が高いほど，それが欲しくなる現象），もしくは「スノッブ」効果（訳注：他の人との違いを出したいので，それを持っている人が増えるほど，欲しいと思わなくなる現象）として知られる。価格自体がラグジュアリー品の品質と排他性の指標となるのだ。フェラーリの価格がたった10万ドルだとすれば，それはフェラーリではない。このような製品の需要曲線の傾きは（少なくとも一定範囲内で）右上がりで，下降することはない。つまり，価格を上げると，売上拡大につながるのだ。これによって単位当たり利益率だけでなく，単位当たり売上高も高くなるので，利益が増える。この強力な組合せが作用するので，価格を引き上げると文字通り利益が急増するのだ。

　日常生活の中でこうしたケースは実在する。ベルギーの高級ハンドバッグ・メー

第3章　プライシングの心理学 ― 価格をめぐる不可思議な人間行動に迫る　43

カーのデルヴォーは，ブランドのリポジショニングと同時に価格を大幅に引き上げた。消費者が今や，同社の製品をルイ・ヴィトンのハンドバッグに実際に代替するものとみなすようになったので，単位当たり売上高は急上昇した。有名なウィスキー・ブランドのシーバス・リーガルも1970年代に売上が低迷した。同社はブランドをリポジショニングするために，ハイエンドに見えるラベルを作り，価格を20%引き上げた。ウィスキー自体はまったく同じままである。それで価格を引き上げたにもかかわらず，売上は大幅に伸びたのだ[4]。

　ヨーロッパの大手ダイレクト・レスポンス・テレビネットワークのメディアショップ・グループは，29.90ユーロの新しいコスメ用アクセサリーを導入した。しかし売上は振るわず，マネジメントは同商品を取り下げて，貴重な放送時間をもっと売れる商品に使うことにした。その数週間後，新しい売り方と新価格でアクセサリーを再投入した。39.90ユーロと，価格を33%も大幅に引き上げたのだ。今度は，どうやら価格のスイートスポットが見つかったようで，ものの数日で売上が急上昇し，一時的に品薄になったほどだ。高価格にもかかわらずというよりも，高価格だからこそ，同商品はメディアショップのベストセラーに仲間入りしたのだ。

　高価格品やラグジュアリー品の場合，こうした威光効果（訳注：一部の特徴によって，全体が実際以上に良いと感じるようになる現象。ハロー効果と呼ばれることもある）が存在し，需要曲線に右上がりになる箇所があるかどうかを知っておく必要がある。もしも需要曲線にそういう部分があったとしても，最適価格は決してそこにはない。最適価格はそれよりも高い，曲線が再び下降する部分にあるのだ。ここからも，この本の重要な教えが浮かび上がってくる。つまり，あなたは自分の扱う財の需要曲線がどうなっているかを知る必要があり，詳細であればあるほどいいということだ。自社の需要曲線を知らない企業は，特に高価格品やラグジュアリー品の場合，暗闇で手探りしながら最適価格を探し求めることになるだろう。

　やや不確実性が残るときには，高価格帯へと価格を徐々に引き上げながら手探りすることをお勧めする。また，デルヴォーとシーバス・リーガルの事例が示すように，高めの価格ポジショニングと，デザインの改良やパッケージのグレードアップを組み合わせるのが賢明な場合も多い。

✦ 品質指標としての価格

　消費者がその製品の品質指標として価格を使うとき，威光現象に似た効果が生じる。低価格であることは品質への懸念を招き，消費者の買い控えを促すことがあるのだ。顧客の多くは「安物買いの銭失い」という諺に従って行動し，安価な製品を回避するようになる。しかし，この諺は裏返しにしても通用する。顧客にとって「価格が高い＝品質が高い」という一次方程式は便利な経験則となっており，価格を上げると単位当たり売上高も増える可能性があるのだ。どうして価格は品質指標となるのだろうか。納得できそうな説明を挙げてみよう。

　○経験：消費者が過去に高価格製品で好ましい経験をしていれば，価格が高いほうが安いよりも品質の保証になりそうだと思うようになる。

　○比較しやすさ：価格を使えば，消費者が直ちに客観的に製品を比較することができる。特に，価格が固定されていて，ほかに交渉が余地のない状況（ほとんどの消費財が該当する）では実際にそうだ。生産財やバザーのように価格交渉が行われる状況では，価格が品質の目安になることはめったにない。

　○"コストプラス"心理：多くの顧客の心象として，価格は売り手のコストに密接に関係している。言い換えると，消費者には「コストプラス」のマインドセットがあり，売り手は原材料や製造コスト，輸送費などのコストに基づいて価格を決めていると考えている。

　消費者が主に価格（のみ）に基づいて製品を評価するのはどんな時だろうか。買い手が製品の基本的品質をよく知らない場合，価格が品質指標に用いられる可能性が高い。まったく初めての製品や，ほとんど買わない製品を前にしているときがそうだ。また，製品の絶対価格がそれほど高くない場合，代替品の価格の透明性が低い場合，あるいは時間的なプレッシャーがある場合にも，消費者は価格に頼って判断しがちになる。

　品質指標としての価格の役割や，需要曲線の一部が右上がりになっている例につ

第3章　プライシングの心理学 ― 価格をめぐる不可思議な人間行動に迫る　45

いては，数え切れないほどの実証研究が行われている。たとえば，家具，カーペット，シャンプー，歯みがき粉，コーヒー，ジャム，ラジオなど多様な製品でこうした現象が見られた。また，点鼻薬，パンティーストッキング，インク，電化製品で価格を引き上げた後，単位当たり売上高が増えたとの研究結果もある。ある電気カミソリをマーケット・リーダーのブラウン製品の価格に近づけようと大幅に値上げしたところ，売上高が4倍になったという。依然として価格差があり，購入を促す余地が十分にあったが，もはや消費者がカミソリの品質を疑い始めるほどの大きな差ではなかったのだ。

　私は特にレストランとホテルというサービス業で似たような効果を目にしてきた。それはまた，B2Bの世界においても起こっている。あるソフトウェア会社は，ワークステーション1台につき月19.90ドルという非常に安い料金で，法人向けクラウド・ソフトウェアを提供していた。対抗する競合品の価格は100ドル以上だった。この企業のCEOは販売開始から数カ月後に，私にこう語った。「中小企業は当社の価格にすっかり夢中です。中小企業にしてみれば，初めてこの種のソフトウェアに手が届くようになるのですから。けれども，もう少し大きな企業は，当社の価格ポイントが低すぎて，信頼できない製品ではないかと考えます。この極めて低い価格がメリットではなく，営業障壁になってしまうのです」

　その解決策は製品と価格差異化にあった。同社は製品に追加機能を搭載し，月額をかなり高く設定した大企業向けパッケージを新たに提供した。そのパッケージの価格はまだ低めだったが，今や価格と価値に関する従来の枠組みに見合ったものとなっていた。この適正化により，同社は以前の低価格がもたらしたマイナス・イメージを払拭できたのである。

✛価格のプラシーボ効果

　価格の品質指標としての効果は，単なる認知レベルを越えて，本物のプラシーボ（偽薬）効果を生むこともある。プラシーボ効果は，薬効成分を含まない薬を処方した患者の症状が改善されることだ。あるテストでは，被験者に異なる価格の鎮痛剤を処方した。そして，一方のグループには高い値札を，もう片方のグループには

安い値札を見せた。高価格を見せられた被験者は例外なく，この鎮痛剤が非常に効果的だったと述べたのに対し，低価格を見せられた被験者のうち，そう主張したのはわずか半数だった[5]。しかし，どちらも処方された鎮痛剤は実際にはビタミンCの偽薬であり，客観的に痛みを軽減させる効能はなかった。唯一の違いは，それぞれの被験者が見た価格だった。

　もう1つの研究結果を紹介しよう。2.89ドルのパワードリンクを飲んだアスリートのグループは，89セントのまったく同じパワードリンクを飲んだアスリートのグループよりも，大幅に良いトレーニング結果を報告した。しかし，最も驚くべき結果が見られたのは，両者の知的スキルの研究である。「割引価格で買ったパワードリンクを飲んだ被験者は，標準価格で同じドリンクを買った被験者よりも，パズルを解くという課題の成績が悪かった」[6]のだ。価格差は実際に重大なプラシーボ効果を引き起こすこともある。

✢ 価格は競争上の武器にならない？

　高い評判，品質，もしくはプラシーボ効果が存在する市場では，これらが価格のポジショニングとコミュニケーションに大きく影響を及ぼし，それによって競争上の武器としての価格の力は弱まってしまう。サプライヤーが低価格攻勢をかけて市場シェアを伸ばそうとしても，そうした試みは失敗に終わる。単位当たり売上高や市場シェアを高めるどころか，実際には低下するのを食い止められないだろう。その結果，無名のサプライヤーやブランドがこうした現象が起こっている市場に参入することがひどく難しくなる。低価格で顧客を味方につけようとしても，うまくいかないのだ。ノーブランドやブランド力の弱い製品を割引しても効果がない理由も，こうした影響によって説明できる。つまり，顧客は割引価格から低品質や評判の悪さを連想してしまうのだ。

　自動車の専門家によると，フォルクスワーゲン（VW）のフェートンは，客観的に見れば，BMWやメルセデスやアウディと同じカテゴリーの高級車だが，評判が十分に高くないのでドイツではあまり売れていない。ドイツ市場では，大衆車セグメントに強いVWブランドには，ラグジュアリーや高級セグメントに食い込むパ

第3章 プライシングの心理学 ― 価格をめぐる不可思議な人間行動に迫る 47

ワーがない。その結果，非常に低価格で低金利ローンのサービスを提供しても，フェートンの売上にほとんど効果がなかったのだ。しかし，ブランド力が強ければ，このような低価格の施策を打てば飛ぶように売れるだろう。というのは，強いブランドはこれまでの高価格によって，品質面の評価がすでに確立されているからだ。

価格が競争上の武器として使えない場合，企業はどうすればよいのだろうか。ベストの方策は，その製品をありのままの品質に見合った価格帯にして，当初は売れなくてもそれを甘んじて受け入れることだ。顧客がその製品の品質や，価格と価値間の関係を実際に知って評価するまでには，かなりの忍耐が求められるかもしれない。アウディは1980年代にこうした問題を抱え，ブランドが価値に見合った価格と名誉あるポジションを確立するまでに20年かかった。

✛価格のアンカー効果

製品の品質について評価をするのにふさわしい知識や手段がなかったり，製品カテゴリーの価格帯に関する情報を持っていなかったりするとき，買い手はどうするのだろうか。オンラインを見る，テスト結果の報告書を読む，友人に尋ねるなど，綿密なリサーチによって情報格差を埋めるのが1つの方法だ。これは時間のかかるやり方だが，新車など大きな買い物であれば理に適っている。しかし，それほど価値のないものや，集中的にリサーチする意義がないものは，どうすればいいのだろうか。その場合，買い手は基準点となる「アンカー」を探すことになる。

ここで，古い話になるが，そうした価格のアンカー効果を示す事例を紹介しよう[7]。1930年代に，シッドとハリーという兄弟がニューヨークで衣料品店を経営していた。ハリーが洋服を仕立てると，シッドが売るのだ。ある時，顧客がやってきて，どうやら気に入ったスーツを見つけたようだが，シッドは素知らぬ顔だった。顧客が価格を聞いてくると，シッドは店の奥で作業をしているハリーに向かって大声で叫んだ。
「ハリー，このスーツはいくらだっけ？」
「あの上等なスーツかい？　42ドルだよ」と，ハリーは叫び返した。
ここでシッドはあたかも物わかりが悪い人のように振る舞う。

「いくらだって？」

「42ドルだ！」と，ハリーは繰り返した。

それから，シッドは振り返って顧客に，そのスーツは22ドルだと告げるのだ。すると，顧客はためらうことなく，さっさと22ドルをカウンターに置いて，スーツを持ち帰っていく。兄弟のアンカー価格は計画通りの働きをしたのである。

このアプローチは，特に高価格や威光効果が組み合わさると，もっと値の張る買い物にも通用する。建設現場で働く2人の若者はカリフォルニア州の地域労働組合に加入しようとしたが，うまくいかなかったため，自分たちで会社をつくることにした。そして，自身を石工ではなく，「ヨーロッパのレンガ職人で，大理石と石材のエキスパート」だと名乗った。このポジショニングを強調するために，2人は見込客の仕事現場でパフォーマンスを行った。1人が長さを測量した後で，相方にその結果を見せるのだ。その後，客がやってきて，どうなっているのかと尋ねるまで，2人はドイツ語で議論を戦わせるのだ。

測定を担当した人が顧客を脇に引っ張っていき，「相方がこのパティオには8,000ドルの費用がかかるというのですが，その理由に納得がいかないのです。ここだけの話，7,000ドルでつくれると思うんですよ」と説明した。顧客と話し合い，さらにドイツ語で議論を交わした後，その顧客は7,000ドルの提示価格を受け入れることとなった。

片方が別のキャリアを目指して去っていくまで，2人の移民はこうして手堅いビジネスを構築した。このとき測量を担当していたのが，アーノルド・シュワルツェネッガーという名の若いオーストリア人ボディービルダーだった[8]。

アンカー価格の情報源は非常に多様で，アンカリングのプロセスが意識にのぼることすらないこともある。私たちは消費者や買い手として，無意識のうちにアンカー価格を使っていることが多い。アンカー価格は消費者だけでなく，専門家に対しても効果を発揮する。たとえば，60人の自動車専門家を対象にしたある研究では，中古車の価値を査定してもらった。その際に，査定対象の車の側に，どうやら偶然に居合わせたらしき人がいて，聞かれもしないのに「この車の価値は○○だ」とつぶやく。専門家のうち，この中立的なオブザーバーが提示した3,800ドルというア

第3章　プライシングの心理学 ― 価格をめぐる不可思議な人間行動に迫る　49

ンカー価格を聞いた人たちは，その車の価値を3,563ドルと査定した。一方，提示
されたアンカー価格が2,800ドルだった人たちは，査定価格が平均で2,520ドルとなっ
た[9]。無作為に選んだ人の何気ない発言が，同じ車に対する専門家の価値認識を
1,043ドルも変えてしまうアンカー価格になったのだ。両グループを合わせた平均
アンカー価格は3,300ドルだったので，これは32％の違いである。似たようなアン
カー効果は，他にも多くの研究で報告されている。「アンカリングは例外的に強固
な現象であり，回避するのは難しい」と研究者たちは結論づけている[10]。

✛南京錠が物語る中間のマジック

　別の興味深いアンカー価格の効果が「真ん中のマジック」（訳注：「極端の回避」
と呼ばれることもある。）だ。他の価格との相対関係の中でその価格がどう見える
かによって，消費者の行動に強い影響を及ぼすことがあるのだ。同じ10ドルという
価格であっても，それが最も高いのか，最も安いのか，その中間に分類されるかに
よって，引き起こされる反応は多岐にわたる。同様に，たくさんの代替案がある場
合も，顧客の選択に強い影響をもたらす可能性がある。

　私の実家の牧場では，納屋（1950年代にそこで豚を飼育していた）の扉に南京錠
をかける必要があった。最後に南京錠を買ったのはいつのことだったのかまったく
記憶になく，価格はいくらするのかという手掛かりも皆無だった。そこで，ホーム
センターに行ってみると，多種多様なロックが並んでいた。価格帯は4〜12ドルま
で幅があった。ここで私はどうしただろうか。私は実のところ，高額のロックを
買って当然だと思えるほどの鉄壁の防犯を必要としていなかった。その一方で，安
いロックは品質面で信頼していなかった。そこで，真ん中をとって8ドルの製品を
選ぶことにしたのだ。

　これは何を物語っているのだろうか。ある製品カテゴリーの価格帯をよく知らな
かったり，特別な条件（例，高品質，低価格）がなかったりすると，買い手は真ん
中の価格に引き寄せられる。これは売り手にとってどんな意味があるのだろうか。
ごく簡単に言うと，複数の価格帯を揃えておけば，他のものに向かわず一定の価格
レベルに顧客を誘導できるということだ。そのホームセンターに並んでいたロック

の価格帯が4〜16ドルだったならば，私はおそらく新しい南京錠を10ドルで買った
はずだ。そうすれば，店側の売上は25％増え，利益率も高まっていただろう。

✣ とびきり高くも，とびきり安くもないワイン

　レストランでワインを選ぶときにも同じ行動が見られる。ほとんどの顧客はワイ
ンリストを見て，中間の価格帯のワインを注文する。最も高価なワインや，最も安
価なワインを選ぶ人はごく少数にすぎない。中間には不思議な魅力があるのだ。料
理のメニューについても同じ効果が起こる。あるレストランで前菜の価格帯が10〜
20ドルで，18ドルの前菜の需要が20％だとしよう。ここに25ドルの前菜が追加され
ると，18ドルの前菜が選ばれる割合がきっと増えるだろう。同じように，最も安価
な前菜よりもさらに安い前菜を加えれば，2番目に安い前菜の売上が増える可能性
がある。以前はほとんど顧客が選ばなかったとしても，そうなのだ。その説明は簡
単で，以前は最も安かった価格が今や中間価格帯に近づいたからである[11]。

　幅広い品揃えの製品の品質や価格を買い手が客観的に熟知していないほど，「中
間のマジック」の力は強くなる。非常に限られた情報の中で買い手はできるだけ最
善の意思決定をしようとするため，こうした購買行動は合理的だとも言えそうだ。
中間価格帯の製品を選べば，買い手は品質の劣るものを購入するリスクも，多く払
いすぎるリスクも同時に軽減することができる。しかし，売る側はこれに便乗して
極端に走ってはいけない。極端に高い価格や安い価格をアンカーとして設定するこ
とには慎重を期すべきだ。極端に高い価格はそれほどお金をかけたくない買い手を
遠ざけるのに対し，極端に安い価格はその品質に疑いを抱くようになった顧客を遠
ざけてしまうこともある。

✣ 誰も買わないのに収益に貢献する商品？

　たとえ買う人が誰もいなかったとしても，アンカー価格の効果の点から，ある製
品を品揃えに加えることに価値があるというケースがある。たとえば，次のような
事例がそうだ。

第3章　プライシングの心理学 — 価格をめぐる不可思議な人間行動に迫る　51

新しいスーツケースを買おうと来店した客に，女性販売員が予算を尋ねた。
「200ドルくらいを考えていました」と，その客は答えた。
　「お手頃の価格で良い商品がございます。ただ，その価格帯の商品を詳しく見る前に，さらに良い商品を少しお見せしても構わないでしょうか。高いスーツケースを売りつけようというのではなく，ただ当店の取扱商品の全体像をお伝えしたいのです」と，女性販売員は答えた。

　女性販売員は900ドルのスーツケースを取り出してきて，品質，デザイン，ブランド名の点で，それがまさに最高級モデルであることを強調する。その後で，顧客が希望する価格帯の商品に戻るが，それよりもやや高い250〜300ドルのモデルにも顧客の注意を促す。ここで顧客はどのような反応を示すだろうか。最初に思っていた200ドルのモデルではなく，250〜300ドルの価格帯のモデルを買う可能性がかなり高くなる。900ドルのモデルで生み出されたアンカー効果が，顧客の支払意欲を引き上げたのだ。たとえその店で900ドルのスーツケースが1個も売れなかったとしても，純粋にアンカー効果が生じるので，ラインナップに加え続けることは理に適っている。

✛ 希少性のマジック

　売上を押し上げる最も賢いトリックの1つは，希少性を認知させることだ。手に入りにくい商品だという印象があると，消費者の買いたいという欲求は強くなる。アメリカで実施されたキャンベルのスープを使った店頭テストでは，1つ目の買い物客のグループには「お1人様12点限り」という表示を，別のグループには「数量制限なし」という表示を見せた。最初のグループは平均7缶を購入したのに対して，後者グループは多い人でも6缶だった。ここでは，アンカー効果だけでなく，表示を使って12缶買うのが標準だと示すことによる買い溜め効果も働いている。買い手はこうした表示を品薄になりそうなシグナルとして解釈するのだ。ガソリンスタンドや映画館で長い行列ができるのも，同じような反応の結果である。かつての社会主義国では，品不足は日常茶飯事で，至る所に列ができていた。人々は手に入るものは何でも購入した。何が起こるか，まったく見当がつかなかったからである。

✛ 選択肢を増やせばもっと売れる？

　サイモン・クチャー＆パートナースでは，選択肢を増やすことで売上が大幅に伸び，より高価な製品へと需要がシフトする様子を何度も目の当たりにしてきた。これはプライシング行動調査で最も驚いた結果の１つである[12]。図表３－１は２タイプの選択肢を使った調査結果だ。テストAでは，管理料が月額１ユーロの預金口座と月額2.50ユーロで預金口座とクレジットカードがセットになったサービスを用意した[13]。参加者の59％がセットサービスを，41％が口座のみを選んだ。

　テストBでは，クレジットカードは同じ価格で単独利用かセット利用（預金口座とクレジットカード）かを選べるようにした。すると，クレジットカードの単独利用を選んだ回答者はわずか２％で，セットサービスを選ぶ人の割合が59％から81％へと急上昇した。顧客１人当たり平均管理料売上高は1.89ユーロから2.42ユーロへと28％増加——値上げをしていないにもかかわらずだ！　唯一の違いは，サービスそのものの構造にあった。銀行の利用客は大勢いる。図表３－１の銀行に100万人の顧客がいるとすれば，月に53万ユーロ，年間では636万ユーロの売上増となる。基本的に何もないところから売上が生み出されるのだ。

　合理的な古典派経済学では，この結果は説明がつかない。ほとんど誰も望んでいなかった選択肢を１つ追加しただけで，セットサービスを選ぶ回答者の割合が急増したのだ。このような購買行動の変化をどう説明すればいいのだろうか。１つの可能性として，「ゼロのマジック」で説明できる。クレジットカードの単独利用とセットサービスを同じ価格にするというのは，顧客は追加料金なしにセットサービスという付加価値を受けられることを意味する。多くの顧客にとって，こうした誘

図表３－１　２つの選択肢と３つの選択肢つきの銀行商品

テストA	テストB
預金口座　1.00€ (41%)	預金口座　1.00€ (17%)
預金口座＋クレジットカード	クレジットカード　2.50€ (2%)
2.50€ (59%)	預金口座＋クレジットカード
	2.50€ (81%)

第3章　プライシングの心理学 ― 価格をめぐる不可思議な人間行動に迫る　53

惑は抵抗しがたく，セットを選ぶことになる。ここでも前述のアンカーが一定の役
割を果たすのかもしれない。テストBでは，3つのうち2つの選択肢を2.50ユーロ
としたが，それによって全体的なアンカー価格が引き上げられ，支払意欲も高まる
のだ。

　次に紹介するのは，テレコミュニケーションの事例だ[14]。最初の実験では，月間
基本料25ドルと60ドルの2プランから選択してもらった。参加者の約78％が安いプ
ランを選び，1人当たり平均売上高は32.80ドルとなった。次の実験では，25ドル，
50ドル，60ドルの3プランから選択してもらった。最も高い料金と最も安い料金は
同じで，唯一の違いはその間に50ドルのプランを加えたことだ。ご想像の通り，こ
こでも銀行のケースと似た変化が見られた。最初の実験で最も安い価格を選んだ人
が78％だったのに対して，次の実験ではわずか44％だった。多数派（42％）は新し
い50ドルのプランを，残りの14％は最も価格の高いプランを選んだ。その結果，平
均売上高は初回の23％増となる40.50ドルとなり，大幅な増加が見られた。この事
例では，中間の選択肢が選ばれることについて，どう説明できるのだろうか。以下
が4つの仮説である。

○**不確実性**：顧客は毎月の使用状況をうまく見積もることができないので「中間
　のマジック」に頼ることになる。

○**品質への期待**：顧客はこう考えている。「基本料金がこんなに安いなら，おそ
　らくサービスもあまりよくないだろう」

○**心の平安／リスク回避**：「電話をたくさんかけた場合に，基本料金が安くても
　変動請求分が高くなり，実際には高くつく可能性がある」

○**ステータス**：「私には経済的余裕がある」

　実際には，こうした動機づけが純粋な形で表現されることはなく，どちらかとい
うと連携して作用する。この2つの実験から，価格の設定や各種プランには心理的
効果が極めて重要で，関連性があることがはっきりとわかる。各種プランや価格構
造を少し変更すれば，コストを増やすことなく，売上や利益に劇的な影響を及ぼせ

るかもしれない。

✢ 閾値と端数価格の心理的効果

　価格の閾値（いきち）と９のつく価格に触れずに，プライシング心理学のセクションを終わらせるわけにはいかない。価格の閾値とは，それを超えると常に売上に顕著な変化が生じる価格ポイントのことだ。閾値は需要曲線のねじれと捉える人もいるかもしれない。この価格と閾値の効果は通常，１ドル，５ドル，10ドル，100ドルなど，きりのいい価格ポイントの近くで起こる。こうした閾値から少し引いて，末尾を９（訳注：日本では８が多い）にした価格が多いのはそのためだ。

　サイモン・クチャー＆パートナースの共同創設者の１人，エクハルト・クチャーが日用消費財の価格を１万8,096件調べたところ，その43.5％が９で終わっていたことがわかった[15]。サンプル中，ゼロで終わっているものは見つからなかった。別の調査でも，価格の25.9％が９で終わっていた[16]。ガソリンスタンドでも，ほぼすべての価格が９で終わるが，さらに踏み込んで10分の１セント（0.1セント）単位となっていた。20ガロン入りタンクに１ガロン3.599ドルのガソリンを入れると，71.98ドルを支払うことになる。１ガロン3.60ドルであれば，72ドルを支払うことになるが，その差はわずか２セントで，信じられないほど小さいものだ。

　端数価格の存在について最も有力な説は，顧客は価格を左から右に読むので，それに伴って数字への注意が薄れていくというものだ。認識に最も強い影響を及ぼすのは最初の数字だ。つまり，9.99ドルという価格は，10ドルよりも，９ドルに少し加わった印象になる。神経心理学でも，桁数が右に移るほど，価格の認識への影響が低下していくことが確認されている。この仮説に従えば，顧客は丸めた数字から少し引いてある価格を低く見積もることになる。

　別の仮説では，顧客は９で終わる価格からプロモーションや特別サービスを連想する傾向があるとしている。１ドルから99セントに値下げすると，売上が急増することもある。この売上増加の要因は，特売としての見せ方よりも，たかだか１％の値下げにあるのだろうか。この因果関係をめぐる疑問は未解決のままである。

第3章 プライシングの心理学 — 価格をめぐる不可思議な人間行動に迫る 55

図表3-2 スパークリング・ワイン3ブランドの値上げとその影響

	マム		クッパーベルク		フュルスト・フォン・メッテルニ	
	前	後	前	後	前	後
価格（€）	4.99	5.49	3.45	3.90	7.75	8.50
販売量（指数）	100	63.7	100	64	100	94
価格弾力性	3.64		2.77		0.62	

　価格の閾値が存在する事実もしくは，そういうものがあるとする考え方によって，価格をゼロで終わらせずに，端数価格が広く用いられてきた。端数価格に慣れた消費者は，閾値近くを越える価格や値上げに非常に敏感に反応することもある。**図表3-2**は，3つのスパークリング・ワインのブランド（マム，クッパーベルク，フュルスト・フォン・メッテルニ）の値上げを比較し，価格と閾値の効果を示したものだ[17]。

　価格の閾値を超えたのは唯一，5ユーロを超えたマムだった。価格弾力性の観点から見ると，マムの販売量の減少は他の2ブランドよりもはるかに大きかった。価格弾力性（第5章と第6章で詳しく取り上げる）は，販売量の変化率を価格の変化率で割ったものとして定義される[18]。マムの価格弾力性3.64はクッパーベルクの数値よりもかなり高いが，これはマムの価格が1％上がると販売量が3.64％下がることを意味する。販売量の減少分のうち，価格の閾値効果がどのくらいで，通常の値上げ効果がどのくらい効いているかを正確に指摘することは難しい。50対50という大まかな近似値を使うとすれば，価格の閾値の弾力性は1.82になるだろう。

　こうした事例は多数報告されているものの，一般的な価格と閾値の効果に関する説得力のある科学的証拠はまだ不足している。1936年に遡ると，コロンビア大学のイーライ・ギンズバーグ教授が価格と閾値の効果について調査している[19]。1951年には，ビジネス経済学者のジョエル・ディーンが通信販売会社で閾値付近の価格を体系的に変更する実験を行い，「その結果は驚くほど多様だった。［中略］2.98ドルから3.00ドルまで価格を動かしたところ，売上が大幅に増えることもあれば，減ることもあった。どの数字についても売上の変化へと収れんするという明確な根拠は得られなかった」と報告している[20]。エクハルト・クチャーも価格が閾値を超えた場合の全体的影響を分離できなかった[21]。婦人服を対象とした研究で，ある店舗で

同じアイテムに34ドル，39ドル，44ドルという3つの値札をつけて試したところ，驚くべき結果となった。売上が最大化したのは価格を39ドルにしたときで，34ドルと44ドルはいずれも売上が20％低かったのだ[22]。前述したように，9で終わる数字は特に好ましい価格シグナルとなりうる。経済学者のクライブ・グランガー（2003年にノーベル賞を受賞）とアンドレ・ガボール教授は1964年に，価格の閾値効果への信奉はマーケティング活動を幅広く実践したことの結果だとする説[23]を唱えたが，全体的に不明確な調査結果となっていることはその説を支持するものと言える。つまり，大勢の人がそれを行うから，効果的になっているのだ。

　現実にそうなのか，理論上のことかはさておき，価格の閾値はインフレが起こると，問題含みとなりうる。企業はある時点で価格の閾値を超えなくてはならないが，そうすると売上の急落を招く恐れがあるのだ。値上げを避ける別の方法として（間違いなく問題含みだが），パッケージのサイズを変更して価格の閾値を超えないようにすることだ。これは，価格が同じである限り，平均的な消費者は新しいパッケージが以前のパッケージよりもわずかに個数や量が減っているかどうかに気づかないだろうという考えに立つ。2008年に金融危機が発生した後，この戦術は大混乱を引き起こした。ピーナッツバターのブランド「スキッピー」のメーカーが底にギザギザの入った新容器を導入すると，全国的に関心を呼んだ。店頭で違いに気づいた消費者はいなかったようだが，この容器にすることでピーナッツバターの容量は減っていたのである[24]。

　2009年，ハーゲンダッツがアイスクリームの標準的な容器のサイズを16オンスから14オンスに減らしたが，依然として「1パイント」容器と呼び続けた。これをきっかけに，最大のライバル社のベン・アンド・ジェリーズは次のような声明文を発表した。

　「競合1社（風変わりなヨーロッパ風の名前の某企業）が最近，原材料や製造コストの上昇分を補い利益改善を図るために，16オンスから14オンスに"パイント"のサイズを落とすことを発表しました。今日の厳しい経済環境の中で，企業が危機感を抱くのは無理もありません。私たちは多くの皆様と同意見で，これまでにも増して，皆様にフルサイズの"パイント"のアイスクリームを召し上がっていただきたいと思います」[25]

第3章　プライシングの心理学 — 価格をめぐる不可思議な人間行動に迫る　57

　現代経済学や心理学のいくつかの研究論文が示しているように，価格の閾値効果を信じていると，機会を見逃す結果にもなりかねない。ある研究では，価格の閾値が存在するという根拠がない場合，9で終わる価格にこだわると大幅な利益を取り損ねることが証明されている[26]。価格の閾値を誤解するとマイナスの結果になると主張する研究者もいる[27]。再販業者（小売業者，販売代理店，卸売業者）では，売上利益率がわずか1％ということもざらにある。99セントから1.00ドルに上げて境界線を越えた価格にすれば，販売量は変わらず，利益は2倍になる[28]。それで仮に販売量が10％も落ちたとしても，値上げによって利益にはプラスの効果となるのだ。私自身が行った調査結果でも，価格を9.90ドルにしようが，9.95ドルにしようが関係なかった。価格の閾値を超えたくなければ，できるだけ閾値に近い価格（この場合は9.99ドル）に設定したほうがいい。

✢ プロスペクト理論

　1854年に最初に発表された限界効用逓減の法則は，幅広く知られる経済原則となった。これは，もう1単位消費するたびに製品の限界効用が減っていくとする。しかし，この原則には正と負の限界効用の区別がない。ダニエル・カーネマンとエイモス・トヴァスキーは，正と負の限界効用が非対称になる場合があるとする考えを提唱した。**図表3－3**は，彼らが「プロスペクト理論」と呼ぶ基本概念である。右上は効用曲線の正の部分で，1854年以来の伝統的な原則とも一致する。知覚された利得の効用は着実に増えるが，その割合は逓減していく。つまり，最初の100ドルを得たときの効用は，さらに100ドルを獲得したときの効用よりも大きくなる。

　プロスペクト理論では（利得による）正の限界効用と（損失による）負の限界効用は区別される。おそらく，負の効用は「限界損失」という用語のほうが適しているかもしれない。限界損失の曲線は左下に来る。利得のパターンと同じように，全体的な損失規模が大きくなるにつれて，限界損失は小さくなる。これは驚くことでもない。プロスペクト理論から明らかになる実に革新的なメッセージは，絶対規模が同じ利得／損失に対して，損失からの負の効用は利得からの正の効用よりも大きくなることだ。つまり，損失や利得そのものの大きさは等しくても，私たちが損失によって感じる痛みは，獲得して味わう幸せよりも大きい。これは，現実世界と関

図表3-3　カーネマンとトヴァスキーのプロスペクト理論

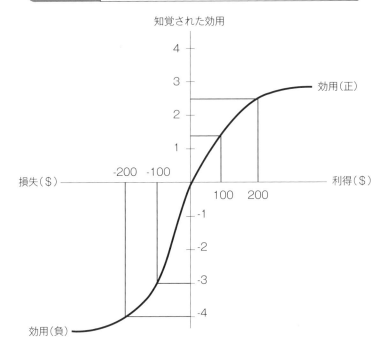

連して、いくつかの驚くべき結果をもたらす。その1つが、個人にとって重要な正味の効用だけでなく、どのように正味の効用が生じるかも、プロスペクト理論が示している点だ。

　ごく簡単に説明すると、たとえば、誰かが宝くじに参加したとしよう。主催者から電話がかかってきて「たった今、100万ドルが当たりました」と言われたが、その1時間後に再び電話がかかってきて「すみません。今夜の抽選は無効となり、あなたは外れとなりました」と告げられたとする。「当選者」になったはずが突然、奈落の底に突き落とされたように感じるはずだ。手にしたと思ったものが奪われてしまったのだから。ただし、正味の損得を見れば、何も変わっていない。その人は最初の電話を受ける前も、2度目の電話を受けた後も、大富豪ではなかったのだ。しかし、全体的な経験を通じた正味の効用は大きくマイナスに振れており、失望から立ち直るのに、何週間と言わないまでも、数日はかかるだろうことは難なく見て取れる。

✛ プロスペクト理論と価格

　プロスペクト理論は価格とどのような関係があるのだろうか。たとえカーネマンの教科書に「プライシング」という言葉が2回しか出てこないとしても，この理論はプライシングにとって極めて重要である。と言うのは，お金を払うと，負の効用が生じるからだ。個人が手放す金額は犠牲，つまり損失である。それとは対照的に，製品やサービスを購入・利用することは利得を意味し，正の効用が生じる。利得からの効用と損失からの効用との非対称性によって，幾分変わった効果が生じることもある。

　その1つは「賦存効果（授かり効果：endowment effect）」として知られるもので，カーネマンが学生を対象に行った実験に見ることができる。1つ目の学生グループは1個約6ドルする大学のロゴ入りマグカップをもらった。もう1つのグループの学生は何ももらわなかったが，他のグループの学生からマグカップを買うことができた。さて，買い手と売り手はどんな行動をとるだろうか。

　売り手の平均提示価格は7.12ドルだったのに対し，買い手側の平均提示価格はわずか2.87ドルで，大きな差が見られた。学生はランダムに2つのグループに分けられたので，各グループの価格に対する期待値は同じだと仮定しなくてはならない。古典派経済学では，2つの提示価格間に大きな差異があることを説明できない。しかし，プロスペクト理論であれば可能だ。すでに持っているものを放棄することの負の効用は，最初に買う必要のある財から得られる正の効用よりもはるかに大きい。私たちは皆，自分の持っているものを手放したがらないのだ。

✛ ビジネスクラスか，エコノミークラスか？

　プロスペクト理論を使えば，私自身が時々奇妙な行動をとってしまうことも説明がつく。2011年10月27日，私は中国広州省からフランクフルトに戻るため，飛行機を使う予定だった。チェックインのためにルフトハンザ航空ビジネスクラスのカウンターに行くと，オーバーブッキングだと知らされた。500ユーロと引き換えにエ

コノミー席に「ダウングレード」しないかと，担当者は打診してきた。私が断ると，担当者はすぐさま提示額を1,500ユーロに引き上げてきた。ここで私は考えてしまった。長距離飛行の間，エコノミー席に約195センチメートルの大きな身体を押し込み，さまざまな仕事をこなす機会をあきらめるのは嫌だと思う一方で，12時間で1,500ユーロというのは時給として悪くないと認めざるを得なかったのだ。

　3〜4年前にも，ボストンで似たようなことがあった。そのときは，ビジネスクラスからエコノミー席に移るのに1,000ドルを提示されたのだ。

　「6時間半のフライトとしては悪くないよ」と，私は同伴していた妻に言った。しかし，妻はもっと冷静にその状況を見ており，適切な反応を示した。

　「それこそが，あなたがチケットを買うときに，ビジネスクラスに乗るのに余分に払ってもいいと思う金額よ。だとすれば，なぜ最初からエコノミーを予約して1,000ドル分の節約をしなかったの？」と，妻は言った。もちろん，彼女が正しい。最初に航空機の予約をした際にエコノミークラスに乗ろうとは，私はまったく想像もしなかった。それなのになぜ突然，この提案とエコノミー席へのダウングレードを受け入れる気になったのか。プロスペクト理論であれば，もっともらしい説明ができる。最初の予約時の負の効用（クレジットカードでの支払い）は，ルフトハンザ航空の担当者の提示額から得られる正の効用よりも小さかったのである。

✛ 無料か有料かは大きな違いだ！

　ほかにもプロスペクト理論によって説明できる現象がある。仮にあなたは野外コンサートのチケットを手に入れたとしよう。当日はあいにくの雨天となった。天候と関係なくコンサートに行く確率は，そのチケットをプレゼントされたときよりも，自腹のときのほうがはるかに高くなる。どちらの状況も「サンクコスト（埋没費用）」と関係している。コンサートに行こうが行くまいが，すでにお金はなくなっている。しかし，自分の財布で払ったならば，チケットの「元を取ろう」という思いがはるかに強くなる。プロスペクト理論の精神において，そのチケットによって何かが失われると，負の効用はより大きくなるのだ。

✢ 現金払いのほうがいい？

　最近では，ほぼどこでもクレジットカードで支払いができる。カードを使えば便利で速いし，現金を持ち歩く必要もない。にもかかわらず，まだ現金払いを好む人もいる。どうしてだろうか。経済学者はかつて，その人が用いる支払い形態を左右するのは取引コストの違いだろうと考えていた。しかし現金払いには，消費者にとってメリットだとわかる特徴がほかにもある。プロスペクト理論によると，現金払いは負の効用が大きいため，私たちはクレジットカードの時よりも，現金払いを渋るのだという。支出を抑え買い物の誘惑を断ち切りたいなら，できる限り現金払いにしたほうが，その目的を達成しやすい。

　2人の経済学者が別の効果を発見している。個人間の取引2万5,500件を分析したところ，自分の支出傾向を大まかに把握したいと思っている消費者は，クレジットカード払いを避ける傾向があったのだ。これは現金の「リマインダー効果」と名づけられた[29]。あなたが自分の財布の中身を調べるときに，すぐに目がいくのは，いくら使ったか，あとどのくらいお金が残っているか，ということだろう。限られた金融手段しかない人にとって，現金払いを制御メカニズムとして活用するのは特に望ましいことだ。研究者によると，これは実践されていて，人々が買い物するときには3分の2が現金払いだという。負債で首が回らない人や，厳しい予算内でやりくりしたい人には，研究者のアドバイスは明白だ。常に現金で支払おう！

✢ クレジットカードの誘惑

　クレジットカードで支払いたくなる理由はいろいろとある。カード払いにすると，請求書が来る数週前に何らかの消費を行うことになる。つまり，手元からお金が離れるのを先延ばしする方法なのだ。ポケットに手をつっこみ，レジの担当者に物理的なお金を渡して，レジに収納される様子を見る必要がないので，私たちは支払いをしているという「感覚」がそれほどない。ただ署名したり，PINコードを入力したりするだけだ。その結果として，プラスチックのカードで支払うときには負の効用が小さくなる。

月次の利用明細書を受け取って，その長い項目を見ていくと，個々の取引の効果は薄まっていく。これも痛みを薄れさせる要素だ。中には，ステータスなどの正の効用を与えることで，負の効用を相殺しているカードもある。たとえば，ホテルでのチェックインなど他人の目に触れる場所でカード払いをするときには，これがモノを言う。アメリカン・エキスプレスの場合，年会費が高いので，選ばれた裕福層のみが利用できるセンチュリオン・カードがある。俗に言う「ブラックカード」だ。アメリカン・エキスプレスはブラックカード保有者向けのサービスを高めようと，“無料アメニティで差をつけた”センチュリオン専用の空港ラウンジを開設した。ダラス・フォートワース空港のラウンジには，スパや，ダラスのリッツ・カールトン・ホテルのシェフが調理した無料のビュッフェ，フルサイズのファーストクラス用シャワーが整備されている[30]。

消費者は，ささやかな割引を実現する武器としてクレジットカードを活用することもできる。一部の小売業者に対して，あなたはカード払いという「脅威」をちらつかせた後で，割引になるなら現金払いでもいいと告げると，柔軟な対応をしてもらえることがあるのだ。小売業者は現金払いを好む場合が多いが，それはお金をすぐに受け取れるうえ，カード会社に手数料を払わなくても済むからだ。

✤なぜ値引きではなく，キャッシュバックなのか？

プロスペクト理論を使うと，古典派経済学だけで考えると愚かなように見える価格構造も説明できるようになる。「キャッシュバック」は自動車ディーラーがよく使う販売戦術だ。車を3万ドルで買うと，後から2,000ドルのキャッシュバックを受けられるといったものだが，これはいったいどのような理屈になっているのだろうか。プロスペクト理論ならその答えが出せる。3万ドルを支払ってかなりの負の効用が生じた分を，新車を獲得するという正の効用で帳尻を合わせる。そのうえで2,000ドルのキャッシュという形で，追加の正の効用が生まれる。この図式によって，購入者は2万8,000ドルを直接支払うよりも，大きな正味の効用を感じながら，店を出ることになるのだ。小切手，銀行振込，クレジットカードを使って支払えば，正の効用がさらに大きくなることもある。無形な形態で支払いが行われるからだ。対照的に「キャッシュバック」はお金という物理的形態をとる。さらに，多額の負

第3章　プライシングの心理学 — 価格をめぐる不可思議な人間行動に迫る　63

債を抱えた消費者であれば，こうしたキャッシュは当座の現金が手に入る，またとない機会かもしれない。プロスペクト理論の範囲内では，このような使われ方により「キャッシュバック」が一層効果的な戦術になるのだ。

　割引戦術の多くは，それと同列に当たる。年配の読者はS&Hグリーン・スタンプ（訳注：1896年にアメリカのスペリー＆ハッチンスン社が開発したトレーディング・スタンプ）を収集した記憶があるかもしれない。このコンセプトは多くの国で人気となった。私も子どもの頃，同じ体験をして，スタンプを収集してはアルバムに貼ったものだ。買い物をすると1ドルにつき3枚のスタンプをもらえるので，1枚が1ペニーに相当する。つまり，3％の割引となるのだ。150枚のスタンプでアルバムがいっぱいになると，1.50ドルが戻ってきた。単純に直接3％割引しても構わないのに，なぜ小売業者や店主はスタンプを渡して払い戻すという手間のかかることをしたのだろうか。特に子どもにとって，アルバムを用いた払い戻しは大きな正の効用をもたらした。3％割引よりも，はるかに多くを得たように感じられたのだ。3％割引の場合，会計時に現金を手放す負の効用を相殺するのに，ごくわずかな正の効用にしかならない。特に子どもにとってスタンプを集める喜びは正の報酬となる一方で，店主側にとっても，子どもやその親がより多くのスタンプをもらおうとするので，ロイヤルティ効果というメリットがあった。

✛「ムーン・プライス」の意義

　日常生活では，誰も決して払わない表示価格，いわゆる「ムーン・プライス（moon price）」に絶えず遭遇する。売り手が100ドルの製品を25％割引するのと，ただ75ドルを請求するのとでは，どちらがよいだろうか。古典派経済学では結果しか見ないので，この問いに答えることはできない。どちらの場合も，顧客は最終的に75ドルを払うことになるからだ。

　しかし，プロスペクト理論なら答えられる。払い戻しは顧客にさらなる正の効用を提供する。75ドルを払うよりも，100ドルの価格を見てから25％割引になったほうが，正味の効用が大きくなるのだ。このトリックは自動車ディーラーの常套手段となっている。表示価格があっても，額面通りに販売することはまずない。なぜこ

うしたムーン・プライスが意味を為すかというと，答えは2つある。

　第1に，高い価格によって価格差異化の機会が生まれる。すべての買い手が一律に同じ割引を受けるわけではない。売り手の役割の1つは，顧客を逃さずに，割引をできる限り最小にすることだ。第2の答えはプロスペクト理論に根差したものだ。私自身も車を購入した時にそれを経験したことがある。私は最初，新車（正の効用）に満足していたが，交渉して大幅な割引を引き出すことに成功した。そのことは，取引から得られる正味の効用に少なからず貢献した。価格交渉でうまく勝ち取った割引が，たとえ絶対額ではささやかなものだったとしても，嬉しい気持ちが湧いてくる。それを否定できる人などいないし，ほとんどの人が一度ならずそういう経験があるはずだ。

　雑誌の購読申込の状況もそれと似ている。購読者は更新した時に限り購読を続けることになるので，有効期限が近づいてくると，強引な売り込みが始まる。郵便ボックスを開けたり，電子メールをクリックすると，同じようなメッセージを受け取る。たとえば私が個人的に受け取ったのは，「私は当社の事務部門に許可を与えて，あなたが1冊当たりわずか0.81ドルで購読を続けられるサービスを提供できるように致しました。表示価格から82％もの割引となります」というものだ。表示価格から82％もの割引に抵抗できる人などいるだろうか。多くの出版社は極めて大幅な割引に加えて，「秘密のプレゼント」や「貴重なビジネス・ツール」，オンライン版への「無制限のアクセス」もつける。こうしたサービスで問題になるのは，時間とともに，大げさな表示価格が信憑性を失うことだ。そうなれば，適正なアンカー価格としての機能を果たさなくなる。

✢総額は同じでも，価格構造によって　支払意欲は変わる

　プロスペクト理論は，どのように価格構造を組み立てていくかについての具体的なガイダンスとなる。1つの問題は価格の測定基準，つまり，売り手が価格を表すために使う単位にある。自動車保険を例にとると，標準的な価格の表し方は年間保険料であり，仮に600ドルだったとしよう。こうした価格は四半期もしくは月単位で示したほうが賢明ではないだろうか。四半期に150ドル，月に50ドルというように，顧客が目にする数字が小さくなるので，より好意的に価格を受け止めてくれる可能

第3章　プライシングの心理学 — 価格をめぐる不可思議な人間行動に迫る　65

性がある[31]。

　しかし，顧客が実際に保険料を支払うときには，12カ月の分割払いで50ドルずつ払うよりも，600ドルを一括払いするほうが理に適っている。月払いにすると年に12回も「痛み」を味わうことになり，負の効用の合計は一括払いで経験するよりも大きくなる。その反対で一括払いならば，インセンティブや還付サービスがはるかに効果的になりうる。それらを受けるたびに，プラスの感情のきっかけとなる。プロスペクト理論では，1年分のボーナスを毎月100ドルずつ払うほうが，1,200ドルまとめて払うよりも正の効用が高まるのだ。しかしこの場合，金額が小さくなると，プロスペクト理論で示される効果も減ってしまう点に注意しなくてはならないと，私は思っている。おそらくお金を返す場合，1ドルずつ10回に分けるよりも，一度に10ドルを返したほうがいい。そうなれば，新聞社が購読料を30ドル12回払い（毎回処理が必要になる）とするよりも，360ドルの一括払いとすることにも合理性があるのかもしれない。

　同じく，ここで一般化することは避けなければならない。ある状況でうまく機能したアプローチであっても，別の状況で使えるかどうかについて，拙速に判断してはいけない。たとえば，フィットネス・スタジオの利用料を年間料金にすべきか，月額にすべきかという問題を扱った研究がある[32]。プロスペクト理論の前提では，顧客が「痛みを感じる」のは1度きりなので，一括払いがよい。フィットネス・スタジオにとっても一括払いにすると2つのメリットがある。すぐにお金が入ってくることと，取引コストが小さくなることだ。しかし，フィットネス・スタジオは特殊なケースだったようで，この研究では別の効果が見つかった。顧客は支払った後は「元を取ろう」として定期的にスタジオに通うようになるのだが，訪問頻度が落ち始めると，最も直近の支払いは過去のものとして紛れてしまう。月払いであれば，顧客は支払った分の価値を取り戻そうという気持ちが蘇り，時間が経過しても利用度は高く保たれる。さらに，スタジオにとって最も重要な点だが，更新率もかなり高くなるのだ。プロスペクト理論とは矛盾するが，月払いのほうが明らかにお勧めなのである。

✛ メンタル・アカウンティング理論

シカゴ大学のリチャード・ターラー教授は，メンタル・アカウンティング（心の会計）理論を開発し，消費者は異なるメンタル口座に取引を振り分けるとしている。どのくらい簡単にお金を払うか，慎重に使うかは，どの口座にお金を入れるかに左右される[33]。その際の口座は，様々な基準やニーズ（食物，休暇，趣味，車，贈答など）に基づいているかもしれない。この種の分類は，消費者が予算を組み，支出計画を立て，その出費をモニターするのに役立つ。それぞれの口座は異なる支出行動や価格感度の影響を受ける。プロスペクト理論では，口座ごとに独自の負の効用曲線があるのだ。

私もどうやら車と他の製品の支払いでは別の口座を持っているらしく，価格感度や限度額に違いがある。新しいオフィス用の椅子を探していたときには，気に入ったモデルが決まるまでに，何軒か店を回って価格を比較した。同じ時期に新車を買ったが，私は顔色ひとつ変えずに特別仕様のコンフォートシートに通常の約3倍ものお金を費やした。飛行機の座席を除いて，私はおそらくほかの誰よりもオフィスの椅子や車の座席に座っている時間が長いだろう。にもかかわらず，私のメンタル・アカウンティングにおける購買行動はまるで違っていたのだ。

カーネマンとトヴァスキーが行ったある有名な実験では，誤ったメンタル・アカウンティングのとんでもない効果が示された。参加者は自分の意思決定に関係するコストと，そうでないコスト（サンクコストなど）を区別しなかったのだ。たとえば，芝居のチケットが10ドルだったとしよう。参加者を2つのグループに分けて，最初のグループは劇場の真ん前でチケットをなくしてしまい，2つ目のグループは窓口でチケットを買わないといけないが，ほんの少し前に10ドルなくしたという想定である。

チケットをなくしたグループは54%，10ドルなくしたグループは約88%の人が新しくチケットを買い直すことにした。メンタル・アカウンティングなら，この矛盾について説明することができる。チケットをなくした人は，失った分と新しい分の両方の価格が「芝居に行く」口座に記帳され，メンタル価格は今や20ドルに上昇し

第3章　プライシングの心理学 — 価格をめぐる不可思議な人間行動に迫る　67

ているが，参加者の46%にとっては高すぎる価格となっていた。しかし，10ドルなくした人はその損失を「現金」口座に記帳し，芝居のチケットのメンタル価格は10ドルのまま影響を受けないので，圧倒的多数の人が10ドルでチケットを買うことにした。つまり，参加者は損得に関して異なるメンタル口座を割り当てていたのだ。損失を避けたり先延ばししたくなる損失回避は，人間に顕著な特徴だ。これは，なぜ株価が下がっても株式を長く保有し続ける人が多いかという説明にも役立つ[34]。

✛ニューロ・プライシングの可能性と限界

ニューロ・プライシング分野の新しい研究は，行動プライシングに基づいており，磁気共鳴映像法（MRI）など最新テクノロジーを用いて価格の刺激に対する身体反応を測定することで発展を遂げている。

「価格の認識は他の刺激の認識と何ら違いはない」と，ある研究者は述べている[35]。このシンプルな新事実が意味するのは，価格を認識することで脳が反応し，それを今や科学者がかつてない精度で測定できるようになったことだ。プライシングの文脈で重要なのは，信用，価値，憧れといった感情であり，研究者はマーケティング・キャンペーンの成功度合いを評価するために，こうした感情を追跡していく。これまでのところ，ニューロ・プライシング研究における最も興味深い発見は，価格情報が脳の痛みセンターを活性化させることだ。これは意外なことでもない。価格から喜びを連想するケースは，おそらく標準的というよりも，むしろ極めて稀な例外だろう。

ニューロ・プライシングは行動研究の1形態で，既存の知識を補う有益な情報が生み出されている。MRIなどの検査装置でスキャンすることで，研究者は被験者に口頭や筆記でわざわざ回答してもらわなくても，消費者の意思決定に潜在意識として影響を与えるプロセスを客観的に測定することができる。目標は，こうした潜在的プロセスの理解を深め，そこに影響を及ぼす新しい方法を売り手に提供することだ。ここで読者の方々が今，何を考えているのかは察しがつくし，確かにその通りだ——このタイプの研究は倫理的に微妙な領域に抵触するのである。ただし，それはニューロ・プライシングに限ったことではない。

結果の有効性も1つの争点であり，これはサンプリング・プロセスから始まる。このタイプの研究のサンプル選定は，古典的な市場調査と同じ原則に従うが，ぜひとも自分の脳をマーケティング目的の生理的調査対象にしたいと思う被験者はそれほど多くない。私も個人的には真っ平御免だ。ニューロ・マーケティング研究では，被験者は特別な研究室に行く必要があり，そうなると，結果がどれほど代表的であるかについての限界もさらに出てくる。これらの要因をすべて考慮したうえで，その研究結果はどのくらい現実生活の状況を反映しているのか。一般論としてどのくらい推定できるか。こうした疑問は未解決のままとなっている。

これまでのところ，価格に関する実用的な推奨事項を引き出せた調査結果やインサイトは比較的少ない。ドイツのニューロ・プライシング研究者のカイ＝マルクス・ミュラーは，スターバックス・コーヒーで行った脳の実験について発表した。彼の結論は「スターバックスが考えているよりも，同店のコーヒー1杯への支払意欲はかなり高い。（中略）スターバックスは顧客の支払意欲を考慮に入れていないせいで，何百万ドルもの利益が指からこぼれ落ちている」というものだ[36]。スターバックスをよく知らない人でさえ，価格がすでに非常に高いことを知っている。ミュラー博士には失礼ながら，私はこの調査結果には頷けないことを認めてくならない。

しかし脳研究によって，価格の提示やコミュニケーションのやり方に役立つインサイトも得られている。たとえば16.70ドルというような標準的な価格の表示方法は，脳の痛みの中枢神経で顕著な反応を引き起こす。しかし，見るのは16.70という数字だけで，ドル記号が省略されていれば，その反応は弱くなる。どうやら脳はその数字が価格であることをすぐに認識しないのだ。17などの丸めた数字になると，痛みの中枢神経の活性化はさらに弱まる。

こうした形態の価格コミュニケーションは最近，レストランでより一般的になった。「17」の痛みを最少にする，すなわち最少量の負の効用にとどめる形として，実は「seventeen」という言葉そのものを使えばいい。そうした価格表示のメニューや価格表が登場し始めているかどうかは，現時点ではまだわからないが。

ニューロ・プライシングの研究から，たとえば，赤い値段はセールを示唆すると

第3章　プライシングの心理学 ― 価格をめぐる不可思議な人間行動に迫る　69

いうような色の影響に関するインサイトももたらされている。先述したように，現
金払いはクレジットカードで支払うよりも，脳内の痛みの中枢神経を活性化させる
程度が高くなる。その製品によってセルフイメージや顧客の評判が高まらない限り，
マーケターは広告の中で通貨記号を使うことを避けたほうがいい。

　マーケティングとプライシングに脳の研究を活用する動きはまだ始まったばかり
だ。この分野から出てきた発言の多くに疑問の余地が残るが，研究者は学習を重ね
ており，やがて進展や新発見が期待できるようになるだろう。しかし現時点では，
脳研究からの調査結果がプライシングにどのように実用的かつ持続的な効果を及ぼ
すかを検討するのは時期尚早だと，私は感じている。

✛行動経済学と神経経済学：鵜呑みにするのは危険！

　行動経済学や神経経済学（ニューロ・エコノミクス）は，驚くべき魅力的な結果
をもたらす興味深い新分野だ。こうした分野の研究によって，すでに従来の経済学
の理解が変わってきており，今後もその傾向が続くだろう。これらの新しいアプ
ローチでは，古典派経済学では説明のつかない多くの現象を説明することができる。

　とはいえ，この章で取り上げた調査結果やインサイトをどのくらい制約なしに解
釈し適用するかについては，慎重を期すよう警告しておきたい。ほとんどの取引は
依然として経済学の基本原則に従っていることについて，私は確信を持っている。
確かに一定の状況下では，価格が高くなるほど単位当たり売上高は高くなる。しか
し，それはあくまでも例外であって，標準ではない。おそらく該当する事例は5％
程度に留まるだろう。それよりも特に懸念されるのが，こうした調査結果を一般化
しようとすることだ。いつ年度払いにし，いつ四半期や毎月の支払いにしたほうが
いいのか。こうした質問には一般的な解もなければ，どのように解を出すべきかと
いう明快なガイダンスもない。ノートルダム大学の経済歴史家で哲学者のフィリッ
プ・ミロウスキは，行動経済学は「合理的な活動基盤を壊しかねず，何事もきちん
と整理されていない」と指摘しているが，その通りである[37]。行動経済学はまだ完
全な統一された理論になっていないのだ。

行動経済学を支持する実験結果は次第に重大な課題を突きつけられるようになってきた。ほとんどの調査結果は研究所内で行われたもので，それがどのくらい現実の生活に適用できるかには疑問が残るのだ。中には，参加者を特定の答えへと誘導する形をとっているケースも見られる。あるビジネス・ライターは「行動経済学に対する理論的かつ経験的な反証をもって，"合理的な人間"という概念を完全に捨て去ることへの警告とすべきだ」と結論づけている[38]。人間は古典派経済学が指摘するほど合理的でもなければ，一部の行動経済学者が主張するほど非合理的でもない。プライシングにとっての意味合いは，どちらの研究の教えも考慮する必要があるが，注意して進めていかなくてはならない。

注◆────────

1 ハーバート・サイモンと私は親族ではない。

2 Daniel Kahneman and Amos Tversky, "Prospect theory: an analysis of decision under risk", Econometrica, 1979, pp.263-291.

3 トヴァスキー（1937～1996年）はその前に亡くなっている。

4 Kai-Markus Müller, NeuroPricing, Freiburg: Haufe-Lexware, 2012.

5 Dan Ariely, Predictably irrational, New York: Harper Perennial Edition, 2010.

6 Baba Shiv, Ziv Carmon and Dan Ariely, "Placebo effects of marketing actions: consumer may get what they pay for", Journal of Marketing Research, November 2005, pp. 383-393, here p. 391.

7 Robert B. Cialdini, Influence: science and practice, New York: Harper Collins, 1993.

8 Arnold Schwarzenegger, Total recall: my unbelievably true life story, New York: Simon & Schuster, 2013, p.119.

9 Thomas Mussweiler, Fritz Strack and Tim Pfeiffer, "Overcoming the inevitable anchoring effect: considering the opposite compensates for selective accessibility", Personality and Social Psychology Bulletin, 2000, pp.1142-1150.

10 同書　p.1143.

11 Joel Huber and Christopher Puto, "Market boundaries and product choice: illustrating attraction and substitution effects", Journal of Consumer Research, 1983, No.10, pp.31-44.

12 Enrico Trevisan, The irrational consumer: applying behavioural economics to your business strategy, Farnham Surrey (UK): Gower Publishing, 2013.

13 Enrico Trevisan, "The impact of behavioral Pricing", 2012年8月14日にボンのサイモン・クチャー大学で行われたプレゼンテーションより。

14 フィリップ・ビエルマンが2011年に実施したサイモン・クチャー＆パートナースのプロジェクト。

15 Eckhard Kucher, Scannerdaten und Preissensitivität bei Konsumgütern, Wiesbaden: Gabler-Verlag, 1985.

16 Hermann Diller and G. Brambach, "Die Entwicklung der Preise und Preisfiguren nach

第3章　プライシングの心理学 — 価格をめぐる不可思議な人間行動に迫る　71

der Euro-Einführung im Konsumgüter-Einzelhandel", in: Handel imFokus: Mitteilungen des Instituts für Handelsforschung an der Universität zu Köln, 54. Jg., No.2, pp.228-238.

17 "Rotkäppchen-Mumm steigert Absatz", LZnet, April 26, 2005; "Rotkäppchen will nach Rekordjahr Preise erhöhen; Jeder dritte Sekt stammt aus dem ostdeutschen Konzern; Neuer Rosé; Mumm verliert weiter", Frankfurter Allgemeine Zeitung, April 26, 2006, p. 23; and "Sekt löst Turbulenzen aus", LZnet, November 29, 2007.

18 通常は価格が下がると販売量が増え，価格が上がると販売量が減るので，価格弾力性はふつう負の数字になる。しかし単純化するために，ここでは負の記号は使わず，絶対値を示した。

19 Eli Ginzberg, "Customary prices", American Economic Review, 1936, No.2, p.296.

20 Joel Dean, Managerial economics, Englewood Cliffs (New Jersey) : Prentice Hall, 1951, pp.490-491.

21 Eckhard Kucher, Scannerdaten und Preissensitivität bei Konsumgütern, Wiesbaden: Gabler, 1985, p.40.

22 Eric T. Anderson and Duncan I. Simester, "Effects of $9 price endings on retail sales, evidence from field Experiments", Quantitative Marketing and Economics, 2003, No.1, pp.93-110.

23 André Gabor and Clive William John Granger, "Price Sensitivity of the Consumer", Journal of Advertising Research, 1964, No.4, pp.40-44.

24 Jerry Hirsch, "Objects in store are smaller than they appear", Los Angeles Times, November 9, 2008.

25 "Ben and Jerry's Calls Out Haagen-Dazs on Shrinkage", Advertising Age, March 9, 2009.

26 Hermann Diller and Andreas Brielmaier, "Die Wirkung gebrochener und runder Preise: Ergebnisse eines Feldexperiments im Drogeriewarensektor", Schmalenbachs Zeitschrift für betriebswirtschaftliche Forschung, 1996, July/August, pp.695-710.

27 Karen Gedenk and Henrik Sattler, "Preisschwellen und Deckungsbeitrag – Verschenkt der Handel große Potentiale?", Schmalenbachs Zeitschrift für betriebswirtschaftliche Forschung, 1999, January, pp.33-59.

28 Lothar Müller-Hagedorn and Ralf Wierich, "Preisschwellen bei auf 9-endenden Preisen? Eine Analyse des Preisgünstigkeitsurteils", Arbeitspapier No. 15, Köln: Universtität zu Köln, Seminar für Allgemeine Betriebswirtschaftslehre, Handel und Distribution, 2005, p.5.

29 Ulf von Kalckreuth, Tobias Schmidt and Helmut Stix, "Using cash to monitor liquidity-implications for payments, currency demand and withdrawal behavior", Discussion Paper, No. 22, 2011, Frankfurt: Deutsche Bundesbank, October 2011.

30 Scott McCartney, "The airport lounge arms race", The Wall Street Journal, March 5, 2014.

31 Dirk Schmidt-Gallas and Lasma Orlovska, "Pricing psychology: findings from the insurance industry", The Journal of Professional Pricing, 2012, No.4, pp.10-14.

32 John T. Gourville and Dilik Soman, "Payment depreciation: The behavioral effects of temporally separating payments from consumption", Journal of Consumer Research, 1998, No.2, pp.160-174.

33 Richard H. Thaler, "Mental accounting matters", Journal of Behavioral Decision Making,

1999, No.3, p.119, and Richard H. Thaler, Quasi-rational Economics, New York: Russell Sage, 1994; see also Richard H. Thaler and Cass R. Sunstein, Nudge: improving decisions about health, wealth and happiness, London: Penguin, 2009.

34 Amos Tversky and Daniel Kahneman, "The framing of decisions and the psychology of choice", Science, Vol. 211, 4481, pp.453-458.

35 Kai-Markus Müller, NeuroPricing, Freiburg: Haufe-Lexware, 2012.

36 同書

37 "Die Ökonomen haben ihre Erzählung widerrufen", Frankfurter Allgemeine Zeitung, February 16, 2013, p.40.

38 Hanno Beck, "Der Mensch ist kein kognitiver Versager", Frankfurter Allgemeine Zeitung, February 11, 2013, p.18.

——— 第 4 章 ———
価格ポジショニング
—高価格と低価格のどちらを選ぶか—

　利益と企業の存続には，高価格がいいのか，低価格がいいのか。くれぐれもロシアの諺にある愚か者にならないように気をつけてほしい。価格は高すぎてもいけないし，低すぎてもいけない。どちらも必要以上に利益を犠牲にしてしまうからだ。しかし，企業の最適な価格ポジションはどこにあるかという問題が残っている。価格ポジショニングは意識的に決定しなくてはならない。実際，高価格と低価格のどちらのポジショニングを選ぶかは，企業にとって最も基本的な戦略的意思決定の1つだ。その決定は創設者が行うことが多い。この章で見ていくように，実に多様な理由によって，企業が後から路線変更する機会には制約がある。

　価格ポジションの選択は全体的なビジネス・モデル，製品の品質，ブランディング，企業のイノベーション活動に影響を及ぼす。また，どの市場セグメントを対象にして，どのようなチャネルを使うかも決めなくてはならない。

✛ 成功する低価格戦略

　高価格でも低価格でも，ビジネスを成功させることは可能だが，それぞれの成功要因は大きく異なる。この2つの選択肢のうち，驚きの大きいほうから始めよう。目を見張るような低価格のサクセス・ストーリーを紹介しよう。

✛ アルディ

　ハード・ディスカウントストア（訳注：小規模店舗で加工食品を中心に廉価で販売する業態）のアルディは，世界で最も成功している小売業者の1つで，長年，国

際的に拡大してきた。アメリカのオーガニック食品スーパーマーケットのトレーダー・ジョーズも手掛けている。アルディは2014年末時点で，アメリカ32州で1,300店，全世界では1万500店以上を展開し，2018年までにアメリカの店舗数を50％増に伸ばす計画を発表している[1]。

トレーダー・ジョーズはホールフーズなどのハイエンドの食料雑貨店と競合関係にあり，熱狂的ファンがついているのに対し，アルディのコア戦略はシンプルで，非常に競争力のある価格で許容レベルの品質を提供するというものだ。品揃えのほとんどは，人気ブランドよりも20〜40％低価格のPB（プライベートブランド）品が占めている。それにもかかわらず，アルディはもっと高い価格ポジションをとる食料雑貨チェーンを上回る高収益を実現している。なぜそんなことが可能なのだろうか。

アルディの売上高利益率が従来型スーパーの倍以上になっている理由は，高効率，低コスト，資本管理の3つで説明できる[2]。床面積1平方メートル当たりの総利益はスーパーよりも30.3％高い。人件費だけでも売上高の8.2％相当の節約になる。パッケージの全面にバーコードをつけているので，レジで読み取る際にコードを探す必要がない。量の多さに交渉スキルも加わって，サプライヤーから有利な価格を引き出すことができるので，調達コストも低く抑えられるのだ。

アルディの在庫回転率は従来型スーパーの約3倍である。つまり，同社システムで扱う商品は，倉庫や店内に置かれている時間がはるかに少ないのだ。アルディはすぐにお金を回収するが，サプライヤーへの支払い時期をかなり遅らせることで，手元の「流動資金」を運用して短期金利を獲得している。

アルディはこうした要因をすべて考慮に入れながら，非常に積極的な低価格戦略を用いて，他のセクターよりも一貫して高い利益率を実現している。直近のデータを見ると，アルディ・ジュート（事業会社の1つ）の売上利益率は税引前5.0％，税引後3.7％となっている。もう1つのアルディ・ノールはそれぞれ3.5％と3.0％である[3]。アルディからの儲けで創業者たちは巨額の富を手にした。カール・アルブレヒトとその弟のテオは長年にわたって世界の大富豪ランキングに名を連ねている。一族の財産を合わせると2011年時点で440億ドル以上にのぼる。

✢イケア

スウェーデンの家具販売業者イケアは世界で最も成功している小売業者の1つだ。すでに安い価格を2011年にさらに2.6％引き下げ，2013年にも「一部のベストセラー商品の値下げ」を続けて[4]，全体で0.2％価格が引き下げられた[5]。このように値下げ戦略を続けているにもかかわらず，イケアの2013年の売上高は3.1％増の362億ドル，純利益は同じく3.1％増の42億ドルに伸びている。11.6％という売上高利益率は小売店では非常に高い数字だ。「主な貢献要因はベストセラー商品に対する果敢な価格投資（新しい低価格戦略）にある」とアナリストは指摘する。イケアでは，コスト効率の最大化に向けて全活動を集中させている。大量の調達，低コストの原材料，消費者が自分で棚から家具を取ってきて組み立てる「セルフサービス」モデルにより，こうした低価格が実現されている。

✢H&Mとザラ

アパレル小売業者のH&Mとザラは，イケアと同じようなコスト戦略をとっている。H&Mは約3,000店，ザラは5,500店を展開している。H&Mの売上高は約193億ドル，税引後利益は36億ドル，売上高利益率は約13.3％[6]。ザラの利益率もほぼ同じだ。イケアやアルディ，ウォルマートのように，H&Mとザラが何よりも重視しているのは「効率性」であり，消費者から求められていないことは一切行わない。最大の効率性を達成するために，あらゆる活動の無駄を省き，簡素化しているのだ。これは特に調達プロセスで徹底されており，一般消費者の好みに合わせて新しい商品ラインを調節し，適正量を発注し，再び好みが変わったときに売れ残りが出ないようにしている。この究極の精度，速さ，効率性のおかげで，低価格にもかかわらず非常に高い利益率を実現している。

✢ライアンエアー

アイルランドの格安航空会社のライアンエアーは，2011/12年度の売上高が58億

5,000万ドルと21％増だったのに対し，利益は7億5,000万ドルと50％も大きく伸ばした。売上高利益率12.8％は，航空企業では驚くほど高い数字だ。対照的に，ヨーロッパ最大手のルフトハンザ航空の2011年の売上高は383億ドル，利益はわずか6億ドル未満，売上高利益率は1.6％だった。ライアンエアーはアメリカの格安航空会社の代表格とされるサウスウエスト航空よりも収益性がはるかに高い。サウスウエストの2012年の売上高は171億ドル，税引前利益は6億8,500万ドル，売上高利益率は4.0％と，ライアンエアーをはるかに下回っている。

　低価格で有名なのに，ライアンエアーの収益性がこれほど高いのはなぜだろうか。その話は，まず設備稼働率から始まる。ライアンエアーの座席利用率は約80％を誇る。さらに，非常に細部に至るまでコストにこだわることに情熱を注ぎ続けていることにも触れなくてはならない。ライアンエアーは無駄なサービスを省いた「ノーフリル（no-frills）」航空ビジネス・モデルの典型例だ。客室乗務員はあらゆる手を尽くして，乗客が後に何も残さない——新聞や雑誌さえも置いていかないようにする。そのおかげで，飛行機がゲートに到着したときに時間を短縮できるのだ。従来の航空会社では到着後に機内の片づけに15〜20分をかけるが，ライアンエアーはその時間を次のフライトの搭乗に当てられる。1973年から運行し，ライアンエアーをはじめとする格安航空企業のロールモデルとなってきたサウスウエスト航空も同様のアプローチで，最少空港滞在時間の記録を持っており，搭乗客が降りて新しい客に入れ替わるまでの時間はわずか22分しかかからない。その結果，航空機はすぐに飛び立つことができるのだ。

　飛行機が収益を生み出すのは空を飛んでいるときだけなので，この時間差は大きい。従来の航空会社の航空機の平均飛行時間は1日8時間だとすれば，格安航空会社では1日11〜12時間だ。また，後者の設備稼働率は前者に比べ約50％高い。ほかにもコスト集中の施策として，ライアンエアーはたいてい大都市の郊外にある着陸料の安い空港で運行している。

　第8章でも詳しく取り上げるが，ライアンエアーは追加料金の考案や実施にも熟達している。同社がコミュニケーションする価格は極めて安く，チケットの基本料金が無料や99ユーロセント（約1.30ドル）以下ということもある。この種の価格コミュニケーションは集客に大いに貢献している。顧客が払うトータルの金額には

様々な追加料金が含まれるので，実際には広告にあった基本料金をはるかに上回ることが多い。

ライアンエアーはどうやら調達面でも低価格を実現しているようだ。数年前にボーイングに大量発注をした際には，表示価格の50％ものディスカウントを受けたとされる。市場に流布する噂では，2013年3月に175機のボーイング737型機を追加注文したときも，同等の割引を引き出したという[7]。

✛デル

1988年11月，私はハーバード・ビジネス・スクールで23歳の起業家，マイケル・デルのスピーチを聴いた。彼はほんの4年前に，テキサス大学オースティン校の寮の一室で自分の名を冠したコンピュータ会社を立ち上げていた。

会社のアイデアを思いついた経緯についてデルは語った。「学生だった私はコンピュータの店でアルバイトしていました。私たちはコンピュータを売っていましたが，自らは顧客にたいした価値を届けていませんでした。にもかかわらず，販売価格の30％のマージンを維持していたのです。私は心の中で思いました。直販モデルにすれば，このマージンが削れて節約できた分を，より安い価格として顧客に提供できる，と。それで自分の会社を始めたのです」

このアイデアから生まれた会社は，世界最大のパソコン販売業者となった。デルは現在10万人以上の従業員を雇用し，2012年には売上高570億ドル，税引後利益23億7,000万ドルを計上。売上高利益率は4.2％をやや上回ったが，これほど競争の激しい部門では称賛すべき数値だ。デルと競合する上位3社の利益率ははるかに低く，ヒューレット・パッカード（HP）は−10.5％，レノボは1.8％，エイサーは−0.7％だった。

デルのシステムはすべてコスト効率の最大化に集中している。デルは「注文仕様生産」というコンセプトで有名になったが，これは店頭に並べる前に倉庫内では何も生産しないという意味だ。顧客から受注があったときのみ，コンピュータを作る。

それによって倉庫費用が節約されるだけでなく，返品コストが下がり，顧客満足度も向上する。個々の顧客はまさに希望通りの仕様の製品を受け取ることになるのだ。小売業者のマージンを除くことで，デルは低価格を提供しつつ，大きな利益も生み出せたのである。

✛ 安価な代替品（LEA）

多くの企業が直面するのが，競合他社よりも安い選択肢，いわゆる「安価な代替品（LEA: Less Expensive Alternative）」で対抗すべきかどうかという問題だ。このような低価格品は多くの場合，セカンド・ブランドとして市場に投入される。主要ブランドと明確に区別して，カニバリゼーション（共食い）のリスクを減らすためである。

たとえば，特殊化学品の世界的なマーケット・リーダーは，自社独自のシリコン製品の競争力が落ちていることを認識していた。安価な模倣品が市場に出回り，同社のポートフォリオ中の7,000品目が大きな脅威にさらされていたのだ。同社はこの脅威に対して主要ブランドの値下げで直接対抗する代わりに，トップブランドよりも約20％安い価格ポジションのLEAを導入した。LEAのサービスは最小限のもので，カスタマイズは行わない。タンカーが満載になる時にのみ出荷するため，顧客は納品までに7～20日間待つ必要がある。

この企業はLEAの導入後，勢いを得て2桁成長を遂げた。4年以内に売上高は23億ドルから64億ドルへと上昇し，年間2,700万ドルの赤字から4億7,500万ドルの黒字に回復した。LEAは同社にとって新しい成長エンジンとなった。それはひとえに，主要ブランドを侵食することなく，むしろ補完したおかげである。

✛ アマゾンとザランド：売上か，利益か

ここまでの事例は，低価格で高い利益を実現できることを証明している。もっといろいろな事例を紹介できるが，際限なく，とまではいかない。「低価格と高収益」

第4章　価格ポジショニング ― 高価格と低価格のどちらを選ぶか　79

の組合せで持続的な成功を遂げてきた企業名のリストはそれほど長いものではない。一貫して高利益を達成するよりも，低価格戦略で失敗した企業のほうがはるかに多いのだ。小売業者のウールワース，ドイツ系ホームセンター・チェーンのプラクティカ（「すべて20％オフ！」のコピーで有名だった），数々の格安航空会社など，挙げていけばきりがない。

オンライン小売のアマゾンは多方面から称賛されるが，少なくとも「低価格と高収益」クラブへの仲間入りをまだ果たしていない。アマゾンは2012年に売上高611億ドル，純損失3,900万ドルを計上した。2013年は売上高が740億ドルと22％増加し，純利益は2億7,400万ドルへと改善された。赤字だった2012年よりもはるかにマシだが，利益率は依然として0.4％にすぎない。

2008年にアマゾンと同じビジネス・モデルで創業したドイツのザランドも成長しているが，相変わらず赤字体質から抜け出せないようだ。同社は2013年の売上高が前年より50％増えて24億ドルを超えたが，損失率は6.7％となった[8]。ザランドの経営陣は急いで黒字化しなくても構わないと述べている。

アマゾンやザランドは後から高い利益を出すために，低利益率の販売に賭けているのだろうか。あるいは，将来的に魅力ある利益率にする見通しのないまま，競争力の維持と成長のために低価格にせざるを得ないのだろうか。

アマゾンの場合，株式市場は前者のシナリオを信じているようだ。2013年末の株価は約400ドルと，2009年前半の55ドルからほぼ着実に伸びてきた。しかし，その見方は一様ではない。批評的なアナリストは「投資家はこうした状況に嫌気が差して，最後にアマゾンの時価総額が崩壊する可能性もある」と述べている[9]。2015年の間，アマゾンの株価はさらに500ドルを超えて上昇した。

アマゾンとザランドの収益性に対する障壁の1つが，それぞれのビジネス・モデルに欠かせないインフラとロジスティクスに大きな投資を行っていることだ。イーベイや中国のアリババなど，他のEC（電子商取引）事業者にはそうした問題がなく，それが収益性の高さにつながっている。2013年，イーベイは売上高160億5,000万ドル，利益28億6,000万ドルを稼ぎ出し，売上高利益率は17.8％となった。2014年

80

に株式公開を果たしたアリババは同年の売上高が79億5,000万ドル，利益は35億2,000万ドル，売上高利益率は44.2％となっている[10]。

✣ 低価格戦略の成功要因

　低価格戦略で成功している企業のリストは短くなりがちだが，そうした企業の戦略には共通する要因がいくつかあり，成功しその状態を維持するのに役立っている。

1　**最初から低価格戦略で始めた**。成功している低価格企業はいずれも，最初から低価格と大量販売に専念していた。多くの場合，根本的に新しいビジネス・モデルを創り出している。高価格帯や中間帯の価格ポジションから低価格へ転換して成功した企業の例を挙げたくても，私には思い当たらない。

2　**非常に効率的である**。成功している低価格企業はいずれも，コスト効率やプロセス効率に極めて優れており，低価格にしながら，申し分ない利益率や利益総額を享受できている。

3　**妥当なレベルでかつバラツキのない品質を約束している**。低価格で提供しても，粗悪でバラツキのある品質だったならば，おそらく成功しないだろう。持続可能な成功には，妥当なレベルで一貫性のある品質が求められる。

4　**コア製品に特に集中している**。格安会社に対してよく「ノーフリル」という言葉が使われるが，これはアルディやデルなどの企業にも当てはまることだ。こうした企業は，顧客が必要としないことは一切行わない。重要な顧客価値を危険にさらすことなく，コストを節減している。

5　**高成長と高収益を重視している**。これによって規模の経済を最大限に活用する。

6　**調達のチャンピオンである**。これは購買においてタフで強気だが，不正は働かないという意味だ。

第4章　価格ポジショニング — 高価格と低価格のどちらを選ぶか　81

⑦　**ほとんど借金がない**。銀行借入れや金融市場からの資金調達を検討するのは
　　ごく稀で，それよりも自己資金やサプライヤーズ・クレジット（輸出延払金
　　融）に依拠する。

⑧　**できる限り自社でコントロールする**。これは自社ブランド（例：デル，ライ
　　アンエアー，イケア）しか扱わないことを意味し，アルディなどは品揃えの
　　90％以上をPB品が占める。バリューチェーン全体にも強いコントロールを
　　利かせている。

⑨　**広告宣伝は価格に特化する**。他のものをほぼ排して価格に集中し，広告すら
　　しないこともある（例：アルディ，同じくドイツのディスカウントチェーン
　　のリドル，ライアンエアー）。

⑩　**メッセージを混在させない**。「低価格と高収益」で成功しているほぼすべて
　　の企業が，一時的なプロモーションを多用する「ハイロー（High&Low）戦
　　略」ではなく，「エブリデー・ロープライス（EDLP）」戦略を堅持している。

⑪　**自社の役割を理解している**。ほとんどの市場では「低価格と高収益」で戦え
　　るプレーヤーの数は限定されており，わずか1,2社ということが多い。

　確かに，企業が低価格で一貫して高い利益を達成することは可能だ。しかし，実
際に試みて成功を勝ちとる企業はごく少数で，競合他社に対して，明確かつ顕著か
つ持続可能なコスト優位を持つ場合に限られる。それをやり遂げるスキルは，そも
そも最初から企業や文化の中に埋め込まれてなくてはならないのだ。別の経営スタ
イルや伝統を持つ企業が戦略転換して「低価格と高収益」の要件を満たせるかとい
うと，私は疑問に思っている。この場合，（最低限ではなく）許容レベルの顧客価
値を確立し，最高レベルのコスト効率で届けることが主要課題となる。このタイプ
の企業には，特別な条件を満たす経営幹部，起業家，マネジャーが欠かせない。質
実剛健かつ倹約的で，日々節約に努める意志と神経の持ち主だけが，危険を冒して
低価格ポジショニングの領域に挑むべきだろう。

✣ 超低価格：低価格をさらに安くできるか

　ここまでは，高度先進国におけるローエンドの価格を中心に取り上げてきた。新興国市場では近年，まったく新しい「超低価格」セグメントが形成されている。そこでは，さらに50～70％も価格が安いのだ。インド系アメリカ人の2人の教授が長年，このセグメントの発展について見通しを述べてきた。テキサス大学オースティン校のヴィジャイ・マハジャンは著書『The 86% Solution（86％の解決策）』の中でこのセグメントを「21世紀の最大の市場機会」として取り上げている[11]。書名の86％とは，人類の86％の年間世帯所得が1万ドル以下である事実を示している。この所得水準の人には，先進国では当たり前になっている典型的な製品（個人の衛生製品から自動車までのすべて）に手が届かないのだ。

　ミシガン大学の教授だったC. K. プラハラードは著書『ネクスト・マーケット』（英治出版，2010年）の中で超低価格セグメントの機会を深く掘り下げて論じている[12]。中国やインドなど新興国での経済成長が意味するのは，毎年何百万人もの消費者が「超低価格」とはいえ，大量生産品に手の届くだけの購買力を初めて獲得するということだ。超低価格ポジションをとれば，幅広い消耗品や耐久財に対して，世界人口において急成長中の新しい巨大セグメントを開拓することができる。このセグメントをターゲットとするのか，する場合はどのように実施すべきかについて，どの企業も決定しなくてはならない。ただし，儲けを出したいならば，根本的に異なるアプローチが必要になる。

✣ ダチア・ロガンとタタ・ナノ

　「超低価格セグメント」の出現はアジアに限られた話ではなく，東ヨーロッパでもすでにお目見えしている。そして，パーソナルケア用品やベビー用品など消費財に限定されているわけでもない。世界中の消費者は今や，年間1,000万台の超低価格車（すべてのメーカーやモデルを合わせて）を購入している。その数は今後10年間で2,700万台に増えることが見込まれており，自動車市場全体が2倍に成長する。

第4章 価格ポジショニング — 高価格と低価格のどちらを選ぶか　83

　フランスの自動車メーカーのルノーは，ルーマニアで組み立てたモデル，ダチア・ロガンで成功を収めた。この車の価格は約9,600ドルで，すでに100万台を売り上げている。これは，フォルクスワーゲンのゴルフの半分以下の価格だ。フランスでは「ロガン化」プロセスがすでに話題を呼んでいるが，これはドイツ人がよく「アルディ化」を口にするのと似ている。こうした出来事は，超低価格品が西欧市場のメインストリームに参入することが可能であり，ニッチや周辺的な商品に留まらないことを示している。

　しかし，開発途上国の超低価格セグメントの車はダチア・ロガンよりもはるかに安い。インドの自動車メーカーのタタが発売したタタ・ナノは，世界中から大いに注目を集めた。この車の価格は約3,300ドルだが，西欧の主要サプライヤーの持つテクノロジーが驚くほど大量に用いられている。一部のドイツのサプライヤーはナノを単なる好機ではなく自社に必要なものと見ており，2009年の発売では重要な役割を担った。ボッシュはナノ向けに抜本的に簡素化された非常に安価な燃料噴射システムを開発しており，同社の部品はナノの価値の10％以上を占める。そのほかドイツの自動車サプライヤー9社がナノ向けに部品や技術を提供している。これは，ドイツなど高価格ポジションの先進国企業が超低価格セグメントでもやっていけることの証左となる。ただし，研究開発，調達，製造を含むバリューチェーン全体を新興国市場に置かなくてはならない。このセグメントが単に売上ではなく，利益の重要な源泉にもなりうるかどうかは，現時点ではまだわからない。

✛ホンダウェーブ

　ホンダのような巨大なグローバル企業に，超低価格の競合他社を出し抜く能力があるのだろうか。ホンダはオートバイの世界的なマーケット・リーダーであり，小型ガソリン・エンジンを年間2,000万台以上手掛ける世界のトップ・メーカーだ。

　ホンダの90％出資子会社はベトナムのモーターバイク市場を席捲してきた。一番売れ筋のホンダドリームは約2,100ドルで販売されていた。その後，中国の競合企業が超低価格品を引っ提げて同市場に参入してきた。その価格帯は550〜700ドルと，ホンダドリームの3分の1ないしは4分の1だった。この猛烈な価格攻勢によって

市場シェアは逆転した。ホンダの販売台数が100万台からたったの17万台へと激減したのに対し，中国メーカーは年間100万台以上を売り上げるようになった。

　ほとんどの企業はこの時点で匙を投げるか，市場内の高級セグメントに引きこもる道を選ぶだろう。しかし，ホンダは違った。最初に行った短期的反応は，ホンダドリームの価格を2,100ドルから1,300ドルへと引き下げることだった。しかし，長期間この低価格を維持できないことは承知していた。それに値下げしたとはいえ，まだ中国製バイクの約2倍の価格だったのだ。ホンダははるかに簡素化した超低価格のニューモデル，ホンダウェーブを開発した。それは，許容レベルの品質とできる限り低い製造コストとが組み合わさったモデルだった。

　「コストを削減した現地生産の部品と，ホンダのグローバル購買ネットワークから調達した部品を用いて，ホンダウェーブは低価格だが，高い品質と信頼性を実現させた」と，同社は発表した。この新製品は732ドルという超低価格で発売された。これはホンダドリームの当初の価格よりも65％安い。ホンダはベトナムのオートバイ市場を見事に奪還し，大半の中国メーカーは結局，撤退することとなった。

　この事例は，ホンダのような高級車メーカーが既存製品を販売するだけでなく，新興国市場の超低価格サプライヤーを相手に実際に競争できることを証明している。超低価格ポジションで成功するには，抜本的な方向転換，リデザイン，大々的な簡素化，現地生産，極度のコスト意識が求められる。

✛超低価格ポジショニングは消費財や貧困層だけ　ではない

　超低価格ポジショニングはさまざまな市場に浸透し始めた。マサチューセッツ工科大学のニコラス・ネグロポンテ教授は「子ども1人に1台のノートパソコン」プロジェクトの中で，100ドルのパソコンを提案した。最近では，200ドル未満で許容レベルの性能を備えたノートパソコンを見かけるようになった。さらに価格の安い軽量機種もある。このように，ネグロポンテの100ドルという価格ポジションはほぼ実現可能で，2013年にはごく基本的なPCが35ドルで買えるようになった[13]。企業がどれほど多品種の商品を超低価格で市場投入できるかを知りたいなら，スマー

第4章　価格ポジショニング ─ 高価格と低価格のどちらを選ぶか　85

トフォン市場を見ればいい。携帯電話の総数は2014年中に世界の人口を超える可能性があり，そのうちスマートフォンの占める割合がますます拡大している[14]。2013年時点で約20億台のスマートフォンが流通しており[15]，2014年の出荷台数は12億台に達する見通しだ。私たちが現在，超低価格ポジションだと考えているものがあと3〜4年も経てば当たり前になっているかもしれない。あるレポートには，噂によると35ドルで入手できる「激安スマホ」は「グローバル経済にとって驚くほどの影響を及ぼすだろう」と書かれていた[16]。

　超低価格戦略を推進しようとする企業はますます増えてきた。スポーツシューズ・メーカーは新興国市場で1足1.50ドル未満の製品を提供することを検討している。ネスレやプロクター・アンド・ギャンブル（P&G）などの消費財大手はミニサイズのパッケージ（例，1回分のシャンプー）をわずか数ペニーで売り出し，収入の少ない消費者でもたまに買えるようにしている。第二次世界大戦後，ヨーロッパの再建が始まったときにも，企業は同じアプローチを活用した。私の記憶では，1回分のシャンプーや4本入りタバコが20セント程度で売られていた。P&G傘下のジレットは現在，マッハ3（3枚刃のカミソリ）の価格の75％未満の11セントでインド向け商品を販売している。

　超低価格は，消費財や耐久消費財（自動車やモーターバイクなど）に限定されるものではない。この価格ポジショニングは産業財でも次第に一般的になってきた。たとえば，射出成形機の中国市場は，主にヨーロッパ・メーカーが高価格帯セグメントで年間1,000台を供給している。年間約5,000台の中間価格帯セグメントは日本メーカーの領域だ。中国メーカーは年間2万台の超低価格セグメントで戦っている。このセグメントは高価格帯セグメントの20倍，中間価格帯セグメントの4倍の大きさがある。

　このような市場構造の場合，高価格帯のサプライヤーですら，自社を高価格帯セグメントに限定し超低価格セグメントを無視することはできない。それは実行可能な長期的な選択肢ではないのだ。高価格帯セグメントは市場の4％にすぎず，中国のような巨大市場でも他のセグメントを犠牲にして特化するには小さすぎる。排他的な高価格戦略のもう1つのリスクは，かなり低価格で許容レベルの品質を提供する競合企業が下から高価格帯セグメントに攻め込んでくることだ。

「中国やインドなどの成長市場で大きなシェアをとりたい機械メーカーは，自社製品のコンセプトを根本的に簡素化する必要がある」と，ヨーロッパ事業者団体の研究報告に述べられている[17]。ハイテク企業や産業財メーカーは，低価格セグメントへの参入を真剣に検討する必要がある。これは新興国市場に製造拠点を持つだけでなく，研究開発部門を置くことも含めてである。企業がドイツやアメリカなど先進国内で超低価格品を開発できるというのは幻想にすぎない[18]。新興国市場に自社のバリューチェーンを移転させることが，企業にとっての唯一の道なのだ。

腕時計スウォッチの発明者で長年にわたって同社のCEOを務めた故ニコラス・ハイエクは何年も前に，低賃金国の競争相手に低価格セグメントを明け渡してはいけないと警告を発した。私は個人的にもう1歩進めて，先進国の企業に対して，実際に試みれば大きなチャレンジとなる挑発的な問いを投げてみたい。なぜ中国企業をコストで打ち負かさないのか，と[19]。ホンダのドリームやウェーブのストーリーからわかるように，この問いは検討してみる価値がある。インド，バングラデシュ，ベトナムには，中国よりもはるかに低賃金の労働者が何億人もいるのだ。

ダートマス大学タック・ビジネススクールの教員であるビジャイ・ゴビンダラジャンとクリス・トリンブルは，著書『リバース・イノベーション』（ダイヤモンド社，2012年）の中でこのプロセスを分析した[20]。高価格と中間セグメントにとっての効果的な防衛戦略は，もっと低所得セグメントで価格競争力をつけることだ。製粉技術で世界的なマーケット・リーダーであるスイスのビューラーは中国の低価格帯市場で競争するために，地元企業を買収した。また，簡素化も視野に入れていた。同社CEOのカルバン・グリーダーは，この動きによって自社製品と顧客の期待をうまくマッチできるようになると語った。従来のスイスで生産した高価格で複雑な製品ではうまくいかなかったのだ。

世界シェア75%を誇るたて編み機の世界的なマーケット・リーダーのカール・マイヤーは興味深いダブル戦略をとっている。目指すは，市場のハイエンドとローエンドの両方で強固な持続可能な市場ポジションを確保することだった。開発者には，基本レベルの性能とコストに対して，25%安いコストで一定の性能を備えた低価格セグメント向け製品と，コストを上げずに25%性能を向上させた上位セグメント向け製品を同時に作り出すという課題を与えた。CEOのフリッツ・マイヤーによると，

第4章　価格ポジショニング ─ 高価格と低価格のどちらを選ぶか　87

この極めて野心的な目標は両方とも達成できたそうだ。カール・マイヤーは価格と性能の範囲を上下両方に拡大することにより，中国でかつて失ったシェアを取り戻したのである。

✝先進国でも超低価格品は売れる？

　新興国市場の超低価格品を高所得国に普及させることは可能だろうか。これはすでに起こり始めていることだ。ルノーのダチア・ロガンはもともと東欧市場向けだったが，西欧市場でも好調なことが証明された。インドでは，タタが欧米の規制条件に合わせたナノの新モデルに取り組んでいる[21]。シーメンス，フィリップス，GEはアジアで同市場向けに根本的に簡素化した医療機器を開発したが，今では欧米でそれと同じ超低価格機器を販売している。こうした機器は必ずしもはるかに高額の機器とカニバライゼーションを起こしたわけではなく，高額機器も依然として病院や専門医療で用いられている。超低価格品が一般開業医などまったく新規のセグメントを切り開いたケースもある。このようなセグメントも今や，この種の診断用機器に手が届くようになり，比較的シンプルな診断は自前で実施できるようになったのだ[22]。

　浴室関連の世界的なマーケット・リーダーのグローエは中国の市場リーダーの中宇（ジョウユウ）を買収した後，ほどなく中国で主要サプライヤーに仲間入りした。グローエは現在，中国以外の市場で中宇をより安価なセカンド・ブランドとして定着させようとしている。きわめて低いコストや価格で望ましいレベルの機能を提供する簡素化された製品は，間違いなく先進国でも売れるチャンスがある。超低価格ポジションを追求するタイミングを判断するときには，新興国市場でそのセグメントがどれくらい魅力的であるかという点のみに注目してはいけない。こうした戦略が先進国での高価格ポジションにどのような結果をもたらすのか，吉と出るか凶と出るかを考慮しなくてはならない。

✣ 超低価格戦略の成功要因

　企業が超低価格戦略で適切な利益を持続的に生み出せるかどうかは依然として不透明だ。それでも，こうした戦略の成功要因はきわめて明白だ。

① 「シンプルだがしっかりと」考える。企業は製品を分解して必要最小限のものに留めなくてはならないが，単純化しすぎて不具合が生じるようではいけない。

② 現地で開発する。企業は新興国市場で製品を開発しなければならない。これは超低価格セグメントの顧客ニーズを確実に満たす唯一の方法である。

③ 最低コスト生産にロックインする。適度の生産性が確保された最低賃金拠点で，適切な設計と製造能力を持つ必要がある。

④ 新しいマーケティングと営業手法を用いる。たとえ従来のチャネルや手法を諦めることになっても，なるべく低コストを維持する必要がある。

⑤ 使いやすく修理しやすい。顧客が複雑な機能を理解できない場合や，ほかでもない最も基本的な修理や調整に使うリソースをサービス・プロバイダが持っていない場合があるので，この2つの側面が最も大切である。

⑥ バラツキのない品質を提供する。超低価格品の品質がただ十分なレベルにあるだけでなく，何よりもバラツキがない場合にのみ，持続的成功が可能になる。

　超低価格セグメントにおける主要課題は，買い手を十分に引きつけつつ，極めて低コストを維持する受容可能レベルの顧客価値を見つけることだ。

✢ 成功する高価格戦略

　高価格。高利益率。高利益。少なくとも一見すると，この３つは直観的に相性が良いように見える。しかし，その関係はそれほど単純ではない。高価格ポジショニングが常に成功を保証するなら，すべての企業が採用しているだろう。

　この方程式を機能させるためには，少なくとも他の２つの条件がうまく噛み合わなくてはならない。つまり，コストと販売量という２つの収益ドライバーを確実に管理する必要がある。コストが高ければ，高価格にしても高利益率は保証されない。価格とコストの間に大きな差があるときに限って，高利益率から高利益がもたらされる。これは些末なことではない。顧客は価値に見合ったものが手に入るときにのみ，その製品やサービスに高い価格を支払う。高い価値を目指せば，得てして生産コストが高くなる。現実としては，高価格を維持するのに必要な価値を実現し維持するために，コストがかさんでしまうこともよくある。ただし，高利益率が実現されていても，十分な数量を販売しなければ，高利益にはならない。価格が高すぎて販売量が伸びなければ，利益面で苦しむことになる。これから，高価格品とラグジュアリーという２つのカテゴリーの高価格戦略を見ていこう。

✢ 高価格と言えるのはいくら以上？

　高価格は「並み」の価格や「平均的」な価格よりもどのくらい高いのだろうか。もちろん，一般化して答えることはできない。ベン・エンド・ジェリーズのピスタチオ・アイスクリームは16オンスで3.49ドル，１オンス当たり22セントする。ニューイングランド州の地元ブランド，ブリガムズのピスタチオ・アイスクリームは32オンスで2.99ドル，１オンス当たり9.3セントだ。そこには１オンス当たり133％の価格差がある。クレオラの24色クレヨンは1.37ドルだが，Cra-Z-Artは24色で57セントと，140％の価格差になる。２〜３種の天然原料で作ったピーナッツバターの価格にもかなりの幅がある。スキッピーの１瓶2.68ドルに対して，スマッカーズは2.98ドル，ニューイングランドの地元ブランドのテディーズは3.00ドルだ。しかし，オンライン販売専業の会社が扱うピーナッツバターは１瓶5.59〜7.79ドル

する。前章で説明したように瓶の底にギザギザを入れた15オンス入りスキッピーを除いて，どのブランドも同じサイズ（16オンス）だ。

　ミーレの洗濯機を手に入れたければ，メイタグやGEの洗濯機の約２倍，つまり数百ドル余分に支払う必要があるかもしれない。生産財の場合でも，巨大な価格差が存在する。風力タービンを手掛けるエネルコンの価格は競合他社よりも20％以上も高いが，同社は本国市場で50％以上の市場シェアを維持している。スリーエムは高価格ながらも，多くの産業財で市場リーダーとなっている。

　ここでは，比率や絶対額の両方で価格差が小さい場合ではなく，大きな場合について取り上げている。それでも，高価格品のほうが安価な選択肢よりも市場シェアが大きくなることは珍しくないし，高価格品がマーケット・リーダーということも多い。なぜそんなことが可能なのだろうか。また，それは利益において何を意味するのだろうか。その答えは，高く認知された価値や効用にある。顧客価値が高いレベルにあるのは偶然ではなく，優れた製品やサービスの性能からもたらされる。高価格戦略とは，より高い価値を提供し，その見返りに高価格を求めることを意味するのだ。

✛アップルとサムスンの違い

　2001年９月３日，私はソウルを訪れた際に，サムスン電子メモリー部門のCEOである黄昌圭（ファン・チャンギュ）博士に会った。現在は韓国の通信会社KTのCEOを務めるファン博士は，音楽を保存し再生する小型装置を私にくれた。その装置にすでに保存されていた曲の音質は素晴らしかったが，デザインはそうでもなかった。その装置は使い勝手が悪く，私は他の曲を取り込むことができなかった。

　それから数年後に，私はiPodナノを購入した。当時のサムスンとは対照的に，アップルはすでに非常に強いグローバル・ブランドだった。iPodのデザインはとてもエレガントで，私はマニュアルに頼らずとも，すぐに使うことができた。さらに重要な点として，アップルのiTunesシステムで，さらに多くの音楽をiPodに取り込むことができた。私はこの数年の間に何度も黄博士に会ったが，そのたびに必ず

第4章　価格ポジショニング — 高価格と低価格のどちらを選ぶか　91

「iPod」が話題になった。黄博士は故スティーブ・ジョブズと一緒にiPodを開発し，2001年9月に私がもらった装置にはその中核機能が使用されていたのだ。

　アップルはどこが違っていたのだろうか。iPodには，強いブランド，クールなデザイン，ユーザーに優しい造り，システム統合という4つの重要な要素が組み合わさっていた。その組合せの結果が，より高い知覚価値，より高い価格，より大きな販売量，そして驚くほど多くの利益をもたらしたのだ。アップルはiPodを3億5,000万台以上も売っていた。ノーブランド品やブランド力の弱い競合品と，高価格品との価格差については，すでにいくつか解説してきた。iPodの価格は他のMP3プレーヤーの価格の軽く2〜3倍もする。アップルはiPhoneやiPadでも同様の戦略をとった。イノベーション，デザイン，強いブランド，ユーザーに優しい造り，システム統合，……要するに，高めの価格にできる高い顧客価値を生み出す戦略で，アップルは再び大成功を収めたのである。2012年の売上高は1,565億ドルと45％成長し，417億ドルの利益を計上した。売上高利益率は26.6％だ。数の上では，アップルは時価総額が6,220億ドルに達した2012年8月にマイクロソフトを抜いて，世界で最も価値ある企業となった。現実的に，アップルがこの驚異的な成功を続けていくとは想像しにくい。誰かがスティーブ・ジョブズのような天才の後を継げるかどうかは，時間が経たないとわからないことだ。2015年8月，アップルの時価総額は6,420億ドルと，依然として非常に高い数字を示している。何が起ころうとも，アップルはイノベーション，強いブランド，魅力的な製品，システム統合を用いて，顧客にとってより高い価値を生み出し，高価格を実現し，驚異的な利益を上げられることを証明してきた。これらはすべて顧客の知覚価値の高さに根差している。サムスンはこの教訓に学んで，近年ではスマートフォンで大成功している。

✚ジレット

　シェービングとパーソナルケアのグローバル大手のジレットは，高価格戦略の古典的事例と言える。同社は7億5,000万ドルを投じて，マッハ3（最初の3枚刃のカミソリ）のシステムを開発した。**図表4−1**が示す通り，ジレットはマッハ3に，最も高価格のセンサー・エクセルよりも41％高い価格をつけた。ジレットは5枚刃のフュージョンなど一連のイノベーションをマッハ3にも用いた。ジレットはそれ

それのイノベーションを用いて高価格を設定し続けた[23]。イノベーションを通じて価値を創出し，その価値をコミュニケーションし，高価格で引き出すというベストの形で高価格戦略を実践している。フュージョンの価格は，オリジナルのセンサーのほぼ3倍だ。ジレットはやりすぎなのだろうか。

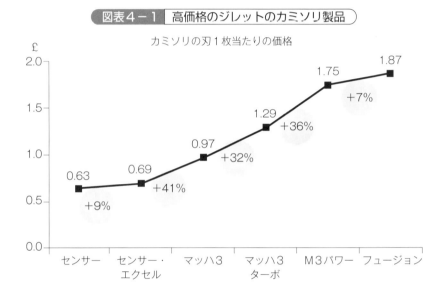

図表4－1　高価格のジレットのカミソリ製品

今日，ジレットのグローバル市場シェアは約70％と，過去50年間で最大になっている[24]。競合するウィルキンソン・ソード（12.5％）とBIC（5.2％）は大きく水をあけられている。しかし近年，ジレットの高価格に抵抗するような勢力も伸びてきている。ネット系の競合企業が魅力的な機会をかぎつけているのだ[25]。

✢ミーレ

家電メーカーのミーレについてここまでに何度も言及してきたが，その価値は疑いようもない。すでに述べた通り，私の母はミーレの洗濯機を40年間使い続けた。ミーレは競争品よりも少なくとも20％は高い価格を請求する。同社の共同マネジン

第4章 価格ポジショニング ― 高価格と低価格のどちらを選ぶか　93

グ・ディレクターのマーカス・ミーレはその理由についてこんな説明をしている。「私たちにとって高価格帯セグメントがしっくりくるのです。当社製品は20年間もつように設計されています。技術とエコロジーの観点で，最高のお買い得品なのです。このように品質を約束しているから，みんなは高い価格を払ってもいいと思うのです」[26]

　マーカス・ミーレの言葉は高価格戦略の本質を突いている。しかし，高価格品メーカーであっても競争には注意を払う必要がある。ミーレの言葉によると，「もちろん，関連する競争品との価格差が過度に開きすぎないように確かめないといけません。当社が継続的にコスト構造に取り組んでいるのもそのためです。私たちは"永遠によりよいものを"という自社のモットーを決してないがしろにしません。当社は最低価格の競争には勝てませんが，最高の製品をめぐる競争であれば勝利を手にするでしょう」[27]

　世界の一部地域では，ミーレはまさにラグジュアリー品と見なされている。ミーレの創設者の孫で共同マネジング・ディレクターのラインハルト・ジンカンはこう述べている。「アジアとロシアの富裕層は，市場で最も優れた最高価格品に囲まれたいと思っています。だから，私たちはミーレをそうした市場で純粋なラグジュアリー・ブランドとして位置づけたのです」[28]。2012/13年度のミーレの売上高は最大の42億5,000万ドルに達した。利益は公表していないが，貸借対照表上の自己資本比率は非常に高く（45.7％），負債はゼロである。つまり，毎年着実に利益を出しているということだ。「永遠によりよいものを」という同社のモットーは100年間変わっていない。それは，ミーレの戦略の中心にあり，プレミアム・ブランドとして持続的な成功を遂げるための基礎となっている。

✚ ポルシェ

　企業は新製品の価格ポジションを選ぶときに，確立した業界慣行に従わなくてはならないのだろうか。そうとは限らない。従来の業界慣行やルールよりも関係してくるのは，製品の知覚価値を本当によく理解することだ。これから紹介するポルシェ・ケイマンの事例からも，価格ポジショニングに対して顧客の価値が重要な役

割を果たすことが明らかになる。ケイマンSはボクスター・コンバーチブルをベースとしたクーペだ[29]。ポルシェはこれをどのような価格で発売すべきだろうか。自動車業界には，業界特有の明快でかつ経験に基づく答えがあった。それは，クーペの価格はコンバーチブルよりも約10％安くなければならない，というものだった。当時の市場データを見ると，クーペはコンバーチブルよりも実際に7～11％安い。ボクスターの価格は5万2,265ユーロなので，標準的な業界慣行でいくと，ケイマンの価格は約4万7,000ユーロになる。

　ポルシェの当時のCEO，ヴェンデリン・ヴィーデキングはそうした業界のトレンドに抗うことにした。価値志向プライシングを大いに信奉していた彼は，ケイマンの顧客価値をもっと深く理解したいと考えていた。彼は私たちに徹底的なグローバル調査を依頼したが，それによって，ポルシェが常識とは全く逆のことをすべきだと明らかになった。デザイン，強力なエンジン，そしてもちろんポルシェ・ブランドといった複合要因から生み出されるケイマンの価値は予想よりも高いものだった。ケイマンの価格はボクスターよりも10％低いどころか，10％より高くすべきとの結果になったのだ。ポルシェは私たちの提案に従い，ケイマンの発売価格を5万8,529ユーロとした[30]。高価格にもかかわらず，この新モデルは大成功を収めた。ここでも再び，顧客価値を深く理解することが適切な高価格戦略の基礎になることが証明されたのだ。

✛ エネルコン

　この本でいろいろなコンセプトを紹介するたびに，それを用いるのは消費財に限らず，産業財にも同じく適用できることを繰り返し指摘してきた。高価格戦略についても例外ではない。実際に，産業財のほうがうまくいく場合もある。というのは，法人バイヤーは消費者以上に価値を徹底的に調べ上げ，経済性を踏まえて合理的に評価するからだ。

　1984年に創立されたエネルコンは，風力タービンで世界3位のメーカーであり，世界の風力技術関連特許の40％以上を保有している。同社の風力タービンの価格は競合品よりも約20％高い。風力発電装置の平均価格が1メガワット約130万ドルだ

第4章　価格ポジショニング ─ 高価格と低価格のどちらを選ぶか　95

とすれば，この20%の差は1メガワット当たり25万ドル余りだ。エネルコンが毎年3,500メガワットの設備を設置する場合，売上高の増分は6億ドル以上になる。エネルコンは高額であるにもかかわらず，ドイツでは2014年に60%の市場シェアを獲得し，世界市場のシェアも約10%である[31]。エネルコンの高価格ポジションは顧客価値という厳然たる事実に立脚している。同社の風力タービンにはギアがついていないが，それによって競合品よりも故障が少なくなる。顧客が高額のエネルコン製品を受け入れるのはもっともなことで，その結果がエネルコンの決算書に表れているのだ。2012年の同社の売上は66億ドル，税引後利益は7億8,300万ドル，売上高利益率は11.9%にのぼる。過去数年において風力技術のサプライヤーで利益を出しているのは，エネルコンのみである。

　エネルコンは，新しい形のリスク共有を盛り込んだプライシング・モデルも非常にうまく実践している。エネルコン・パートナー・コンセプト（EPC）の下，顧客は同社製タービンの生産量に応じた価格で，メンテナンス，セキュリティ，修理のサービス契約を結ぶ。つまりエネルコンは，顧客であるウインドパーク運営事業者の事業立ち上げに伴うリスクを共有して軽減させているのだ。顧客はこの提案に大いに魅力を感じて，90%以上の顧客がEPC契約を結んでいる。

　プロバイダーはすべてのリスクの引受業務や保証業務とともに，潜在的なコストを考慮に入れなくてはならない。エネルコンの場合，製品の品質が優れているのでコスト管理がしやすい。故障の原因のトップに挙がるギアがないので，顧客に稼働率97%を保証することができるのだ。競合他社は通常，90%以上を保証することはない。実際に，エネルコン製品は稼働率99%を達成しているので，稼働率97%を保証しても，エネルコンには何らコストがかからない。これはサプライヤーと顧客が最適な形でリスク共有を行っている理想的事例であり，顧客の購入時の抵抗感を大幅に緩和することができる。エネルコンは12年契約の前半期のサービス料も半分肩代わりする。これはウインドパークに投資する側にとって非常にありがたい実質的な財務支援となる。というのは，ウインドパークの増設には数年かかるが，その際に資金難に陥りやすいのだ。

✛ "バグズ" バーガー・バグ・キラーズ

　害虫駆除会社にとっての高い価値とは何だろうか。考えられる最高の価値は非常にシンプルだ。一時的に害虫を駆除するだけでなく，永久に寄せ付けないようにすることだ。"バグズ" バーガー・バグ・キラーズ（BBBK）は，条件をつけずに，こうしたサービスの完全保証を行っている。例外も設けていなければ，弁解も一切しない。BBBKがそれをどのように表現しているかは，一読してみる価値がある。

図表4－2　完全保証を通じた最高の価値

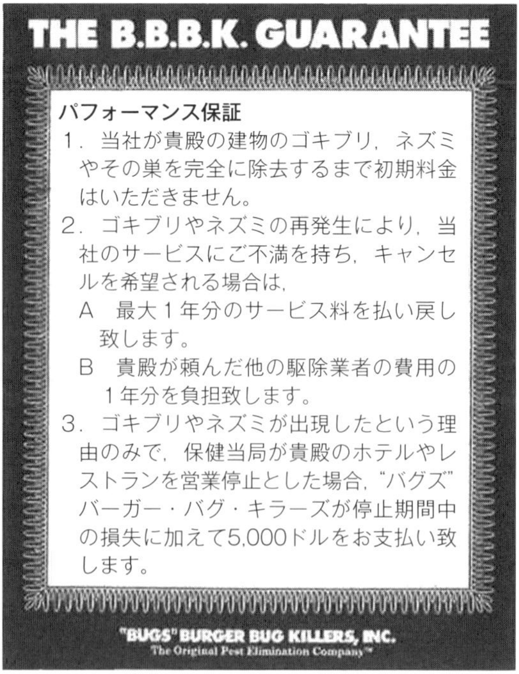

THE B.B.B.K. GUARANTEE

パフォーマンス保証

1. 当社が貴殿の建物のゴキブリ，ネズミやその巣を完全に除去するまで初期料金はいただきません。
2. ゴキブリやネズミの再発生により，当社のサービスにご不満を持ち，キャンセルを希望される場合は，
   A　最大1年分のサービス料を払い戻し致します。
   B　貴殿が頼んだ他の駆除業者の費用の1年分を負担致します。
3. ゴキブリやネズミが出現したという理由のみで，保健当局が貴殿のホテルやレストランを営業停止とした場合，"バグズ" バーガー・バグ・キラーズが停止期間中の損失に加えて5,000ドルをお支払い致します。

"BUGS" BURGER BUG KILLERS, INC.
The Original Pest Elimination Company™

　このレベルの顧客価値を超えるのは不可能だ。こうした約束はサービス保証に信用を与える。では，この顧客価値の裏側がどうなっているだろうか。BBBKの価格は競争他社の10倍の高さである[32]。

第4章　価格ポジショニング ── 高価格と低価格のどちらを選ぶか　97

✥ 高価格戦略が裏目に出るとき

　より高い価値を引き出す試みがすべて成功するわけではない。たとえば，1990年代初めに導入されたエネルギー効率に優れた電球は，従来の白熱電球よりもはるかに倹約になった。所要エネルギー量はわずかであり，10倍も長持ちした。電球の寿命全般にわたるコスト優位性は合わせて65ドルに相当しうるものだった。しかしメーカーは，この付加価値分として相応の高価格を用いることすらしなかった。この電球の発売時の価格は約20ドルで，中国から安価な輸入品が参入してくると，年々値下げされた。これら輸入品の品質は国内品と同等ではなく，耐久性も劣っていたが，購入する顧客はその事実に気づきにくかった。輸入品の安い価格は強力なアンカーにもなった。しかも，電球は薄利の商品だ。消費者は高価格品を受けつけなかった。

　電動式スクーターも同様の問題に直面している。バッテリー費用が追加でかかるため，ガソリン式スクーターよりも高価になる傾向がある。従来のスクーターの燃費は100キロメートル約8ドルであるのに対し，電動式はわずかに1ドルと，100キロメートルで7ドルの節約になる。仮に電動式とガソリン式の価格差が1,300ドルだとすれば，利用状況によっては電動式の購入者は数年で損益分岐点に達する。100キロメートルで7ドルの節約は魅力的に聞こえるかもしれないが，ほとんどの消費者はわざわざ損益分岐点の分析などしない。それよりも表面的な価値がリーズナブルに見えるかどうかで判断しがちなのだ。これは一般的にほとんどの「ライフサイクル・コスト」や「所有コストの総額」について言えることだ。この例では，上述のスクーターの実際の損益分岐点は約1万8,000キロメートルになる。

　企業が新しい価格の測定基準を導入するときは，イノベーションの付加価値を活用するとうまくいく場合が多い。電球メーカーは電球を売る代わりに，時間当たりの明かりを提供し，そのサービス料金を請求すればよい。スクーター・メーカーは，スクーターを売る代わりに，1キロメートル当たりの輸送を提供すればいい。フランスのタイヤ会社ミシュランはトラックと商用車向けにまさにそういう戦略を採用した。ミシュランは現在，タイヤの性能を販売し，走行距離1キロメートル当たりの価格を請求している。第8章でこれと似た従量制課金の仕組みを詳しく見ていく。

✛ 高価格戦略の成功要因

成功する高価格戦略に共通する要因は何だろうか。私がお勧めするのは次の点だ。

1. **優れた価値であることが必須条件である。** 企業が優れた顧客価値を提供するときにのみ，高価格戦略は徐々にうまくいく。

2. **価格と価値との関係は決定的な競争優位である。** 威光効果に大いに依拠するラグジュアリー品とは対照的に，成功している高価格品は（客観的かつ絶対的な観点で）その高い価値によって真の競争優位を獲得し，その結果として価格と価値の間で適切な関係が築かれている。

3. **イノベーションが基盤となる。** 一般的に，イノベーションは成功する持続可能な高価格ポジションの基盤となる。これは，画期的なイノベーションにも，「永遠によりよいものを」というモットーを掲げるミーレのような継続的改善にも当てはまる。

4. **一貫して高品質であることが必須条件である。** この必須条件は何度も出てくる。成功している高価格品サプライヤーは高くてバラツキのない品質レベルを維持している。サービスにおいても同じ要件を満たさなくてはならない。

5. **高価格をつける企業はブランド力が強い。** 強いブランドが持つ機能の1つは，（多くの場合一時的な）技術上の優位性を長期にわたるイメージ優位性に転換することだ。

6. **高価格をつける企業はコミュニケーションに重点投資を行う。** こうした企業は，自社製品の価値とメリットを消費者に認知・理解させることの必要性を心得ている。大事なのは知覚価値のみだということをお忘れなく。

7. **高価格をつける企業は特別提供を敬遠する。** こうした企業はプロモーションや特別提供を実施することに躊躇する。あまりにも頻繁に大々的なプロ

第4章　価格ポジショニング ― 高価格と低価格のどちらを選ぶか　99

モーションを行えば，高価格ポジションが危うくなりかねない。

　高価格戦略の鍵となる課題は，価値とコストのバランスだ。ここで重視すべきは高い顧客価値であり，それにはコア製品そのものだけでなく，それに伴うベネフィットという広範な「エンベロープ」（訳注：製品そのものに加えた，プラスアルファの部分）も含まれている。そのうえで，コストを許容レベル内に抑えなくてはならない。

✢ ラグジュアリー・プライシングの成功戦略

　高価格を越えてラグジュアリーという領域がある。「高価格はここまで」で「ラグジュアリーはここから始まる」といった明確な境界線はないが[33]，ラグジュアリー品の価格表には上限がない。なかには「ラグジュアリーの価格が高すぎることはありえない」とまで言う専門家もいる。たとえ本物のラグジュアリー品が最高の品質基準を満たさなければならないとしても，この製品カテゴリーでは威光効果，スノッブ効果，ヴェブレン効果が存分に発揮され，それが客観的な品質よりも重要となってくる。品質が劣るなどということは問題外だ。

✢ ラグジュアリー時計の原価はいくらか

　世界には，違法な模造品も含めて腕時計が年間約13億個も製造されている。平均価格は100ドル未満だが，腕時計はラグジュアリー・モデルが特別な役割を果たしているカテゴリーである。**図表４－３**は，2013年ジュネーブ・サロンに出品された腕時計の一部とその価格を示したものだ。

　価格が5,000ユーロのクロノグラフ・レーサーはすでにラグジュアリー腕時計になるのだろうか。その答えは，質問した相手によって違ってくる。ジュネーブ・サロンで大半の人が足を止めたのが，192万ユーロのA.ランゲ＆ゾーネのグランドコンプリカシオンだ[34]。これはクロノグラフ・レーサーの384倍もする。この途方もなく大きな価格差は，ラグジュアリー品を手掛ける企業がどれだけプライシングの

図表4-3	ラグジュアリー腕時計とその価格	
モデル	メーカー	価格（ユーロ）
グランドコンプリカシオン（6個限定）	A.ランゲ&ゾーネ	1,920,000
ロイヤル オーク オフショア・グランドコンプリカシオン	オーデマピゲ	533,700
トゥールビヨン Gセンサー RE036 ジャン・トッド	リシャール・ミル	336,000
エンペラドール クッション・ウルトラシン	ピアジェ	187,740
ライジング・アワーズ	モンブラン	26,900
ルミノール1950 ラトラパンテ 8デイズ チタニオ	パネライ	13,125
カリブル ドゥ カルティエ	カルティエ	8,110
スポーティング・ワールド・タイム	ラルフローレン	7,135
クロノグラフ・レーサー	IWC	5,000

自由度を持っているかを物語っている。グランドコンプリカシオンから，ラグジュアリー品のもう1つの基本的な特徴が明らかになる。成層圏を突き抜けるほど価格が上昇すると，薄くなった大気に紛れていくように提供する数量は少なくなる。A.ランゲ&ゾーネが製造したグランドコンプリカシオンはたったの6個だ。

　ラグジュアリー品のプライシングのアート（技術）の秘訣は"限定版"を極めることにある。サプライヤーが自ら限定した以上，それを堅持しなくてはならない。そうしないと，信頼や評判を失うことにもなりかねない。限られた数量にすれば希少性が決定づけられ，それがラグジュアリー品の価値となる。成功しているラグジュアリー品のプライシングの必須条件は，事前に価格と数量の両方を同時に設定するスキルなのだ。

　ここで私が「必須条件」や「スキル」という言葉を用いたのは，次に示す通り，こうした試みが惨敗に終わることもあるからだ。あるメーカーが腕時計見本市のバーゼルワールドにリデザインした腕時計を出品した[35]。以前のモデルは2万1,300ドルであり，非常に人気を呼んだので，新モデルの価格は50%引き上げて3万2,000ドルに設定した。また，そのメーカーに作れる最大数の1,000個に限定した。バーゼルワールドで，その腕時計には3,500個の注文が舞い込んだ。これはもっと価格を高くすべきだったということだ。逸失利益は膨大な金額にのぼる。3万2,000ドルではなく4万ドルで1,000個売り上げたならば，さらに800万ドルの利益を手にしていただろう。

✛スイスの腕時計

　ラグジュアリー腕時計は「販売数量」と「価値」の違いを表すのに役立つカテゴリーだ。スイス製腕時計は全世界の年間製造量のわずか2％だが，この数量の少なさとは対照的に，価値ベースではグローバル腕時計市場の53％を占めている[36]。この数量ベースのシェア（2％）と価値ベースのシェア（53％）の違いは何とも劇的だ。スイス製腕時計の平均輸出価格は約2,400ドルで，平均小売価格は約6,000ドルとなっている[37]。スイスの時計メーカーの2012年の輸出高は232億ドルである。スイスでは，時計製造業が医薬品・化学品と工作機械に次いで第3位の輸出産業となっている。ロレックスの年間売上高は約48億ドル，カルティエは約20億ドル，オメガは約19億ドルにのぼる。こうした数字はラグジュアリー品の生産をめぐる可能性を示している。

✛LVMHとリッチモント

　ラグジュアリー・セグメントは過去20年で力強い成長を遂げてきた。ラグジュアリー品を扱う大手企業は，成長力や羨むほどの高利益達成力を誇っているため，世界的な不況に見舞われた時でさえ一時的な落ち込みにとどまった。これは世界の主要グループの最近の財務業績からも明らかだ。世界的なマーケット・リーダーであるフランスのルイ・ヴィトン・モエ・ヘネシー（LVMH）の場合，売上高成長率は2011年で17％，2012年も19％であり，同年の売上高は360億ドルに達した。税引後利益は50億ドルで，売上高利益率は13.9％だ。スイスのリッチモント・グループの2011/12年度の売上高は119億ドル，前年比29％増となった。税引後利益は20億ドル，売上高利益率は17.4％である。ラグジュアリー市場の主要プレイヤーであるエルメスは，それ以上の収益性を誇っている。売上高は23％増の47億ドル，純利益は9億8,700万ドル，売上高利益率は21.3％という目を見張るような数字となっている。

　強いブランドと高品質という評判を持つ企業が，ラグジュアリー・セグメントに食指を動かすのも納得がいく。ロシア，中国，インドなどの国の人々は巨大な富を蓄積し始めた。こうした「成り金」はその巨大な購買力の大きな比重をラグジュア

リー品に置いており，多くの業界では今，ラグジュアリー品とサービスの絶好の出発点となっている。アメリカン・エキスプレスはアメリカで，入会金7,500ドル，年会費2,500ドルのラグジュアリーのセンチュリオン・カードを販売している。ドイツでは年会費が2,600ドル，スイスでは約4,600ドルだ。ロサンゼルスでは，1日900ドルでベントリー・コンバーチブルをレンタルできる。ドバイのブルジュ・アル・アラブ・ホテルでは，ワンベッドルーム・スイートが1泊1,930ドルで，別途税金10％とサービス料10％が加算される。ダラスのリッツ・カールトンは，ベビーシッター，シェフ，ボディガードなどVIPの随行者の宿泊用に，新たに5,500平方フィートの「プライバシーウィング」を増設した。価格は1泊7,500ドルだ[38]。プライベート・ジェットの1時間の利用料は，サイテーション・マスタングの2,400ドルから，ガルフストリームG550の8,700ドルまで開きがある[39]。つまるところ，ラグジュアリー品には豊富な需要と供給があるということだ。

✢ラグジュアリー品は価格天国？

これまでに紹介してきた事例から，あなたはラグジュアリー品が価格天国に続く究極の道となると思い始めたかもしれない。バーゼルワールドの見本市でスイスの時計メーカーがそうだったように，「失策」を犯したときですら，かなり良好な経営状態が維持される。需給を見誤ったこのスイス企業は，最終的に価格を50％引き上げたが，その後でも非常に大きな利益を手にしている。

しかし，次の事例が示すように，価格天国に関するこうした前提は間違っている。

✢マイバッハ

排他的な限定版を提供して，需要が供給を上回ったときには，嬉しい反面，非常にもどかしくもある。ラグジュアリー品の世界では，その逆の状況，すなわち，ラグジュアリー品を提供しても買う人がほとんどいないときには，もどかしさに加えて，非常に不快感も覚えるものだ。

第4章 価格ポジショニング ── 高価格と低価格のどちらを選ぶか　103

　それはまさに，メルセデスの高級車，マイバッハがたどった運命だ。約65万ドル
で発売したマイバッハは2004年に記録的な244台を売り上げたが，その後，2010年
と2011年の販売台数は2桁レベルで如実に減少していった。それとは対照的に，
ロールスロイスは2011年に3,575台を売り上げていた。2012年12月17日，メルセデ
スの組立ラインから出荷されたのが最後のマイバッハとなった。

　私は一度マイバッハに乗る光栄に浴したことがある。中国の建設機械メーカーの
三一重工の創設者で，同国内で最も裕福な梁穏根（リャン・ウェンゲン）氏が，私
の送迎のために人を寄越してくれたのだ。私が訪問した時に，同氏は4台のマイ
バッハを所有しており，将来的には9台にするつもりだと言っていた。マイバッハ
は残念ながら，梁氏のような顧客をほとんど見つけることができなかった。

　価格に問題があったのか。あるいは，マイバッハのような自動車は単に過ぎ去っ
た時代の名残に過ぎないのか。フォルクスワーゲンは，最初から生産台数を300台
に限定したので，ブガッティ・ヴェイロンで同じ轍を踏まずに済んだ。フォルクス
ワーゲンは170万ドル超の価格で売り出し，実際にすべて売り切った。ヴェイロン
は利益が出なかったが，目的はほかにあった。この「ロケット」によって世界中の
注目が集まり，ブガッティの名声と，間接的にその生みの親であるフォルクスワー
ゲンの名声に貢献することになったのだ。

　メルセデスのフラッグシップとしてマイバッハの生産を続けることに意味があっ
たのかと疑問に思う人もいるだろう。主要ブランド（この場合はメルセデス）に対
するマイバッハのハロー効果には，多くの価値があったのかもしれない。しかしラ
グジュアリー品には，コストの問題という別の側面がある。すなわち，買い手は類
い稀な品質を備えた製品だけでなく，それと同等レベルのサービスも期待する。限
定車のために世界中で特別サービスを提供するコストは，どの企業にとっても，そ
れなりに負担できるレベルをはるかに超えてしまう。サービス集約型のラグジュア
リー品を市場に投入する前に，この点は肝に銘じておかなくてはならない。ラグ
ジュアリー腕時計であれば，サービス提供はたいした問題ではない。高級車の場合，
サービスの提供は非常に困難な業務であり，事業が大赤字に陥ることもある。

　ラグジュアリー品のマーケティングとプライシングはいくつかの障害に直面する。

明らかに，ラグジュアリー品は最も高い期待と最も厳しい基準を満たす必要があり，失策を犯す余地はないし，言い訳も通用しない。それは，狭義の製品の品質を超えたものにも当てはまる。つまり，等しく対象になるのは，サービス，デザイン，パッケージ，コミュニケーション，メディア，チャネル，そして最後になるがおろそかにできないのが，こうした活動を支える従業員である。ラグジュアリー品のマーケティングは，極めて強力なコミットメントが求められるのだ。

　ラグジュアリー品メーカーは，非常に有能なスタッフを引きつけ，最高のデザイナーを雇い，コミュニケーションと流通に多額の投資を行う必要がある。全般的な実施状況に弱点が見当たらない場合にのみ，あなたが求める高価格を顧客が受け入れてくれる状況になる。このため，ラグジュアリー品はいちかばちかの賭けと言える。参入障壁は極めて高く，ひとたび足を踏み入れて，些細な弱みを放置しておくと取り返しのつかない損害を招き，賭けに負けてしまうかもしれないのだ。

　ラグジュアリー品を扱う企業は，もっとメインストリームの企業が使いそうな，あらゆる種類のマーケティングの「トリック」も用いなくてはならない。ラグジュアリー腕時計では，一部のモデルには高い需要があり，他のモデルはそれほど人気がない。ダイヤモンド市場においても，世界的なマーケット・リーダーのデビアスが様々な品質の石を保有している。そうした状況で何をするだろうか。デビアスの答えは，個別に石を提供するよりも，魅力的な石とそうでない石をバンドリングして提供することだった。これに対して，かつては顧客には選択肢がなく，バンドリングを受け入れるか，拒絶するしかなかった。ただし拒んだ場合，その顧客はデビアスから次のオークションに招かれることはないだろう。その一方で，ダイヤモンド市場におけるデビアスの事実上の独占状態は崩れ始めており，もはやこうした強硬策に出られなくなっている。

　ラグジュアリー腕時計の市場でも，この種のバンドリングが起こっている。ディーラーは時折，再販しにくいモデルを含めたバンドリング商品を買う必要がある。こうしたモデルは往々にしてグレーマーケットに流れ，そこで正規品が大幅な割引価格で売られていく。この種の価格浸食はラグジュアリー品にとって痛手となる。ある腕時計に2万5,000ドルを支払った顧客は，同じ腕時計がどこかで1万5,000ドルで販売されている様子を見たいはずがないからである。

第4章 価格ポジショニング ─ 高価格と低価格のどちらを選ぶか　105

　ラグジュアリー品企業はこうしたグレーマーケットを閉鎖するためにあらゆる手を尽くしており，個々の品目まで追跡する。様々な店でどの製品がどんな価格で販売されているかを知るために，専門代理店と契約を結び覆面調査も実施している。このチャネルを監視するという慢性的問題は1つには再販業者の粗利の高さから生じているが，それによってラグジュアリー品企業は直販体制をとろうという気になるのだ。空港，ホテル，高級ショッピングモールに展開する直営店の数はここ2～3年で急増している。

　企業は直営店を出せば，完全に価格をコントロールできるようになるが，このアプローチにも危険なマイナス面がある。というのは，かつては変動費だったもの，つまりディーラーや再販業者に支払っていた歩合が賃料や店員という固定費に変わり，損益分岐点を押し上げるのだ。売上が低迷すると，ラグジュアリー品企業は厄介な状況になる。

　2009年10月，世界的な不況が最高潮に達していたとき，私はシンガポールのラッフルズ・ホテルのロビーを歩いていた。そこには何十ものラグジュアリー店が並んでいたが，客の入りはさっぱりで，カウンターで手持無沙汰に立っている販売員を除くと実質的に私1人だった。ラグジュアリー品企業にとって幸いなことに，同産業の低迷が続いたのは数カ月にすぎなかった。

✛ラグジュアリー品に価格の上限はあるのか？

　カルティエのトリニティ・ブレスレットは1万6,300ドルもする。この価格は高いのだろうか。おそらく，5年前に1万1,000ドルだったことと比べれば高いと言える。そしてこれだけ大幅な値上げであっても，シャネルのキルティング・バッグと比べればたいしたことはない。このバッグの値段は同じ期間で70％増の4,900ドルに跳ね上がった。この上がり方は明らかにインフレを追い越している。アメリカの直近のインフレは2％以下で，コスト上昇ではまるで説明がつかない。となると，別の動機があるに違いない。すなわち，富裕層のラグジュアリー品の購買意欲を活用し続けようというのだ。

2014年前半，一部の市場ウォッチャーは，特により手頃なブランドとの競争が激化するにつれて，こうした価格に「西洋の顧客の堪忍袋の緒が切れ始めた」と感じつつある[40]。経済成長が鈍化すると，嫌気を感じた顧客が離反するリスクにも企業は直面する。私がシンガポールのラッフルズ・ホテルを歩いていた時のように，これは不況の最中に実際に起こったことだ。そして，いつでも繰り返される可能性がある。

⊹ 価値を持続させるための課題

とびきり高い値段を払った顧客は，その製品にそれだけの価値があることを期待する。これはラグジュアリー品企業にとって，持続的な価値を創出する際の課題となる。また，短期的成長のために特売や割引に頼れないということでもある。そういう販促活動をすれば，企業イメージと，既存顧客の目に映る製品の価値を弱めることになるのだ。危機の際にも，ラグジュアリー品企業は販売増進策として価格をいじることはできない。

ポルシェ元CEOのヴェンデリン・ヴィーデキングは，自社の価格，価値，評判からすれば，大幅な割引は絶対にしてはいけないと繰り返し指摘していた。そんなことをすれば，中古車の買取価格が下がってしまうという。これまでに製造されたポルシェの約70％がまだ使用されているので，これはポルシェにとって特に重要な論点となるのだ。ヴィーデキングはキャッシュバックの提供をはっきりと禁じており，このルールを守らなかったアメリカ拠点のトップは解雇された。

電気自動車メーカーのテスラは，セダン車モデルSについて2013年に興味深い買取価格保証プログラムを提供し始めた。購入者はメルセデスSクラスと相対的に同じ残存価値（比率換算）で，3年後にテスラに買い取ってもらえる[41]。この価格保証によってメルセデス・ブランドの高級イメージをテスラ車に投影させて，見込客にモデルSの価値が維持されることへの確信を深めてもらおうとしているのだ。企業はアフターサービスを管理し，時には製品を買い戻すことにより，知覚される残存価格を高く維持することができる。フェラーリはこのアプローチをとっている。

✢ 数量制限は厳守せよ！

　自制することはラグジュアリー品企業にとってもう１つの課題となる。ビジネスが順調なときでさえ，販売量の拡大を目指したくなる誘惑に負けてはならない。ラグジュアリー品の基本は「高価格と少量」という組合せだ（本章の初めに論じた「低価格と大量」戦略の反対である）。数量に上限を置くことが排他性を保つ唯一の方法となるのだ。

　1980年代にアメリカ人のピーター・シュッツがポルシェを率いていた頃，好んで口にしたのが「同じ道で２台目のポルシェが走っていたら悲惨なことだ」という言葉だ。その後継者であるヴィーデキングが「世間にポルシェは何台まであってもいいか」と私たちに問いかけた時にも，それと似た心情がうかがわれた。しかし，企業が高価格ポジションを維持したいならば，数量はあまり増やすべきではない。また，適切な数量を超えてラグジュアリーのポジションを危うくすることのないよう，自制をしなくてはならない。

　フェラーリは2012年に販売数量が最高値を記録した。7,318台を売り上げたのだ。もっとも，自動車業界としてはそれほど多い台数ではないが。フェラーリの売上高は32億4,000万ドルなので，割り算をすれば，１台の平均価格は44万2,732ドルということになる。これは正確な数字ではないが，フェラーリの価格レベルが大まかにつかめるだろう。サービスや予備パーツの売上もあるので，合計売上高は車体販売のみで構成されているわけではない。ともかく自動車に約40万ドルを請求するのは雲をつかむような話である。ポルシェは2012年に14万3,096台を販売したが，フェラーリと比較すると巨人クラスだ[42]。全社の売上から計算すると，ポルシェの「平均価格」は９万3,000ドル余りで，高めではあるが，フェラーリの顧客とは完全に異なるレベルにある。

　フランスのアパレル・ブランドのラコステはかつて高級ブランドとして大いにもてはやされていたが，やがて大衆向けやメインストリームというステータスに格下げとなり，「マシフィケーション（massification）」の犠牲になった最も有名な事例と言えるだろう。数十年前に，シャツ・ブランドの「ブラック・ローズ」でも同じよ

うなことが起こっている。自動車メーカーのオペルは1950年代，アドミラルやカピテンを引っ提げてハイエンドの市場で強いポジションを築いていた。それが1962年に大衆車市場にカデットを投入すると，徐々に衰退を始めた。サイモン・クチャー&パートナースは1980年代末に，オペルが市場のハイエンドに再び返り咲けるかどうかを調査した。オペル・ブランドは有望視されなかったため，親会社のゼネラル・モーターズ（GM）は，当時は好ポジションにあったスウェーデンのサーブを買取する提案に従った。しかし，サーブをハイエンド・セグメントにリポジショニングして持続的成功を実現させることはできなかった。GMは2010年，オランダ企業にサーブを売却した。サーブはその後，2012年に香港拠点の投資家にさらに転売されている。

✚ ラグジュアリー価格戦略の成功要因

　他の価格ポジショニングのコンセプトはすでに見てきたので，ラグジュアリー・プライシングについて私がお勧めしたいことを挙げてみよう。

①　ラグジュアリー品は，常に高性能でなければならない。これは，原材料，製品の品質，サービス，コミュニケーション，流通などあらゆる側面に当てはまることだ。

②　威光効果が大きな推進力となる。ラグジュアリー品は，上記に加えて，非常に高い名声を伝えたり与えたりする必要がある。

③　価格は威光効果に貢献し，品質指標として役立つ。高めの価格にすると，たいてい数量が犠牲になるとは限らない。実際には，その逆の場合が多い。

④　数量と市場シェアは厳しく制限し続けなくてはならない。数量と市場シェアの制限を守ることは，特に限定版の約束は，ラグジュアリー品市場では必須となる。短期的にどれほど魅力的に見えても，「より大きな」数量や市場シェアに向かいたくなる誘惑に負けてはならない。

第4章　価格ポジショニング ― 高価格と低価格のどちらを選ぶか　109

5　割引や特売，それに類する行動を絶対に避ける。こういうことをすると，製品，ブランド，企業イメージを（破壊しないまでも）傷つけ，製品の残存価値が減ってしまう。

6　トップ人材が重要である。全社員が最高の基準を満たし，高いレベルで職務を遂行しなくてはならない。これは，デザイン，生産から，販売員の外見に至るまでバリューチェーン全体に当てはまる。

7　バリューチェーンをコントロールしたほうが有利である。ラグジュアリー品企業は，流通を含むバリューチェーンを最大限にコントロールするよう努めなければならない。

8　価格設定の決め手は顧客の支払意欲である。低価格セグメントの場合よりも，変動費の果たす役割は比較的小さいが，支払意欲が決め手となる。もっと問題含みなのが固定費で，これは企業が垂直統合するほど急上昇する可能性がある。固定費が高いと，損益分岐点販売数量が上がり，ラグジュアリー品の価格ポジションを支える排他性と数量限定とは矛盾することになる。

✛最も有望な価格戦略とは？

　この章で取り上げてきた価格戦略――低価格，高価格，ラグジュアリー価格のうち，どれを選べば最も有望だろうかと考えている人には，どれも簡単ではないと答えなくてはならない。これまで見てきたように，企業はいずれの価格ポジションでも，大成功するかもしれないし，惨敗を喫するかもしれない。一般論として正しい戦略も間違った戦略もないのだ。

　これまで論じてきた価格ポジショニングは，特定の市場に多様な買い手がいるから成り立つ。どの市場でも，一見すると無限の購買力を持つのと同時に，最も高い基準を要求する顧客が見つかるだろう。そうした顧客は基準を満たす製品ならば，非常に高額を支払うことを厭わない。「中間層」の顧客は，顧客価値と価格との落としどころを見定める。彼らの基準は要求が厳しく，高価格品にも手が届くが，ラ

グジュアリー品を持つ余裕はない。低価格帯では，極めて質素でお金の使い方に慎重な顧客が見つかる。こうした顧客は許容レベルでバラツキのない品質に満足し，最も安い価格を探すので，予算内でやりくりできる。世界の貧困国では，購買力はさらに限定されている。ここでの課題は超低価格で最低限許容できる性能を提供することだ。

　もちろん，必ずしも全市場でそのようにきちんと整理されたセグメントに顧客を分類できるわけではない。おそらく，いわゆる「ハイブリッド型」消費者のほうが一般的だろう。こうした消費者は，ハードディスカウント店で食品や食料雑貨を買い，そこで浮かせたお金で3つ星レストランにディナーに出かける。高いプライシングと低いプライシングの中で適切なポジションを見つけるために，企業はこの種の消費者を理解し，実際にどのくらいの人数なのか範囲を見極める必要がある。

　こうしたセグメント別に売り込む際には，マネジャーに要求されることも必要なスキルセットも異なる。そのスキルセットや個性は，ある価格セグメントでうまくいっても，別のセグメントでは障害になることもある。ラグジュアリー品の企業には，高いレベルのデザイン，品質，サービス，一貫したイメージを維持する能力と，事業全般にわたる基準が求められる。それにはある種の企業文化も必要になる。その一方で，コスト管理のスキルや能力は同セグメントにおける成功要因ではない。

　高価格ポジションでは，コストと価値の間のトレードオフの重要性が高まる。コスト面で破綻をきたすことなく，高品質を提供する必要がある。低価格，特に超低価格ポジションで成功するには，バリューチェーン全体でコストをなるべく低く維持するスキルと能力が必要になる。こうした企業の文化は，ラグジュアリーの文化と同じくらい厳格で容赦ないことが多い。ラグジュアリー品の世界とは対照的に，低価格の企業文化は，徹底した緊縮とまでいかなくとも，控え目で質素でなければならない。この種の労働環境は万人向けではない。もっとも，低価格や超低価格セグメントでも高度なマーケティング・ノウハウが求められるので，適任者を引きつける必要がある。これらの価格セグメントでは，顧客が自社製品を拒んだり競合品に鞍替えしないようにしながら，企業は省いても構わないものを正しく理解しなくてはならない。

第4章　価格ポジショニング ― 高価格と低価格のどちらを選ぶか　111

　以上はそれぞれの考え方を簡単に述べただけだが，同じ企業内で高価格戦略と低価格戦略を並行して実行するのがどれほど難しいかの説明としては十分だろう。文化的要件は根本的に異なるが，組織構造を分権化できれば，その部分は克服できるかもしれない。その難しいトリックをやってのけた企業がスウォッチだ。同社についてこんな指摘をする人もいる。「スウォッチは上手にポジショニングを行い，安価なスウォッチから，超高価格のブレゲやブランパンのシリーズまで幅広いブランドを取り揃えている」[43]

　もっと数量的な観点から「最も有望な価格戦略は何か」という問いに答えることもできそうだ。研究者のマイケル・レイノアとムムタズ・アーメドは近年，この課題に取り掛かり，公開されている包括的な財務データを用いて，1966〜2010年におけるアメリカ証券取引所の上場企業2万5,000社以上を分析している[44]。2人は成功の評価基準として総資本利益率（ROA）を使った。トップのカテゴリー，彼らの言う「奇跡の仕事人」に入るには，上場後に毎年ROAで上位10％に入る必要がある。これに該当したのは全サンプルの0.7％，わずか174社だった。第2のカテゴリー「長距離ランナー」は，毎年のROAが上位20〜40％に入っている企業だが，これに該当したのはわずか170社だった。残りの企業は「普通の人」というカテゴリーに甘んじることとなった。

　レイノアとアーメドはその後，9つの業界で奇跡の仕事人，長距離ランナー，普通の人を1社ずつ取り出して比較し，2つの成功のガイドラインを明らかにした。それは，「低価格の前によりよい品質を」と「コストの前に売上を」というものだ。「奇跡の仕事人は価格ではなく差異化で競争し，たいてい低コストにするよりも利益率を高める方向で収益面の優位性を実現している。長距離ランナーは利益率の優位性と同じくコスト優位性にも頼っている可能性が高い」と彼らは説明する。

　これらの興味深い調査結果は，高価格戦略で成功している企業の割合が，低価格戦略で持続的な成功を遂げている企業の割合よりも多いことを意味する。これまで見てきたように，ビジネスの世界には，低価格戦略で大成功している企業も一部で見られるものの，そういう例はめったにない。ほとんどの市場で「低価格と大量販売」で成功できる余地は1，2社に限られているという理由だけでも，このような状況になるに違いない。これは「コストリーダーシップが優れた収益性のドライ

バーになることは非常に稀である」とするレイノアとアーメドの別の発見とも一致する。

　対照的に，ほとんどの市場には，多数の高価格企業が成功を持続させる余地がある。レイノアとアーメドの研究結果は全体的に妥当であり，有効だと私は考えている。私はプライシング・ゲームに携わるようになって40年になるが，低価格戦略で長期的に成功している企業はごく少数だという確信がある。こうした企業は規模を拡大し，極めて強い価格競争力を持たなくてはならない。それよりも多くの企業が，差異化した製品やサービスと高価格ポジションで持続的な成功を達成できるが，低価格の競争相手ほどの規模には成長しないだろう。ラグジュアリー品についても，成功している企業数は比較的少なく，３つのカテゴリー中で最も規模が小さい。

　ここまでの４つの章で，経済では何もかもが価格を中心に回っており，新しい興味深い調査結果から，不可思議な価格心理が重要な役割を果たし，さまざまな価格ポジションが持続的な利益につながることを見てきた。こうしたプライシングの鳥瞰図に続いて，次の３つの章でプライシングの内部のメカニズムに迫っていこう。

注◆

1　2013年12月20日のアルディのプレスリリース。
2　ここでの利益指標は，EBIT（支払金利前・税引前利益）である。アルディ・ノールは無借金で税引後利益も高いので，営業利益も用いた。
3　Manager-Magazin, April 16, 2012.
4　イケアの2014年１月28日付アニュアル・レポート。
5　"IKEA's Focus Remains on Its Superstores", The Wall Street Journal, January 28, 2014.
6　H&Mの2013年の年次報告書
7　"Ryanair Orders 175 Jets from Boeing", Financial Times, March 20, 2013, p.15 and "Ryanair will von Boeing 175 Flugzeuge", Handelsblatt, March 22, 2013, p.17.
8　"Der milliardenchwere Online-Händler", Frankfurter Allgemeine Zeitung, February 16, 2013, p.17.
9　Stu Woo, "Amazon increases bet on its loyalty program", The Wall Street Journal Europe, November 15, 2012, p.25.
10　"Alibaba flexes its muscles ahead of U.S. Stock Filing", The Wall Street Journal Europe, April 17, 2014, pp.10-11.
11　Vijay Mahajan, The 86% Solution – how to succeed in the biggest market opportunity of the 21st century, New Jersey: Wharton School Publishing, 2006.

第4章 価格ポジショニング ─ 高価格と低価格のどちらを選ぶか　113

12　C.K. Prahalad, The fortune at the bottom of the pyramid, Upper Saddle River, NJ: Pearson, 2010.

13　"The Future is Now: The $35 PC.", Fortune, March 18, 2013, p.15.

14　"Number of mobile phones to exceed world population by 2014", Digital Trends, February 28, 2013.

15　"One billion smartphones shipped worldwide in 2013", PCWorld, January 28, 2014.

16　Andy Kessler, "The cheap smartphone revolution", The Wall Street Journal Europe, May 14, 2014, p.18.

17　VDI-Nachrichten, March 30, 2007, p.19.

18　Holger Ernst, Industrielle Forschung und Entwicklung in Emerging Markets – Motive, Erfolgsfaktoren, Best Practice-Beispiele, Wiesbaden: Gabler, 2009.

19　Podium discussion on "Ultra-Niedrigpreisstrategien" at the 1st Campus for Marketing, WHU Koblenz, Vallendar, September 23, 2010.

20　Vijay Govindarajan and Chris Trimble, Reverse Innovation: Create Far From Home, Win Everywhere, Boston: Harvard Business Press, 2012.

21　2010年5月11日，ボンベイでタタ・モーターズCEO，カール・ピーター・フォースターから話を聞いた。

22　2010年5月14日，シンガポールのアジア・パシフィック・カンファレンスで，シーメンスのCEO，ペーター・レッシャーから話を聞いた。

23　2006年にサイモン・クチャー＆パートナースのロンドン・オフィスが収集したデータ。カミソリの刃の価格は，入手できた最大のパッケージサイズのものである。

24　プロクター・アンド・ギャンブルの2012年アニュアル・レポート。

25　"Newcomer Raises Stakes in Razor War", The Wall Street Journal, April 13, 2012, p.21.

26　"Erfolg ist ein guter Leim, Im Gespräch: Markus Miele und Reinhard Zinkann, die geschäftsführenden Gesellschafter des Hausgeräteherstellers Miele & Cie.", Frankfurter Allgemeine Zeitung, November 13, 2012, p.15.

27　同上。

28　同上。

29　ハードトップ・クーペ。

30　ケイマンのエンジン性能は10馬力が出るように微修正した。

31　エネルコンはアメリカ，中国，オフショアには事業展開していない。このように地域を限定しているにもかかわらず，同社は世界第3位の風力技術のサプライヤーである。

32　Christopher W. L. Hart, "The Power of Unconditional Service Guarantees", Harvard Business Review, 1988, pp.54-62.

33　ラグジュアリー品のプライシングを詳しく知りたい場合は以下を参照。Henning Mohr, Der Preismanagement-Prozess bei Luxusmarken, Frankfurt: Peter Lang-Verlag, 2013.

34　グランドコンプリカシオンは世界最高価格の腕時計ではない。そのタイトルを持つのは，2012年にバーゼルワールドに出品された500万円のウブロである。

35　バーゼルワールドは世界最大の腕時計の見本市で，出展者は1,800社を数え，10万人以上が足を運ぶ。ジュネーブ・サロン見本市はさらに高価格なポジションにあり，出展者はわずかに16社で1万2,500人が訪れる。

36　"Große Pläne mit kleinen Pretiosen", Frankfurter Allgemeine Zeitung, March 12, 2012, p.14.

37 John Revill, "For Swatch, Time is Nearing for Change", The Wall Street Journal Europe, April 11, 2013, p.21. この問いに関して正反対のデータもある。ある報告書ではスイスの腕時計の平均価格は430ユーロとなっているが，スイスの腕時計メーカーのCEOは，約1,700ユーロだとしている。

38 "Boom time ahead for luxury suites", The Wall Street Journal, March 21-23, 2014.

39 Aviation-Broker.comを参照。

40 "Soaring luxury-goods prices test wealthy's will to pay", The Wall Street Journal, March 4, 2014.

41 "Tesla misst sich an Mercedes", Frankfurter Allgemeine Zeitung, April 4, 2013, p.14.

42 "Porsche verkauft so viele Autos wie nie zuvor", Frankfurter Allgemeine Zeitung, March 16, 2013, p.16.

43 John Revill, "Swatch boosts profit, forecasts more growth", The Wall Street Journal Europe, February 5, 2013, p.22.

44 Michael E. Raynor and Mumtaz Ahmed, "Three rules for making a company truly great", Harvard Business Review online, April 11, 2013.

――第**5**章――
価格は重要な利益ドライバーである

　大企業のマネジャーたちがどうにもつかみきれていない価格や利益を，中小企業のオーナーがどれほどきっちりと把握しているかには驚かされるものだ。

　２，３年前のことだが，私は庭師に裏庭の手入れを頼んだ。さらに３％割引してくれれば，すぐに全額を支払ってもいいと私は告げた。こうした「早割り」は多くの取引契約で一般的な条件となっている。

　「とんでもない」と，庭師は冷静でかつ自信に満ちた声で言った。

　私は驚きと好奇心から説明を求めた。

　「私の純利益率は約６％です。すぐにお支払いいただけば，明らかにキャッシュフローは楽になります。しかし３％割引すれば，２倍の人を雇って２倍の仕事をこなさないと，その金額を埋め合わせられないのです。だから，ご提案はお受けしかねます」

　私はぐうの音も出なかった。これほど簡潔かつ正確に価格決定を説明するマネジャーや経営陣にめったにお目にかかったことがない。おそらく庭師がこれほどよく理解しているのは，すべて自分のお金だという事実によるのだろう。子ども時代に私がファーマーズ・マーケットで感じたのと同じように，理屈抜きで生計を立てることと直結しているのだ。

　平均的な企業は実際にどのくらいの利益を出しているのかを，庭師と同じように比率で考えてみてほしい。売上100ドルにつき，企業内にどのくらいの利益が平均して入ってくるのだろうか。

　消費者にすぐに頭に浮かんだ数字を答えてもらうと，かなり大胆な予測をする傾向がある。ある研究では，アメリカの消費者は売上高利益率を46％と推測したという。ドイツで似たような研究を行ったときには33％だった。真実はと言うと，一般

的にみんなが思っているよりも，先の庭師の稼ぎにはるかに近い。

　利益率が１〜３％の間なら，卸売業者や多くの小売業者は願ったりかなったりだ。ウォルマートの場合，2012/13年度の売上高純利益率は3.8％だった[1]。産業財を扱う企業の利益率10％は平均以上である。

　もちろん，このルールには例外がある。アップルの2014年度の純利益率は21.6％にもなった[2]。その文脈で考えてみると，「平均的な」企業がアップルと同じくらいの利益を出せたとすれば，私たち全員がまったく異なる世界で暮らしているだろう。それは私たちの想像をはるかに超えるユートピアだ。しかしそういう世界は，哲学者やSF小説家に任せたほうがいい。１桁台の利益率が当たり前の21世紀の企業は，プライシングを気にかけなくてはならない。価格が１％でも変化すれば，収益性に驚くほど影響を及ぼしかねない。利益が下がるほど，一層の注意が必要になる。たった１％の利益率の企業が市場シェアを高めるために価格を下げようとすれば，全体の利益を大きく損なう可能性が非常に高まることを，マネジャーは自覚しなければならない。

　利益の追求は優れたプライシングのドライバーであり，その成果でもある。この２つは切り離せないテーマと言える。利益は究極的に企業を導く唯一の有効な指標である。その理由は簡単で，利益はビジネスの売上とコストを念頭に置いた唯一の指標であるからだ。売上を最大化させたい企業はコスト面を軽視してしまう。市場シェアを最大化させたい企業は，様々な点で自社の事業を歪めかねない。結局のところ，市場シェアを最大化するための最も簡単な方法は，価格をゼロにすることなのだ。

　第２章のベストバイの事例は，企業が利益から目を離して，代わりに市場シェアなど二次的目標に集中すると，どうなるかを示している。しかし，テレビメーカーが最近苦しめられた運命と比べれば，この事例はまだ良いほうだ。リビングルームの定番品となっている大型フラットテレビは目を引く高価な装置であり，驚くほどの機能を備えている。しかし2012年に，メーカー側は全体で130億ドルの損失を計上した。なぜこんなことが起きたのだろうか。事業者団体のトップは，「利益を出すことよりも，市場シェアを重視する企業が多すぎる」からだと説明している[3]。

第5章　価格は重要な利益ドライバーである　117

　残念ながら，「利益」という言葉に警戒心を抱く人が多い。過去30年間のハリウッド映画を見ると，利益は飽くなき金儲けや身勝手さと結びついているし，こうした状況が起こることは否定できない。詰まるところ，こうした映画の多くは現実の人々やその周囲の要素に基づいて作られているのだ。しかし私の見解では，「利益」を守ることは貪欲さや過剰さを守ることと同義ではなく，企業の生き残りと成長を守るためのものだ。最も尊敬され追随者の多い経営専門家の1人，ピーター・ドラッカーの「利益は生き残りの条件である。それは将来のコストであり，ビジネスを続けるためのコストである」という言葉を思い出してほしい[4]。あるいは，高く評価されているドイツの経済学者，エーリッヒ・グーテンベルクがかつて指摘した通り，「利益重視で，つぶれた会社はいまだかつてない」のだ。

　企業が確実に生き残れるようにする点で，利益は他の企業目標を超越している。企業としては，年度末に「あるといいもの」や「嬉しい驚き」として利益を扱っている場合ではないのだ。言い換えると，あなたの働いている企業が利益を出していないならば，あるいは，利益をないがしろにするような行為をしているならば，あなた自身の仕事も危険にさらされているということだ。解雇されるのは時間の問題にすぎないだろう。これに関して私が好んで引く事例が2006年末のモトローラだ。同社はモトレーザーを大幅に値下げした後，2006年度第4四半期の売上は史上最高となったと説明した。しかしそのコメントには，最終的に大量の悪いニュースを吹き飛ばすほどの力はなかった。同四半期に利益が48%激減し，時価総額も数十億ドル縮小した。この速報から数週間後，モトローラは従業員3,500人を解雇することを発表したのである[5]。

　利益は生き残るための必須条件であることから，優れたプライシングは生き残りの手段と言える。企業はコストに対するときと同じ力の入れ方や厳格さで，価格を考慮していく必要がある。この本ではプライシング意思決定の失敗事例を紹介するが，それと同じ数だけ，別の道をたどってうまくいったサクセス・ストーリーもある。成功した企業は価値のある製品やサービスを創り出し，健全な売上や利益を確保できるレベルで価格を設定したのだ。

⁜ 誤った目標を追っていないか？

　企業の収益性は国によって有意差がある。私は長年このテーマに関するデータを追跡してきたが、一部の結果には文化的基準の影響が見られる。**図表5-1**は22カ国の企業の平均利益率を比較したものだ[6]。アメリカ企業は6.2%がごく普通の水準だ。ドイツ企業の平均税引後利益は4.2%で、直近の業績改善にもかかわらず、下位半分に含まれる。日本企業は最下位付近が定位置のようで、わずか2.0%だ。全22カ国の平均は6.0%となった。

　これほど明確な違いが見られるのは、どうしてだろうか。かなりの程度は誤った目標設定に問題がある。これらの数字は完全に自己達成的予言だとまでは言わないが、企業にとっての優先順位が反映されている。利益以外の目標に高い優先順位を

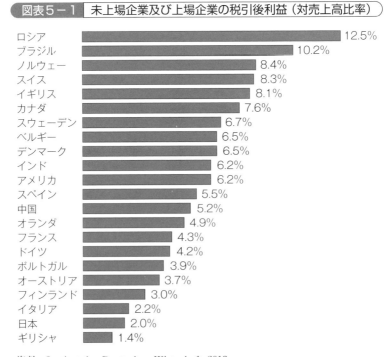

図表5-1　未上場企業及び上場企業の税引後利益（対売上高比率）

国	%
ロシア	12.5%
ブラジル	10.2%
ノルウェー	8.4%
スイス	8.3%
イギリス	8.1%
カナダ	7.6%
スウェーデン	6.7%
ベルギー	6.5%
デンマーク	6.5%
インド	6.2%
アメリカ	6.2%
スペイン	5.5%
中国	5.2%
オランダ	4.9%
フランス	4.3%
ドイツ	4.2%
ポルトガル	3.9%
オーストリア	3.7%
フィンランド	3.0%
イタリア	2.2%
日本	2.0%
ギリシャ	1.4%

資料：Institut der Deutschen Wirtschaft, 2013

第5章　価格は重要な利益ドライバーである　119

置く企業が多すぎるのだ。サイモン・クチャー＆パートナーズで行ったあるプロジェクトの中で，世界有数のある自動車メーカーの経営トップが社内に浸透している態度について的確に要約していた。「正直に言います。公式には，まさに利益が我が社の目標です。しかし実際には，利益が20％低下しても，本気で心配する人はいません。ところが，市場シェアを0.1ポイントでも失おうものなら，首になる人が出るでしょう」

　国際的な大手銀行のエグゼクティブ・バイスプレジデントは，「市場シェア」という言葉は使わなかったものの，同じ気持ちをうまく表現している。彼は利益の増加という明確な目標のためにプライシングを活用したいと考えていたが，「我が社では顧客を失うわけにはいかない。1人たりともだ」というのが問答無用の条件となっていた。

　私は長い間，エンジニアリング会社の取締役を務めたが，同社は儲けにならない大型契約を頻繁に結んでいた。1人の取締役がある日，大手顧客から1,000万ドルの受注をとったばかりだと，誇らし気に報告した。これほど競争の激しい市場で，それだけの規模の取引はすごいことだ。詳しく聞きたいと思った私は，最初の条件提示の後にどのような譲歩をしたのかと，その取締役に尋ねた。
　「さらに17％割引する必要がありました」と，彼は言った。
　「当初，考えていた利益率はどのくらいですか」と，私は尋ねた。
　「14％です」と，彼は答えた。簡単な計算をすれば，その譲歩が企業にとってどれだけ高くつくかがわかるのだが，当人はそれに気づいてもいなかった。

　私は不採算事業を見直し，撤退も含めて検討するように訴えたが，この種の取引は社内で当たり前に行われていた。常に従業員にとって十分な仕事があることが彼らの主要な関心事で，利益が彼らの思考や行動に影響を及ぼすことは決してなかった。この企業には，顧客の活動をいかに改善すべきかについて素晴らしいアイデアを持った優秀なエンジニアが大勢いたので，これは残念なことだった。私は結局，取締役を辞任した。ピーター・ドラッカーの言葉は，この会社の未来を予言していたことがわかった。こうした不採算事業に対する姿勢によって，同社の運命は決定的となった。この企業は生き残ることができず，5年後に倒産したのである。

私は研究者，実務家，コンサルタントとして数十年を過ごし，このような言動を
何度も見聞きする中で，これが珍しいケースでないことを思い知った。この傾向は
今日も続いている。2013年，ドイツの医薬品卸売市場の大手企業が全面的な価格戦
争を行った。主な競争相手はマーケット・リーダーのフェニックスと，それに挑む
ノヴェダである。そして業界3位にはセレシオがつけていた。その結果は予想通り
である。一時的に順位が前後したものの，ひとたび沈静化すれば，全体的な市場
シェアはほとんど変わらなかった。伝統的に低利益率の市場で犠牲になったのは，
収益性だった。2013年12月，フェニックスはすべての利益指標が低下傾向にあるこ
とを発表した[7,8]。セレシオは翌年1月に，アメリカのマーケット・リーダーのマ
ケッソンに買収された。

　利益を犠牲にして，市場シェア，売上，設備稼働率などの目標を強調して，市場
を席捲できる国はない。日本では，市場シェアがある種の国家的な強迫観念となっ
ている。**図表5－1**で日本が利益率下位の常連国となっているのは，そのことが確
実に影響している。私は日本の経営幹部たちとプライシングと収益性の改善を話し
合い，「しかし，それでは市場シェアを失ってしまいます」という発言で終了と
なってしまう経験を数え切れないほど重ねてきた。そういうモットーがあり，市場
シェアを失うことがタブー視されているので，積極的なプライシングや割引を控え
る提案をしても，すべて丁重に断られてしまうのだ。市場シェアを失うことは面目
を失うことにもつながり，社会的に大きな不名誉に当たる。日本文化では，撤退す
れば顰蹙を買う。日本は地形上，駆け引きする余地がなく，それがシェア信仰の
ルーツとなっているのかもしれない。

　ところが中国では，撤退は名誉ある戦術になりうる。中国の広大な地形はこうし
た計略を許すのだ。中国企業が国内ブランドをグローバル展開させるケースが増え
ている中で，どのような戦略目標を掲げるかを見ていくと興味深いだろう。ドイツ
では，日本にとっての市場シェアと同じように強い役割を果たすのが，雇用維持で
ある。もっと大きな国のうち，イギリスとアメリカは収益性に関して比較的うまく
やっている。これは他の国々よりも強力な資本市場の影響だと，私は考えている。
私見となるが，アメリカ企業は市場シェアという目標も果敢に追求している。市場
シェアは依然として強い役割を果たしており，それがイギリスの利益率とは約2％
の違いがある理由なのかもしれない。

第5章 価格は重要な利益ドライバーである 121

図表5-1を見て同じく驚くのが，小さな国の企業が大きな国の企業よりも利益率が高くなる傾向が見受けられることだ。一見すると，その反対になりそうなものだ。つまり，大きな市場のほうが，企業は規模の経済によって多くの利益を出せるはずだと。なぜ逆の結果になるのだろうか。私の経験上，2つの理由があるのではないかと思う。第1に，大きな市場の企業はさらに市場シェア志向になる。第2に，大きな市場ではより競争が激しく，高価格を実践しにくい。これについては総じて小さい国のほうが容易だ。

幸いにも，近年では利益に再び目を向け始めた企業が多い。ドイツの化学品企業であるランクセスの事例は説得力がある。同社は2005年に「数量の前に価格」というスローガンを導入して以降，その方向性を取り続けて成功している。同社のEBITDA（金利・税金・償却前利益）は6億ドルから15億ドルに増え，2004年以降の年間成長率は14％を上回っている。これは，一貫して価値志向の価格マネジメントを行ってきた効果の表れだ[9]。

売上高，数量，市場シェアをそもそも目標にしてはいけないわけではない。ほとんどの企業はこうした目標を掲げ，適切なバランスを保とうと懸命に取り組んでいる。しかし，この3つの二次的目標は価格設定に役立つガイダンスとはならないのだ。価格を設定する際には，次の2つのことを十分に理解しなくてはならない。それは，顧客が自社の価値と，その維持や改善に必要な利益レベルをどう知覚しているかである。市場シェアが主要目標だとすれば，なぜ無料で製品を提供しないか。あるいは，こちらがお金を払って顧客に使ってもらえばいいではないか。もちろん，そんな戦略はナンセンスだ。ほぼすべての企業の現実として，目標設定は「二者択一」の活動ではない。最も重要なのはバランスにある。そのバランスがとれていない企業が大半にのぼることが中心的な問題なのだ。市場シェア，売上高，数量，成長といった目標と比べて，利益の重要性はまだ十分に強調されていない。しかも，その優先順位の置き方がどれほど悲惨な結果を招くかについて誤解している。このアンバランスの結果として，奇妙な価格戦略と無効なマーケティング戦術となってしまうのだ。

アマゾンは十分な利益率をとらずに，ずっと売上を伸ばしたいのだろうか。株主はその戦略を信じ続けているようだ。2015年のアマゾンの株価は50％以上も上がっ

ている。しかし結局アマゾンですら利益を上げている。では，2013年度に売上が4％増え，利益が28％減少した陶磁器メーカーの業績をどう理解すればいいのだろうか[10]。これはアマゾンのように同社製品に非常に攻撃的な低い価格を設定した結果である。売上が増えて利益が減る場合，問題のあるプライシングが根本原因の1つとなっていることが多い。

✛価格が2％上がると，利益はどうなるか？（レバレッジ効果／テコの原理）

　価格を2％変えると，企業の利益にどのくらい影響するのだろうか。分析をシンプルにするため，変更するのは価格のみとし，他の条件はすべて同じにする。価格を少し上げても，販売数量は変わらずにそのままという想定は，思っているほど現実離れしているわけではない。企業が思う通りに使える手段は多い。たとえ競争が非常に激しい市場でさえ，値上げによる数量への影響は少なかったり，まったく見られなかったりするものだ。

　私たちは年商約140億ドルのある大手産業財企業から，価格を上げるやり方について相談を受けた。はっきりわかる形で価格を変えないほうがいいという私たちの提案を受けて，販売員向け報奨制度を変更し，特に「割引しないこと」にインセンティブをつけることになった。提示する割引額が少ないほど，販売員の売上に対する歩合が大きくなる。ほぼすぐにこの新制度は魅力的で有効だとわかった。目立った数量の減少や顧客の離反は起こらず，最初の3カ月で同社が甘受せざるを得なかった割引の平均は16％から14％に減少した。この変化は事実上，価格を2％上げることと同じである。

　価格を2％上げると，グローバル・フォーチュン500社に入る企業の利益はどのくらい変化するだろうか。**図表5-2**は，25社の2012年度の利益を使ってそれを示したものだ[11]。

　2％という比較的小さな値上げであっても，多くの企業の利益に劇的な影響を及ぼす。仮にソニーが数量を減らさずに価格を2％上げることに成功すれば，その利益は2.36倍に増える。ウォルマートは41.4％，GMは36.8％利益が増える。P&G，サ

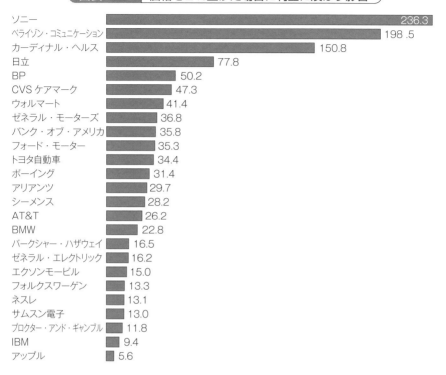

図表5-2　価格を2%上げた場合に利益に及ぼす影響

ムスン電子、ネスレのように非常に収益性の高い企業でさえ、10%以上の利益成長になるのだ。25社中で最も収益性の高いIBMとアップルの場合、大きくはないがそれなりの増益となる。こうした数字からも、価格の最適化が良い結果をもたらすことが明らかになる。

✣ 価格は最も効果的な利益ドライバーである

　売上は製品の価格と数量で決まる。利益は売上と費用（コスト）の差分で決まる。これは、あらゆるビジネスにおいて、利益ドライバーが価格、数量、コストの3つのみということだ。どの利益ドライバーも重要だが、利益に与える影響度はそれぞれ異なる。事例証拠や研究調査、私自身の経験から言うと、特に厳しい経済環境の

中で利益を増やす手段として、マネジャーたちは時間とエネルギーの大半をコスト削減（あるいは「効率性の向上」と呼ぶかもしれないが）に費やしている。私の推定では、マネジャーはコスト問題に約70％、販売数量に20％の時間を割いているが、価格についてはわずか10％にすぎない。マネジャーの間で「2番人気」の利益ドライバーは、数量もしくは単位売上高だ。彼らは営業戦術の向上や支援策への投資には積極的で、営業部隊を構築しその競争戦略を精緻化していく。価格はたいてい後回しで、価格戦争を手掛けるマネジャーの付随的要素とみなされている場合もある。

皮肉なことに、この優先順位はこれらのドライバーが利益に与える影響とは逆の順番に作用する。価格は最も注目されないが、最も影響が大きい。ある電動工具メーカーの例で考えてみよう。サイモン・クチャー＆パートナースで調べた数字を使っているが、計算が簡単になるよう少し丸めた数字にしている。この企業の場合、工具の製造コストは60ドル、ディーラーと卸売業者には100ドルで製品を販売する。固定費は3,000万ドルだ。現在、年間100万個が売れているので、売上高は1億ドル、総コストは9,000万ドルとなる。したがって利益は1,000万ドルで、利益率10％というのは悪くない数字だ。こうした費用構造は産業財の典型的パターンである。ここで各利益ドライバーを改善するとどうなるかを見ていくことにする。価格、変動費、数量、固定費をそれぞれ単独で5％変えてみよう。

図表5－3に示したように価格を5％上げると、利益は50％増加する。対照的に、販売数量が5％増えた場合、利益の増加は20％のみだ。変動費と固定費が5％下がると、それぞれ30％と15％の利益改善となる。どの利益ドライバーでも改善すればかなりの影響があるので、注力する価値はある。そして重要なのは、利益に最大の影響力を与えるのは価格改善であることだ。その威力について、マネジャーはたい

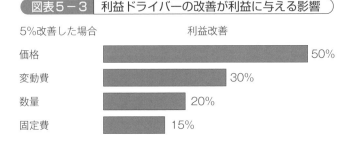

図表5－3　利益ドライバーの改善が利益に与える影響

ていて過小評価している。

✢ 価格変更のインパクト

　次に，価格を20％下げてみた場合，それまでと同じ利益水準を維持するために，どのくらいの電動工具を売る必要があるだろうか。その問いに対して，マネジャーたちから最もよく返ってくる答えは「20％」だ。そう単純ならいいのだが，20％だと必要量よりもはるかに少ない。**図表5-4**を見ると，利益を維持するために必要な販売量がわかる。

　たとえ営業部隊が値下げ後に電動工具を20％多く販売することに成功したとしても，儲けは減ってしまう。その程度の売上貢献では固定費を十分にカバーしきれないのだ。価格が100ドルから80ドルになっても，依然として製品1個を製造すると60ドルかかるので，貢献利益は半分になる。価格を下げた後で1,000万ドルの利益を維持するには，販売数量を2倍にする必要がある──これが厳しい現実だ。それより少ない数量であれば，利益は減ってしまう。

　上記の計算はかなり単純化したものだ。それでも，数量が20％増えたと聞けば成功しているようだが，利益面では悲惨な結果になることを知って驚くマネジャーが多い。

　オンライン事業では，ボリューム・ディスカウントや送料無料が一般的なインセ

図表5-4　値下げがどのくらい利益に影響を与えるか

	初期設定	価格20％減，利益維持	価格20％減，数量20％増
価格（ドル）	100	80	80
数量（百万個）	1	2	1.2
売上（百万ドル）	100	160	96
変動費（百万ドル）	60	120	72
貢献利益（百万ドル）	40	40	24
固定費（百万ドル）	30	30	30
利益（百万ドル）	10	10	-6

ンティブとなっている。サイモン・クチャー＆パートナースが調べたところ，消費者がリアルの店舗よりも，あるカテゴリーのオンラインショップで買う主な理由に「送料無料」が挙がっていた。こうしたインセンティブは実際に顧客への訴求力があるかもしれない。しかし，企業が儲けを出す能力には，目立たないが重大な影響をもたらす可能性がある。下記の例でわかるように，書類上で見ている分には簡単な算数だが，実際に計算してみると，すぐに直感とは違うと思うはずだ。

　オンラインで靴下を販売する企業の例を見ていこう。10足注文すると，購入価格から20%引きとなる。それで成り立つのかと経営幹部の1人に聞いてみると，マークアップ率を卸値の100%にしているので，顧客に還元できるのだという。さらに，注文額が75ドル以上になると，おまけとして送料（5.90ドル）も無料にしていた。

　図表5-5は，この意思決定の結果を示したものだ。ここでも単純化するため，（靴下屋にはより好都合だが）固定費なしの事業であると仮定しよう。

　割引と送料無料にする意思決定の場合，割引なしで送料を請求する基本シナリオと比較して，利益が51.8%減少する。ここで，直観的に割引と無料配送には訴求力があるので，**図表5-5**の右列のシナリオなら，販売数量がもっと増えるはずだと言いたいかもしれない。その通りだろう。では，割引なしの場合と同じ利益を達成するために，どれだけ数量を増やさないといけないだろうか。

　「割引と送料無料」シナリオでは，数量を2倍以上にする必要がある。厳密に言うと，靴下を107%多く売らなくてはならない。これは2つの理由で難しそうだ。

図表5-5　ボリューム・ディスカウントと送料無料の結果

	割引なし，送料を請求	20%割引，送料無料
価格（ドル）	10	8
数量（足）	10	10
送料（ドル）	5.90	0
売上（ドル）	105.90	80
変動費（ドル）	50	50
輸送費（ドル）	5.90	5.90
利益（ドル）	50	24.1
利益指数（%）	100	48.2

第5章　価格は重要な利益ドライバーである　127

第1に，靴下のような消費財は価格変化にそれほど敏感に反応しない。第2に，この種の割引は往々にして，消費財企業でよく言われる「買い溜め効果」につながる。ただ割引と送料無料のためにみんな靴下を買い溜めするので，結果的に将来の注文が減ってしまうのだ。こうした施策を行うと，最もロイヤルティの高い顧客も含めて，割引などでお得な場合にのみ購入するよう顧客を訓練することになる。この事例でいくと，ほとんどの人が割引と送料無料のために10足の靴下を注文するが，それ以上多くは買わないだろう。

数字が大きいと夢は広がるものだ。「割引と送料無料」シナリオで販売量が50～60％増えたならば，企業はおそらく喜ぶだろう。問題は，それだけ大きな数字でも十分ではないことだ。こうしたスキームを成立させるには，巨大な数字，場合によっては，ありえないほど巨大な数字が必要になる。

別のオンライン・ビジネスの例を見ていこう。今回は，ペットフードとペット用品を販売しようと積極的な価格戦略を開始したという設定だ。販売数量の多さに投資家は驚嘆し，経営陣にとって機会が大きく広がった。売上は第1四半期に前年比30％増，第2四半期はさらに34％に急増した。問題は，こうした目立つ数字によって，ある重要な事実が覆い隠されていたことだ。この企業は第2四半期に損失を計上していたのだ。

年商200億ドル以上のヨーロッパのある大手小売業者が週末の「免税」キャンペーンに参加し，売上税19％オフとしたときにも，同じような状況になった。「信じられないほどの来客数で，週末には40％増となりました」と，経営幹部の1人が私に語った。小売業のマネジャーや経営幹部であれば，週末に店の全通路が顧客であふれかえっていることに不満を漏らす人は誰もいないだろう。問題は，そうやって顧客を呼び込んだインセンティブは気前が良すぎたことだった。**図表5－5**と同じ要領で計算してみると，「免税」キャンペーンで収支を合わせるには，来客数を113％増やす必要がある。

顧客数，売上，市場シェアなど間違った目標を過度に追求すれば，最も抜け目のないマネジャーでさえ，割引とプロモーションが利益に与える効果を見逃してしまう。こうしたプロモーションで集まった顧客のうち何人が通常の価格でリピート客

になってくれるかを判断することは難しい。しかしそれでも，この章の初めで述べた庭師が理解していたように，事の本質がシンプルでかつ明快であることには変わりがない。割引，免税，送料無料などの形で顧客に魅力的で病みつきになるアメを与えれば，たいてい関心，来客数，販売量，そして，ほとんどの場合（常にではなくとも）売上が増えるだろう。だから，こうした割引がとても魅力的で誘惑にかられるものとなるし，それで成功したかのように見えるのだ。

　しかし，その成功は幻想にすぎないことが多い。

✛バック・トゥ・ザ・フューチャー： GMの従業員割引プログラム

　2005年春，GMの事業は軟調のようだった。同年4月の売上高は前年比で7.4％下回り，5月にやや改善したものの，まだ前年比で4.7％減少していた。

　何らかの手を打つ必要があった。

　GMのマーケティング・チームは革命的なアイデアを思いついた。単に割引やキャッシュバックといった標準的な販促ツールを使うのではなく，通常は社員のみを対象とした大幅割引を用いることにしたのだ。その取り組みは2005年6月1日に鳴り物入りで始まり，4カ月間続けられた。GMは，いつもは行う定量化をその割引については実施しなかった。その代わりに，「GMの社員価格はディーラーが実際にGM車に支払う金額だ」と高らかに宣言したのだ[12]。

　続く2カ月間が「ブーム」と呼ぶべき状況になったことも，結果を楽観視する要因となったのかもしれない。

　この前例のないマーケティング活動によって，GMとそのディーラーさえ驚いてしまうほどの速さと量で販売台数が急増した。6月だけでも前年同月比で41.4％多い台数が売れ，7月の売上高はさらに19.8％増加した。GMは文字通り売る車がなくなることを心配するほどだった。7月になると，フォードとクライスラーもそれぞれ大胆な社員割引プログラムを開始し，一部の人の注意と需要はそちらに流れた。

２カ月にわたって目覚ましい売上を記録した後で最初に湧いてきた重要な疑問は、これらの顧客がどこから来たかである。家や大学の学費を除くと、おそらく新車は消費者の暮らしの中で最大級の買い物だ。その場の思い付きで気軽に決めるものではない。靴下やポテトチップスの買い溜め効果の話とは違う。**図表５－６**を見れば、この疑問の答えがわかるだろう。ほぼすべての顧客は１つの場所から来ていた。それは未来だ。

　GMは８月に売上高が落ち始めても、９月末までこのプロモーションを延長した。９月の売上高は前年比23.9％減、10月は22.7％減となり、その年の残りの期間もマイナス成長が続いた。

　GMはさらなる需要を喚起したのではなく、将来の売上から顧客を借りてきて、大幅な割引価格で車を販売していたのだ。**図表５－６**の実線は、販売台数がどのく

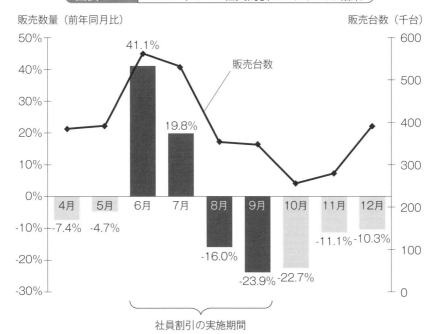

らい激減したかを示している。7月の約60万台をピークに，10月には30万台足らず
に落ち込んでいる。

　第2の重要な疑問は，このコストは総額でいくらになるかである。2005年の1台
当たり平均割引は3,623ドル。GMは105億ドルの損失を計上した。2005年8月に209
億ドルだった企業の時価総額は，同年12月に125億ドルまで縮小した。GM会長の
ボブ・ルッツは1年後にこのプログラムについて見方を述べた。「市場シェアは押
し上げても，残存価格を破壊する社員価格販売のようなジャンク事業から手を引き
ました。薄利多売よりも，少ない台数を高い利益率で売ったほうがいいのです。
500万台を利益ゼロで売るよりも，400万台を売って利益を出したほうが得策です」
[13]。まったくその通りだが，なぜ切れ者のボブ・ルッツがそれを理解するのにこれ
ほど時間がかかったのか不思議である。

　GMは1931年から77期連続で自動車販売において世界トップを誇ってきた。2008
年に2位に落ち，2009年6月に連邦破産法第11条（訳注：日本でいう民事再生法）
を申請した。

✛ 価格，利益率，利益

　価格が最も強力な利益ドライバーだと強調する場合，利益率ではなく利益総額を
指している。貢献利益は価格と変動費の差分である。小売業では粗利が卸値と小売
価格の差分を表す。電動工具事業の基本シナリオでは，1個当たり60ドルで製品を
作り，100ドルで販売したので，貢献利益は40ドルだった。貢献利益の総額が固定
費を超えれば，純利益が出る。

　貢献利益には大いに注目が集まるが，これだけでは，価格を最適化するための十
分な情報にはならない。マーケターが「コストプラス」計算と呼ぶものには，こう
した考えが内包されている。これはコストを見て，それに一定比率を上乗せした
「マークアップ」で，請求すべき価格を理解するやり方だ。

　利益率が高いからといって，利益が保証されるわけではない。その主な理由とし

て，この「コストプラス」アプローチは，価格設定の最重要決定要因である顧客の知覚価値と無関係である点が挙げられる。「コストプラス」のプロセスには，顧客価値も，それが販売数量に与える影響も考慮されていない。コストプラスを用いることで，設定した価格が高すぎて十分な数量が売れない原因となることもある。確かに，売れた分はたくさんお金が入ってくるが，売上が急降下すれば，全体の利益は最小化する。教科書的に定義すると，「桁外れな高値をつけた」ことになってしまうのだ。

　企業が製品に相場以下の価格をつけても，やはり逆効果になる。利益を削って値下げした後で，「心配はいらない。数量を売って埋め合わせるから」という決まり文句を口にする人をどれほど見てきたことだろうか。これまでの事例で見てきたように，たとえ意欲的なコメントに聞こえても，そうした結末は幻想にすぎないことが多い。

　これらの影響を理解し，続いて起こる利益率のごまかしを防ぐ最もシンプルな方法は，損益分岐点分析だ。先の電動工具のデータを使ってみよう。価格は100ドル，工具を製造する際の（単位当たり）変動費は60ドル，固定費は3,000万ドルだ。最低限売らなくてはならない最小の数字を示す損益分岐点販売数量は次の式で計算することができる。

　損益分岐点販売数量 ＝ 固定費 ÷（価格 － 変動費）＝ $30,000,000 ÷（$100 － $60）
　　　＝ 750,000個

　少なくとも75万個を売れば利益が出るということだ。価格を変えていけば，損益分岐点販売数量にどれほど大きな影響が及ぶかがわかる。価格を80ドルに下げれば，150万個を売る必要がある一方で，120ドルに値上げすれば，50万個を売るだけで損益分岐点に達する。

　しかし，価格を設定して損益分岐点販売数量を把握しても，まだ疑問が残っている。誰がその製品を望むのかということだ。言い換えると，それだけ大量の工具が売れるほど大きな市場があるのだろうか。また，知覚価値が十分に理解されているのだろうか。それから，数量の効果についても考慮に入れておく必要がある。損益

分岐点分析は，価格変更がどれだけ利益予想に影響を及ぼすかを見る際に，単純だが強力な手法となる。値下げしても，収益性の改善に必要なだけの数量が売れる見込みが全くない／少ないという状況に陥らないためのセーフガードにもなる。

✛価格はユニークなマーケティング・ツールである

マネジャーをはじめとするほとんどの人は，日々の生活で「価格弾力性」という言葉について考えることはない。しかし，私たちは皆その言葉の意味を直観的に理解し，意思決定の際には自分で思っているよりも，はるかに頼っているものだ。何かを変えると効果があるのか，あるいは，どのくらい変えればいいかを判断しなくてはならないときはいつも，無意識のうちに直観的に弾力性を考慮している。

私たちの誰もが，それをやっても「努力するほどの価値がない」，「実際には効果が出ない」と判断する状況に遭遇したことがあるだろう。また，少し調整したり手を加えたりすれば，大きな違いが出てきそうな状況も経験してきただろう。

経済学者は「多大な努力をしても，ほとんど変化が生じない」ときに"非弾力的"，「少し変えると，大きな変化が生じる」ときに"弾力的"と表現する。同じことが価格にも当てはまる。価格は数量と市場シェアに強い影響を及ぼすが，その影響を測定するのに価格弾力性が用いられる。価格弾力性とは，価格変化率に対する売上変化率の割合を指す。価格と数量は通常，反対方向に動くので，たいてい負の数になる。しかし簡略化するため，負の記号ではなく絶対値で価格弾力性の大きさを見るのが慣例となっている。

価格弾力性が2の場合，売上変化率が価格変化率の2倍という意味だ。したがって，価格が1％下がると，販売数量が2％増え，反対に価格が1％上がれば，販売数量が2％減少する。あるいは，価格が10％上がれば，数量は20％減少し，その逆も同様である。

何万件もの製品調査を通じて，価格弾力性はたいてい1.3〜3の範囲に来ることがわかっている[14]。中央値はだいたい2だが，製品や地域，産業ごとに価格弾力性

第5章　価格は重要な利益ドライバーである　133

は大幅に異なる。

　その他のマーケティング・ツールにも弾力性が働く。広告がその良い例だ。この場合は，販売数量の変化率と広告予算の変化率で計算する。営業関連投資をめぐる営業力弾力性にも同じ考え方が適用される。平均的には広告弾力性は0.05〜0.1，営業力弾力性はだいたい0.20〜0.35となる。したがって，価格弾力性が2だとすれば，広告弾力性よりも平均して10〜20倍，営業力弾力性よりも約7〜8倍大きい。つまり，価格をわずか1％変えて得られるのと同じ効果を達成するには，広告予算は10〜20％，営業投資は7〜8％増やす必要があるのだ。

　価格弾力性は多くの場合（常にではないが），GMの社員割引プログラムのような特別サービスを行っていると非常に大きくなる。それと組み合わせて広告を増やす，販売員の配置を改善するなど施策を変えると，相乗効果が生まれることもある。極端な場合には，特別サービスの価格弾力性が10，つまり，「少し変えるだけで莫大な効果が出る」プライシングというレアケースも起こりうるのだ。しかしGMの事例のように，需要の源泉を理解しておく必要がある。新しい顧客を取り込めたのか。競合相手から顧客を奪ったのか。低価格で売上を前倒ししたのか。それとも，在庫一掃であれば，新しいものを後で売る代わりに，古いものを今売ることで，自社の将来の売上から大幅な前借りをしたことになるのか。

　価格には，広告やセールなどのマーケティング・ツールと比べて別の大きなメリットがある。価格変更は通常，非常に速やかに実施できる。対照的に，製品開発や製品変更となると，数カ月や数年がかりということもある。広告キャンペーンを行うときにも相当の時間やコストを要し，その効果が十分に出るまでにさらに長い時間がかかる。

　こうした効果はオンラインでも実証されている。2013年12月のある朝，デルタ航空がとんでもなく格安な料金を提示したことが，全国紙のトップニュースで報じられ，ほんの数時間のうちにソーシャルメディア上で噂が広まった。たとえば，ボストンからホノルルまで68ドル，オクラホマシティからセントルイスまでたったの12.83ドルという状況だったので，顧客はすぐさま飛びついた。デルタにとって不運なことに，幸運に恵まれた買い手にとっては幸いなことに，この価格はコン

ピュータの不具合から生じたもので，直ちに修正された[15]。

　契約上の責任がある場合や，カタログ上の記載を消さなくてはならない場合を除いて，価格の変更は市場の変化に合わせてほぼすぐに実施できる。一部の小売店では現在，アルゴリズムや簡単なコマンドを用いて，陳列棚の表示価格を即座に変更できるようになっている。電子商取引サイトも同様だ。

　プライシングの速いスピードや大きな影響力にはデメリットもある。価格変更があまりにも容易なので，競争相手がすぐに反応してこちらが価格を動かして得たメリットを帳消しにできるのだ。こうした競合の反応は得てして迅速かつ強力だ。この現象だけを見ても，なぜ企業が価格戦争にほとんど勝てないかがわかる。競争相手が同じやり方で反応できないほど無敵のコスト優位性を持たない限り，値下げによって持続可能な競争優位を確立することはほぼ不可能なのだ。

　最後になるが，価格は先行投資なしに活用できる唯一のマーケティング・ツールだ。このため，価格は財務資源がタイトな中小企業やベンチャー企業にとって，とりわけ強力なマーケティング・ツールとなる。この章の知識を使ってみるだけでも，誰もが最適価格を設定したり，少なくとも危険な選択肢を避ける方向へと幸先の良いスタートを切ることができる。広告キャンペーンを企画し，営業部隊を構築し，研究開発を行うことはどれも事業の成功には欠かせない要素だが，いずれも見返りは後からで，相当な先行投資が必要となる。これらの要素を最適化することは重要だが，中小企業やベンチャー企業にとって，すぐには財務的に実現可能ではないことも多い。価格であれば，創業当初から最適なレベルで設定することができるのだ。

　価格はこのようにユニークな特徴を持つ，魅力の尽きない興味深いマーケティング・ツールだが，その威力は誤解されたり軽視されたりしていることが多い。生半可な気持ちで近づけば，プライシングは手強いハイリスク・ハイリターンの活動に見えるだろう。私がこの本を執筆した目的の1つは，皆さんにプライシングを全面的に受け入れてもらいたいからだが，あくまでもリスクを減らし，魅力的で達成可能な恩恵が維持される形のプライシングでなければならない。

第5章　価格は重要な利益ドライバーである　135

注◆

1　2013年3月のウォルマートの年次報告書。

2　2014年9月のアップルの年次報告書。

3　"TV-Hersteller machen 10 Milliarden Verlust", Frankfurter Allgemeine Zeitung, April 20, 2013, p.15.

4　Drucker, Peter F., The Essential Drucker, New York: Harper Business, 2001, p.38.

5　"Motorola Plans to Lay Off 3,500", Associated Press, January 20, 2007.

6　Institut der Deutschen Wirtschaft, 2013のデータより。

7　"Rabattschlacht im Pharmahandel", Handelsblatt, March 20, 2013, p.16.

8　会社側が発表した2013/2014年第3四半期の決算報告

9　Luis Lopez-Remon, "Price before Volume-Strategy – the Lanxess Road to Success", Presentation, Simon-Kucher Strategy Forum, Frankfurt, November 22, 2012.

10　"Hoeherer Verlust bei Steinzeug", General – Anzeiger Bonn, May 1, 2014.

11　"Global 500, The World's largest corporations", Fortune, July 22, 2013, pp. F-1 – F-22.

12　"GM's Employee-Discount Offer on New Autos Pays Off", USA Today, June 29, 2005.

13　www.chicagotribune.com, January 9, 2007.

14　Evelyn Friedel, Price Elasticity – Research on magnitude and determinants, Vallendar: WHU, 2012.

15　http://money.cnn.com/2013/12/26/news/companies/delta-ticket-price-glitch/.

━━ 第6章 ━━
価格決定における検討ポイント

✛価格の前提条件：5W1H
　（誰が，何を，いつ，どこで，どのように）

　価格は誰が設定するのだろうか。それは，主に市場の構造によって決まる。私の子ども時代のファーマーズ・マーケットについて思い出してほしい。同質的な製品や，大勢の買い手と売り手が存在する市場では，個々のプレーヤーが価格を設定するよりも，需要と供給の相互作用を通じて市場が価格を決める。売り手が自分の売上や利益に影響を及ぼす唯一の方法は，販売する製品の量を変えることだ。これはもちろん，売り手側が時価やそれを決めるプロセスを受け入れている前提での話だ。

　しかし，今日の世の中で私たちがもっと一般的に目にするのは，売り手側が価格に関する自由裁量を持つ市場だ。イノベーティブな製品や独自性のある製品ならば，そうした機会がかなりある。売り手側には，売上を増やす余地も，失策を犯す余地もある。一見するとコモディティ（訳注：他製品とほぼ差異がないため，価格競争に陥りやすい製品）と思われるものにも，同じような自由度がある。たとえば，水がそうだ[1]。ほとんどの国で，エビアンの価格は，地元産ミネラルウォーターよりも高いことが多い。たとえ製品の中核がコモディティであっても，価格を高くする方法が見つかるものだ。たとえば，ブランド化（例，エビアン），パッケージの改善（例，人間工学，リキャップ，ペットボトルなど），サービスの向上などを用いればいい。エビアンの価格が物語っているように，こうした事例では，コモディティとされるものを差異化された商品に転換させている。

　私は講演で「コモディティや"模倣"品を高価格にできるか」という質問を受けると，よくエビアンの例を使って答える。質問者が遠く離れた席でない場合，ペットボトルを取ってその人に投げたりもする（ご心配なく。これまでのところキャッ

チできなかった人はいない！）。そして，多くの人が後日，私に電話や手紙で，あの教えは決して忘れないと伝えてくる。

　では，どんな価格にするかを決めるのは誰か。それは実体としての「企業」ではない。唯一，人のみが価格を決定できるのだ。それはつまり，こうした意思決定は習慣，一般認識，政治力で決まる傾向があることを意味する。一般論として，1人で最終的に価格を決定するのは，驚くほどストレスのかかる行為となる。価格に口出しする親（訳注：価格決定にかかわる人々）は多いが，誰か1人でその子ども（訳注：価格のこと）に対して全責任を負うわけではない。企業には，マーケティング，セールス，経理，財務，総務など様々な部門があり，価格決定について発言権を持っている。誰もが一家言を持ち，誰もがプライシングのエキスパートなのだ。

　企業のどの部門がプライシングの「権限」を持つべきかと聞かれた場合，絶対的かつ普遍的な答えはない。価格設定に本家本元はないのだ。非常に中央主権的な階層構造の企業から，権限移譲されたフラットな企業まで，組織内のあらゆる場所で価格を設定することができる。どの部門が価格決定に重要な役割を果たし，誰が最終決定になるかは，その組織と製品ポートフォリオによって決まると言って間違いない。産業用機械や航空機などのように，ごく少数の主力製品を扱う業界では，経営層がたいてい価格の最終決定権を持っている。小売業，航空会社，旅行会社，流通業者など，品揃えが極めて多種多様な企業では，担当チームが何十万もの品目の値付けをしなくてはならない。取締役が逐一決定するのは不可能である。そうした組織の下位のチームや個人はプライシング・プロセスと指針に従って価格を設定していく。実質的にすべてのB2B企業がそうであるように，おおむね価格交渉となる場合は，通常は個々の営業担当者が，規定の範囲内でその場で価格を決定する権限を持つことになる。

　では，こうした人たちは“何”を決めるのだろうか。価格決定はどのように成り立っているのか。極端な言い方をすると，答えはまさに「1つの価格」だ。しかし，たとえ取扱製品が1つだけであっても，価格が1つだけという企業を私は見たことがない。バリエーション，割引などの条件，例外，送料や交通費など特別サービス料金が常についてまわるのだ。企業は概して，様々な製品やサービスを取り揃えており，そのすべての価格を決めなくてはならない。自動車メーカーであれば，車体

第6章　価格決定における検討ポイント　139

の価格だけでなく，何十万もの交換部品の価格も必要になる。異なるセグメントに
サービスを行っているなら，複数の価格変数が加わる。基準価格と変動価格を組み
合わせて用いる企業もある。価格を差異化する場合，多数の構成要素，条件，イン
センティブが含まれることがある。一見してどう見えようと，価格が1つの意思決
定に基づく1つの数字であるのが稀なことは明らかだ。たいてい複雑な編み目のよ
うに数々の意思決定が組み合わさっている。

　人は"どのように"価格を決めているのだろうか。それは精密科学のように見え
るが，広くオープンな領域でもある。広告の第一人者のデビッド・オグルビーの言
葉にはやはり多くの真実が含まれている。「プライシングはヤマ勘だ。通常はマー
ケターが科学的手法を使って製品の価格を決めていると思われているが，それは事
実とかけ離れている。ほぼ常に意思決定プロセスは推測の1つにすぎない」[2]。こ
れは50年以上前の言葉だが，今日でも経済の大部分に当てはまる。

　しかし，みんながみんな推測しているわけでもないだろうと，あなたは思うかも
しれない。一部の業界や企業では，非常に専門的な手法で価格を設定している。生
命科学や医薬品などがそうだ。自動車産業のハイエンド・セグメントでも，非常に
専門的なやり方で高価格をつける余地を活用しているメーカーが多い。オンライン
企業の多くは高度な専門性を示している。私たちは精巧であることと専門性とを区
別する必要がある。航空会社は複雑で先進的なプライシング・システムを採用して
いるが，それでも破壊的な価格戦争を自ら始めてしまう。

　定量的に"どのような"という側面を理解し評価するためには，価格設定を体系
的に見ていく必要がある。価格決定とその際の検討事項について根本から理解しな
いと，実生活で目にする様々なプライシングの実践例を分類・評価するのは難しい。

✛ 価格決定の影響

　第5章の初めでは，ストーリーや計算をできる限り単純化し，わかりやすいメッ
セージになるよう努めた。多くの事例で使用したシナリオは価格のみを変えること
を前提にしていた。価格変更が小さければ，その前提で容認できる。しかし，もっ

と大きな価格変更になると，相互に影響を及ぼし合い，価格マネジメントが煩雑になる。そうした複雑さについてそろそろ正面から取り上げることにしよう。

　価格変化はプラスの効果，マイナスの効果，時には矛盾する効果など様々な形で業界内に影響を及ぼす。図表6－1は最も重要な相互関係を示したものだが，価格から利益までの道筋が一方通行でも直線でもないことがわかる。点線は定義上の関係であり，売上は製品の価格と数量で決まり，利益は売上と費用の差である。

　実線は，このシステム内の行動的関係を示している。価格を変更すると数量に影響が及び，数量が変化すると費用に影響が及ぶ。需要と供給には既に触れたので価格と数量の関係はすでにわかっている。需要曲線（テクニカル用語では「価格反応関数」）によって，価格と数量の直接的かつ関数的な関係が決まる。専門的な手法で価格を設定したいならば，どのような需要曲線を描くのかを知る必要がある。需要曲線は意思決定に及ぼす影響力を推定し定量化するのに役立つ。

　需要曲線と費用曲線によって，価格が最終的に利益に及ぼす一連の効果が明らかになる。もっと詳しく言うと，図表6－1で示したように価格から利益までの道筋は3本ある。

図表6－1　価格マネジメントにおける相互関係

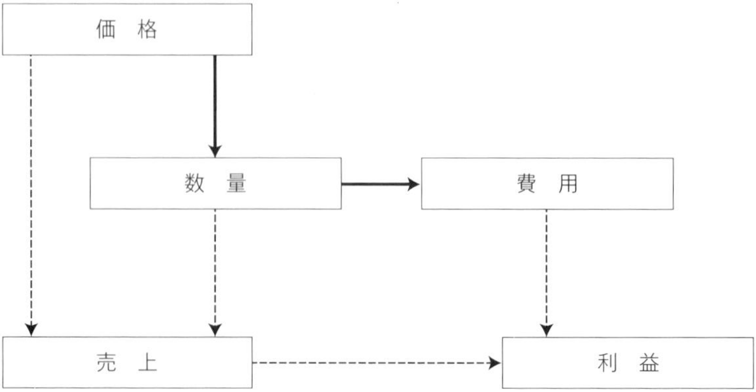

価格→売上→利益

価格→数量→売上→利益

価格→数量→費用→利益

　図表6-1は，サプライヤー1社が1回のみという最もシンプルなケースを示している。図表6-1に足りないのは，ビジネスではお馴染みの3つの要因，すなわち競争，時間，再販業者（卸売業者，ディーラー，小売業者など）である。これらを加味すると，価格と利益の間の一連の効果はさらに複雑になる。

価格→競合の価格→市場シェア→数量→売上→利益

価格（今日）→数量（将来）→売上（将来）→利益（将来）

価格（今日）→数量→費用（将来）→利益（将来）

価格（サプライヤー）→価格（小売業者）→数量→売上→利益

　これでも，最も重要でかつ明白な道筋を示したにすぎないが，利益に続くすべての道筋が価格から始まることはわかるだろう。それ以外の方法はないのだ。これは奥が深く，ほとんどのプライシング実践者が価格決定というテーマにのめり込んでしまうほどである。その理由はすぐにわかる。現実世界でこうした道筋はたどりにくく，定量化はさらに難しい。だからこそ，実践者は実体験や経験則に頼って価格決定をすることになるが，このやり方では最適価格が見つかる可能性は低くなる。

✛ 価格と数量

　価格は通常，数量に対してマイナスの影響を及ぼす。価格が高くなるほど，売れる数量が減るのは経済学の基本法則であり，需要曲線で数学的に表現される。この方程式に価格を当てはめれば，どれくらい売れるかがわかる。

　需要曲線は通常，市場全体もしくは一部の市場セグメントに適用される。この曲線は実際には多数の需要曲線を集計したものだ。どのようなタイプの財であるかも重要になる。

○耐久財：この場合の需要曲線は，個々の顧客による「はい，いいえ」の二者択一の意思決定を反映している。洗濯機，スマートフォン，カメラ，PCなどの

財は1台買うか，まったく買わないかのどちらかだ。需要曲線はそうした個々の意思決定の合計である。

○**非耐久財**：こうした財は価格次第で一度にいくつも購入することがある。冷蔵庫の中にソーダの缶が何本入っているか，あるいは，スマホの料金プランが何メガバイトかを考えてみてほしい。これは「変動量」と呼ばれるものだ。ここでも，すべての顧客が買った数量を合計したものが需要曲線となっている。

「二者択一」であれば，定量化しやすい。古典派経済学は，製品やサービスに対する顧客の知覚価値よりも価格が安ければ，その顧客は購入するとしている。最も高い上限価格は製品の知覚価値とぴったり一致する。経済学者が「留保価格」と呼ぶものだ。留保価格は顧客の支払意欲を表す。

「変動量」は，個別の「二者択一」の意思決定が積み重なったものとして捉えることができる。価格が高くなるほど，顧客の購入量は少なくなる。言い換えると，1単位当たりの知覚価値は数量が増えるほど下がっていくので，それに伴って一般的に支払意欲も薄れていく。製品が2つ目，3つ目，4つ目になると，その前のものよりも価値は目減りする（テクニカル用語では，効用が少なくなる）。これは「限界効用逓減の法則」と呼ばれる。

企業が交渉して個別に価格を決める場合，「二者択一」の状況か，「変動量」の状況かで，営業担当者の目標や自由度は異なる。前者であれば，営業担当者は買い手の上限価格を見極めようと手掛かりを探し，できるだけそれに近い価格で売ろうとする。特に営業担当者に決定権がある場合，買い手に有利なこうした情報の不均衡は，価格交渉時の最大級の課題の1つとなる。

「変動量」の場合，売り手には少なくとも2つの選択がある。1単位当たりの固定価格を決めるか，購入数量に応じて価格を変えることができる。後者はテクニカル用語で「非線形プライシング」として知られている。数学的に言うと，1単位当たりの限界効用を的確に見積もる必要があるので，「変動量」の場合は「二者択一」の場合よりも需要曲線が描きにくい。

第6章　価格決定における検討ポイント　143

　総需要曲線は，個々の買い手が所定の価格で購入する量を合計したものだ。理論的には，これらの買い手は同質的とされているが，顧客セグメントや個々人によって嗜好や効用がそれぞれ異なるので，実際には同質とは言えない。繰り返しになるが，総需要曲線は一般的に右下がりの傾きとなる。個々の買い手の数が多いことを踏まえると，需要曲線はほぼ滑らかな線を描く。

　十分な根拠に基づいて価格決定を行うためには，自社の目標，コスト，顧客の行動，競合他社の行動を考慮に入れる必要がある。これらの要因をすべて勘案しようとすると，労力やトレードオフ，厳しい意思決定が必要になる。価格決定の際に，どれか1つの要素だけに頼りがちなマネジャーが多い理由もそこにある。最も一般的な方法は(1)コストを使う，(2)競合他社に追随することだ。

✛コストベースの価格設定

　この価格設定方法はその名の通り，企業目標よりもコストに主に依存する。そして，少なくとも顧客や競合他社の行動を無視しているのは間違いないだろう。

　「自分たちのビジネスでは，価格設定はどのような役割を果たしているか」と，ディーラーや卸売業者，小売業者に聞けば，おそらく「ただ製品コストに対して一定のマークアップを適用するだけだ」という返事が返ってくるだろう。製品コストが5ドルで，標準的なマークアップ率が100％だとすれば，顧客への請求額は10ドルとなる。市場における重要な側面をあまりにも多く無視してしまうので，私はこのやり方に否定的だが，実用的なメリットがあることは認めよう。第1に，推測ではなく，コストというハードデータを使っている。第2に，1単位売れるごとにその貢献度が明確になる。第3に，同じ購買力を持った競合他社が同じやり方で価格を設定すれば，この手法によって価格競争が最小限に食い止められ，価格以外の面での競争が促される。その結果，コストプラス方式は安定性や予測可能性を伴う事実上の価格カルテルになりうるのだ。この方式がこれほど普及している理由は以上の要因から説明できる。

　しかし，この方式には極めて重大なデメリットもある。用いるのはコストだけな

ので，顧客の反応が考慮されないのだ。先の例を使うと，その製品に10ドルを払おうという顧客はごく少数かもしれない。それならば，10ドルという価格は市場の成長を抑制し，おそらく顧客はそれぞれのニーズを満たすためにもっと安価な選択肢を探そうと思うようになるだろう。反対に，顧客の支払意欲が12ドルであれば，売り手は大きな粗利を逃してしまう。

ここでの学びは，コストプラス方式の価格設定はメリットがあるにせよ，幸運に恵まれてたまたま顧客の支払意欲と一致しない限り，顧客や自分の利益を犠牲にする恐れがある。コストプラス方式を使うと，価格が高くなりすぎるか，低くなりすぎる可能性が高い。

✦ 競合他社に追随する

競合他社に追随するというのは，競争相手のやり方に基づいて自分たちの価格を設定することだ。つまり，競合品の価格と全く同じにするか，意識的にそれよりも上か下の価格をつけるという意味だ。

コストプラス方式と同じく，このアプローチの主な魅力はそのシンプルさにある。それは次のコメントからうかがわれる。

安全用品を扱う企業のマーケティング・ディレクターは以前，私にこう語った。「当社の価格設定は簡単です。市場内の高価格帯のサプライヤーの動きを見て，それよりも10％低くするのです」

このアプローチを使うのはB2B企業だけではない。私の知っているある大手小売業者は，ハード・ディスカウンターのアルディの価格に合わせて，上位600品目の価格を設定していた。社内には，アルディの店舗で価格を探り，その変化に目を光らせているチームが置かれていた。この600品目は同社の売上の半分以上を占めている。しかし，同社のビジネスにとって，これが何を意味するかについて私が話すと，経営幹部は驚いた顔をした。そう，彼らはプライシング・プロセスを単純化し，ハード・ディスカウンターを1対1の競争相手として自社をポジショニングし

ていたのだ。だが，このプライシング・プロセスは，価格設定の責任をアルディに委ねたことにもなる。プライシング部門の業務をアウトソースしていると言えるかもしれない。彼らは基本的に，自社の売上の半分以上を管理する責任をアルディに丸投げしていたのだ。

　もちろん，競合他社の価格に注意し，価格設定の参考にすることは必要だ。しかし，自社のプライシングの基礎として，競争相手の価格に依拠することを常套手段としているようでは，おおよそ最適価格になることはないだろう。先の大手小売業者の場合も，「追随者」のコスト構造や需要パターンがアルディのそれと同じである可能性は極めて低い。だとすれば，どうして各チャネルの価格を同じにすべきなのだろうか。

✛ 市場ベースの価格設定

　マネジャーが意思決定時に需要曲線をしっかりと考慮しても，コストプラス方式や競合ベースのプライシングのデメリットを回避できるだけにすぎない。顧客が具体的な価格レベルにどのように反応するかを見つけたときに初めて，利益が最大化する価格がわかるのだ。

　再び，前章で示した電動工具メーカーの例を使おう。ただし今回は，需要曲線を使って，この会社の売上と利益が最大になる状況を探っていく。固定費は3,000万ドル，単位当たり変動費が60ドルだった。経験的に，この製品の需要曲線は次のようになる。

　数量 ＝ 3,000,000 － 20,000 × 価格

　前章では，価格100ドルで100万個が売れて，利益が1,000万ドルになった。しかし，最適価格——この本の定義として，利益が最大になる価格は，いくらだろうか。それを計算するために，1個につき90ドルから120ドルまで7つの価格帯で，最終利益がどうなるかを比較してみよう。図表6-2はその結果である。

図表6-2 最適価格の計算

価格（ドル）	90	95	100	105	110	115	120
数量（百万個）	1.2	1.1	1.0	0.9	0.8	0.7	0.6
売上（百万ドル）	108.0	104.5	100.0	94.5	88.0	80.5	72.0
変動費（百万ドル）	72.0	66.0	60.0	54.0	48.0	42.0	36.0
貢献利益（百万ドル）	36.0	38.5	40.0	40.5	40.0	38.5	36.0
固定費（百万ドル）	30.0	30.0	30.0	30.0	30.0	30.0	30.0
利益（百万ドル）	6.0	8.5	10.0	10.5	10.0	8.5	6.0
利益変化率（%）	-42.9	-19.1	-4.8	0	-4.8	-19.1	-42.9

　最適価格は105ドルとしたときであり、利益は1,050万ドルになる。最適価格の左右で結果がどう変わるかを見ていくと、いくつかパターンがあることがわかる。価格を下げると売上は増えるが、変動費の合計が増えるペースも速くなり、貢献利益や利益は減少する。価格を上げると、売上と変動費はいずれも下がるが、売上の減少ペースのほうが速いので、やはり貢献利益と利益は減少する。105ドルから価格が上下のどちらの方向に動いても、利益は対称形で減っていくのだ。価格を90ドルにしても120ドルにしても利益の額は変わらない。

　自社製品に価格を設定するときに、低価格にするよりも、高価格で失敗したほうがいいという、実践者が広く信じている思い込みは、ここで論破されることになる。先に引用したロシアの諺もこの事例に該当する。価格が高すぎることは、低すぎるのと同じくらいよいことではなく、どちらも必要以上に利益を犠牲にしてしまうのだ。とはいえ実際問題として、安くしすぎた価格を上げるより、高めの価格から下げるほうが簡単なのは認めよう。その意味では、おそらく失敗したときに利益を危険にさらす程度がそれほど大きくない限り、高価格で失敗したほうがいいのだろう。

　この数字から、最適価格からの逸脱が比較的小さいほど、利益減少も緩和されることがわかる。最適条件から5ドル上下に外れると、利益の減少率は4.8％となる。もちろん、10億ドルのビジネスでは大きな金額になるが、最適価格から15ドルの差がある場合と比べれば悪くはない。差が15ドルになると、42.9％もの利益を取り損なってしまう。これは重要なインサイトだ。言い換えると、ゼロコンマ単位で最適価格を理解しなければ、この世の終わりということではない。それよりも大事なのは、なるべく最適価格に近づけることだ。遠ざかっていくほど、利益は急降下していく。

第6章　価格決定における検討ポイント　147

✛ 価値を均等に分け合う

　図表6-2のような表を作成することなく，最適価格を見つけるには，どうすればいいのだろうか。この事例のように線形の需要曲線であれば，簡単なルールを使えば解が得られる。最適価格は，ちょうど上限価格と単位当たり変動費の間にある。上限価格は売上がゼロになる価格だ。電動工具では，$p^{max} = 3,000,000 \div 20,000 = 150$ドルとなる。次の方程式で計算すると，最適価格が得られる。

$$最適価格 = \frac{1}{2} \times (150 + 60) = 105ドル$$

　このシンプルな意思決定ルールから，いくつかの教訓や有益な経験則が導き出される。仮に単位当たり変動費が上がったとしよう。増加したコストをどれだけ転嫁すべきだろうか。上記の方程式を使えばその答えが出る。最適価格は上限価格と変動費の間にあるので，増加したコストの半分は顧客に転嫁しなくてはならない。

　電動工具メーカーの単位当たり変動費が10ドル上がって70ドルになった場合，新しい最適価格は10ドル高くなるわけではない。5ドル高い110ドルになる。同様に，コストを削減したら，その半分だけ顧客に還元しなくてはならない。コストプラス方式だと，コストの変化分を全額，顧客に還元することになるので，間違いだとわかる。110ドルという価格は，70ドル（新しい単位当たり変動費）と150ドル（上限価格。これは変わらない）の間にある。単位当たり変動費が下がったときも同じで，60ドルから50ドルに下がったならば，10ドルではなく5ドル引き下げた100ドルが最適価格となる。

　同じ法則は為替レートの変動にも当てはまる。顧客に為替変動分を全額還元するのは，最適でもなければ，賢明でもない。自社がアメリカから製品を輸出している場合，現地通貨を使う代わりに，すべてドル建ての価格にするのも最適とは言えない。ドル経済圏以外の顧客は，購入決定に現地通貨を用いる。現地通貨が切り下げられれば，顧客にとってその製品は割高になる。この原則は売上税が上がったときも同様だ。1％増税になるたびに，価格も1％未満で引き上げなくてはならない。その正確な数値は需要曲線の傾きによって変わってくる。

顧客の支払意欲が変わった場合は，どうなるのだろうか。上限価格が10ドル上がって160ドルになった場合，最適価格は増分の半分ほど上がることになる。知覚価値や支払意欲の変化をいいことに，全額を自分の懐に収めるべきではない。再び経験則を持ち出すが，プラスであれ，マイナスであれ，変化の影響は顧客と均等に分け合わなくてはならない。

この原則は，単なる数学ではなく，常識にも裏打ちされている。自社製品の価値が競合品よりも20％高いならば，価格でその差分の10％を回収しなくてはならない。それよりも多くを要求したり，20％をまるまる要求すれば，顧客は実際にその価値の差にありがたみを感じることはまったくない。価値の差が20％で価格差も20％であれば，より大きな価値を提供していたとしても，顧客は何も買わずに手ぶらで帰っていくだろう。価格を高く設定しすぎると，顧客にとってのメリットはすべて相殺されてしまうのだ。自社と顧客で「ウィンウィン」の形にしたほうが，価値を独り占めするよりもいいことは，経験豊富な営業担当者は直観的に理解しており，理論的にもはっきりと証明されている。

図表６－２からは価格弾力性の概念に関するインサイトも得られる。価格100ドルの場合，100万個が売れる。価格が１ドル（１％）変わると，販売数量は２万個（２％）ほど変わる。この価格ポイントの価格弾力性は２となる。これは，価格が１％変わるごとに，数量の変化率が２倍になるということだ[3]。価格を５％上げれば，販売数量は10％減る。「この価格ポイントの」という言い方をしたのは，非線形の需要曲線の場合には価格弾力性が一定ではないからだ。価格弾力性は変化率の結果なので，どこから始めるかに左右される。

利益が最大化する価格の付近では，価格弾力性は１を上回らなければならない。別の言い方をすると，数量の減少がプラスの価格変化よりも比例的に少ないと，利益が自動的に増えることになる。対照的に，売上が最大化する価格は，価格弾力性がちょうど１になる。図表６－２をもっと左に伸ばして列を足していくと，価格75ドルのときに電動工具の売上は最大になる。数量は150万個に達し，売上は１億1,250万ドルに増える。問題は，75ドルという価格にすると，利益が完全に帳消しになることだ。実際に，その価格ポイントでは750万ドルの損失が見込まれる。繰り返しになるが，第５章で論じた通り，利益の最大化に対して，売上の最大化を重

視しすぎることは危険であり，バランスの取れた目標設定が必要であることが，こ
こからもわかる。

　ここまで，需要曲線とコスト関数の特殊な例ともいえる線形のケースを見てきた。
もちろん，実際にはこうした関数は必ずしも線形になるとは限らないし，最適価格
を求めるガイドラインもこれほど単純明快ではない。しかし，私の数十年の経験か
ら言うと，線形の需要曲線は，妥当な価格の刻みの中では十分に現実に近いので，
ツールとして非常に役に立つ。このセクションで述べてきた提案は，プライシング
の意思決定に関して幅広く使える教えになるだろう。

✛ 需要曲線と価格弾力性の見つけ方

　価格を設定する際に，需要曲線と価格弾力性が不可欠な役割を果たすならば，こ
れらはどこから出てくるのだろうか。必要とする内容を知り，それが十分に有効で
あることを確認するには，どうすればいいのか。自分の印象や経験をどう数字デー
タに置き換えればいいのだろうか。ここで強調したいのは「数字」という言葉だ。
価格を下げたら「少し」あるいは「たくさん」売上が伸びると直観的に知っていて
も，それではたいして役に立たない。「少し」や「たくさん」を数字で表す必要が
ある。価格とは結局，数字である。コストと数量もそうだ。これらは売上と利益の
計算に必要な3つの要素であり，自分の意思決定の財務面の影響を判断し，予定し
ている価格決定が賢明であるかどうかを見極める確かな財務指標となる。最も簡単
に言うと，数字なくして良い価格決定はできないのだ。

　幸いにも，私たちには現在，こうした曲線を作成して基本的なビジネス上の疑問
に答えを出すために自由に使える包括的な手法やツールがある。サイモン・ク
チャー＆パートナースは過去30年間にわたって，需要曲線と価格弾力性の定量化に
関するリサーチや実世界での適用において最前線に立ってきた。この分野はかなり
の進化を遂げてきた。需要曲線を作成するための実証済みの実用的方法はごく限ら
れている。高度な分析が必要なものもあるが，簡単な計算で間に合うものがある。
次のセクションで詳しく取り上げたい。

✛ 専門家の判断を聞く

　価格弾力性を見積もる最も簡単な方法は，みんなに聞いてみることだ。くだらない話のように聞こえるかもしれないが，顧客と親しい人や，対象製品の市場において十分な経験を積んでいる人など，それなりの数の人に聞いてみれば，かなり有効な数字が得られる。

　もちろん，ただ会議に飛び入りして「自社製品の需要について，どれくらい弾力性があると思いますか」と聞くわけにはいかない。しかし，価格を10%引き上げたら，どれくらい数量を失うことになるかとチームに聞くことはできる。その答えが50%だとすれば，その製品の価格弾力性は5ということだ。だとすれば，需要が価格変化に非常に敏感である中で値上げを予定している場合には注意して進めなくてはならないという，はっきりした兆候となる。反対に，価格を10%下げれば数量が50%増えるとチームが言ったならば，こうした価格変更は非常に合理的な選択肢かもしれない。

　このやり方はとてもシンプルだが，サイモン・クチャーでは長年，議論のきっかけとして非常に効果的に活用してきた。あるクライアントは，価格変化がどのように数量に影響するかを自ら確認や議論できるようにと，このやり方を「ワンアップ，ワンダウン」と命名し，得られた価格弾力性を他の製品グループの価格感度と比較する手段として用いている。

　単なる「ワンアップ，ワンダウン」のシナリオ以上に，こうした見積り額を集めるようにお勧めしたい。ここから，大きな価格変化（上下を問わず）の結果として数量が不釣り合いに増減するかどうかが明らかになる。それによって，検討中の価格変更の大きさによって，どのくらい価格弾力性が変化するかがわかるのだ。

　「なぜか」「次にどうなるか」という2つの定性的な質問で，定量的な質問をフォローアップすると，このアプローチは一層役立つ。「なぜか」という質問は，回答者に自分の見積りの説明，特に，価格を下げたら需要はどうなるか，価格を上げたらどうなるかという説明を求めることになる。「次にどうなるか」という質問で，

第6章　価格決定における検討ポイント　151

競争相手がその価格変更にどう反応するかを聞くこととなる。競合はこちらの動き
に追随するか。こちらの価格変更に合わせてきたら，おそらく見積りを修正する必
要があるだろう。競争が厳しい市場では，この2つ目の質問に答えることが極めて
大事になる。

　「専門家の判断」が単に「推測」の婉曲表現ではないかと疑問を持つかもしれな
い。特に，この章の初めに引用したデビッド・オグルビーの指摘を考えると，そう
思うのは当たり前だ。「なぜか」と「次にどうなるか」という2つの質問は，この
アプローチが純粋な推測の域を超えるのに役立つ。あなたも気づくと思うが，人は
どうなるかという結果についてじっくり考え始めると，引き合いに出した数字を修
正することが多い。マネジャーは自分の経験，顧客と話したこと，これまでに見て
きた類似の事例に頼り始めるのだ。この種のエクササイズを始めれば，その多くが
事例証拠とはいえ，様々な証拠が表面化してくる。

　複数の価格ポイントにおける変化を質問するだけでなく，こうした質問を組織内
の幅広い人たちにもしてみると，さらに洞察に満ちた有益な結果が得られる。経営
幹部，現場の営業担当者，販売管理担当者，マーケター，プロダクト・マネジャー
など組織内で最も知識を持つ経験豊富な人々を集めて聞いてみよう。グループのリ
スクを減らすために，1人か2人の当事者に議論を仕切ってもらい，コンセンサス
を得ようとする前に各人に自分なりの答えを書き出してもらうとよい。

　「次に何が起こるか」という質問は，様々な競合の反応に対するシナリオ展開に
つながる。コンピュータを使えば，その答えを追跡したり，売上や利益の曲線を描
いたりするのに役立つ。

　「インサイダー」は，その製品をまだ試したことのない顧客よりも的確に評価でき
るので，とりわけ新製品の場合はこの専門家の判断というアプローチが有益だ。
「なぜか」という質問は，顧客に製品価値をめぐる議論を促し，どのような価値を
伝えるメッセージを用い補強する必要があるかのガイダンスとなる。

　この手法はほとんど費用をかけずにすぐに利用できる。おそらくチーム・メン
バーの多くにとって，頭の中で需要曲線を描き，確かな数字でそれを表現するのは

初めてのことだろう。これはこの手法の最大のメリットだ。こうした専門家は全員が内部の人間であることも長所に数えられる。顧客には誰も聞いていない。最高の専門家でさえも，顧客が価格変化にどう反応するかを予想するところから始めるはずだ。

✢ 顧客に直接的に聞く

　あなたは価格の変化にどう反応するかと，顧客に直接尋ねることも可能だ。より正確に言うと，購買行動をどう変えるかと聞いてみればいい。質問の仕方は，耐久消費財のような「二者択一」の状況か，価格によって買う量を増減させる「変動量」の状況かによって変わってくる。どのポイントまで価格を上げると，顧客が競合品に変えるかという聞き方もできる。これによって，相対的な価格差の影響に関するインサイトが得られる。もっと直接的なアプローチもある。単純にいくらなら許容できる価格か，上限価格かと顧客に聞くのだ。この目的のために，オランダの経済学者フォン・ヴェステンドルプの価格感度測定など，詳細な質問項目が確立されている。

　こうした手法の主なメリットはシンプルさにある。大勢の顧客にすぐに質問して，大量のデータを入手することができる。逆に主なデメリットは，対象者がひどく価格に敏感になってしまうことだ。誰かが「対面で」価格について質問すれば，顧客は製品の他の機能そっちのけで，価格に注意を向けるようになり，結果が歪んでしまう恐れがある。それに，ある製品をもっと高い価格で買うかと聞いたときに，回答者は本当に正直に答えるだろうか。また，この回答では威光効果がどんな役割を果たすだろうか。日常生活の中では店頭で価格を見て自然に決定する際に，調査で価格について直接聞かれたときほど，価格を重視しないかもしれない。

　こうしたデメリットは直接的手法の有効性に疑問を投げかけるが，だからといって，私は完全に退けるつもりはない。それよりも，需要曲線の判断や，価格設定に使うインプットとして，こうした直接的手法のみに頼ってはいけないというのが，私のアドバイスだ。他の方法を使って得られたデータで補足しなければならない。

✛ 顧客に間接的に聞く

　間接的な質問を用いると，直接的に聞くよりも，価格感度について有効で信頼できるインサイトが得られる。「間接的」というのは，価格だけを取り出して聞くのではなく，価格と価値を同時に尋ねることを意味する。そうすれば，価格は顧客が答えるいくつかの側面の1つにすぎなくなる[4]。

　回答者には，多数の選択肢を示して，どれがいいか指摘してもらう必要がある。時には，他の選択肢と比べてどの程度よいかと聞くこともある。その選択肢には，製品の品質，ブランド，技術的な性能，価格など様々な特徴が組み合わさっている。選択肢ごとにやや強い特徴とやや弱い特徴が混在しているので，回答者は妥協を迫られることになる。たとえ大好きなブランドでなくても，選択肢Aを選ぶか。そこに大きな価値があると思うから，高価格であっても選択肢Bを選ぶのか。こうした答えから得られたデータを使えば，特定の製品構成にどのくらい支払うのかを定量化し，実際の販売数量の予測に変換することができる。堅実で信頼できる価格決定をするために必要なデータがすべて得られることになる。

　この種の調査手法は一般的に「コンジョイント測定」と呼ばれ，最初に使われたのは1970年代だ。そしてご想像の通り，知識と演算能力の両方が増強されるのに伴い，様々な改善が重ねられてきた。パソコンの出現は大きな転機となった。紙のアンケートと違って，回答者ごとに調査をカスタマイズできるようになったのだ。選択肢を提示するプログラムで，その前に答えた内容を反映しながら，一連の妥協ポイントをさらに強化していく。しかも，この適応的なアプローチを用いれば，実際の買い物体験のシミュレーションに近くなり，データの信頼性が一層高まる。こうした手法は今日，マネジャーが需要曲線や利益が最大化する価格を判断するのに非常に役立っている。

✛ 価格のフィールド・テスト

　高度な調査手法は，実際の購買行動のシミュレーションとして優れた機能を果た

す。とはいえ，これは依然としてシミュレーションだ。調査データに基づくモデルはすべて，常にエラーが生じる余地がある。人は必ずしも口で言った通りに行動しないものだ。だからこそ，いわゆる「フィールド実験」が魅力的なのだ。企業は体系的なやり方で陳列棚やオンライン上の実際の価格を変更し，顧客がどのように反応するかを注意深く追跡する。現実生活のデータ収集力は明らかに，このアプローチの大きなメリットだ。しかし，かつてはこうした実験を大規模に実施するのは困難で費用もかかったため，価格設定にフィールド・テストが用いられることはほとんどなかった。データのスキャンや電子商取引など現代の技術によって，こうしたテストが以前よりも素早く簡単に安く実施できるようになった。これらは今後，価格設定における重要な手法になると，私は期待している。

✤ビッグデータの神話：
正確な需要曲線と価格弾力性になるのか？

　主要なビジネス関連メディアの見出しを見ると，私たちはついに「ビッグデータ」の時代に生きているという思いを深めるのではないだろうか。大学時代から経済学の定量的側面にどっぷりつかってきた私なら，この新しい有望な時代の夜明けを歓迎するだろうとも，あなたは思うかもしれない。私はワクワクするというよりも，むしろ「既視感」を覚えてしまう。

　1970年代にまず，計量経済学のブレークスルー，コンピュータの急速な進歩，個人化が起こり，「ビッグデータ」がマーケティングとプライシングを根本的に変えるだろうという期待が膨らんだ。市場における価格，市場シェア，販売数量の変化がついに追跡できるようになり，素早くデータを分析して効果的に活用できるとなれば，需要曲線や価格弾力性を正確に推測できるようになると思われたのだ。

　この大きな期待は失望に終わった。

　それは，入手可能なデータ，その深さと豊富さ，それを「かみ砕く」能力とはほぼ無関係な失望だった。それよりも，基本的な"データの妥当性"に関係していたのだ。なお，ここでは，「現在進行形」の市場テストから集めた新しい市場データと，実験の一環としてではなく通常のビジネスの中で集めた一連の過去のデータと

第6章 価格決定における検討ポイント　155

は分けて考えている。

　1962年に遡るが，シカゴ大学のレスター・テルサー教授は，過去の市場データは将来の行動予測とごく限定的な関連性しかないことを予測した[5]。その理由は，観察される変数の量にあった。価格弾力性の大きい市場では，おそらく競合する企業間に見られる価格差はほとんど変化しない。ハードデータがなくても，相対的な価格ポジションを変えれば，数量が相当変わりうることを，企業は知っている。だから，敢えて相対的な価格ポジションを大きく変えようとはしないのだ。1社が価格を変えれば，他社も追随して，相対的なポジションがあまり変わらないようにする可能性が高い。計量経済学の観点では，独立変数（価格）の範囲が狭すぎるので，需要曲線らしきものを確実に見積もることはできない。

　価格弾力性の低い市場では，価格や価格差に大きな変化が見られるかもしれないが，それによる数量の変化はごく小さい。ここでは，従属変数（単位当たり売上高）の動く範囲が狭すぎるので，実際の基本的な価格弾力性を確実に見積もることはできないと，計量経済学の専門家は言うだろう。

　サイモン・クチャー＆パートナーズはこの「ビッグデータ」の初期の波に高い望みを抱いていたが，これは手厳しい教訓となった。1985年の創業時に，私たちは価格に関する意思決定の改善に役立てようと，過去の市場データに計量経済学の手法を適用するつもりだった。共同創設者のエクハルト・クチャーはこの分野について博士論文を書いた。社内ではその当時から，世界中のあらゆる主要産業のプライシング・プロジェクトを5,000件以上も手掛けていたが，計量経済学を重要な手法として使えたのはそのうちの100件未満だったと思う。テルサー教授は正しかったのだ。

　私自身の観察結果も，教授の見解を補強するものとなるだろう。市場が非常に安定しているように見える良い時代には，企業がプライシングにあまり注意を払わないことに，私は気づいた。企業がプライシングへの関心を高め，より多くの分析を依頼し，コンサルタントを起用せざるを得なくなるのは，新規参入，競合の撤退，新しいテクノロジーや流通チャネルの出現など，市場に大きな構造的変化が起こったときなのだ。たとえば，医薬品特許の期限が切れてジェネリック薬が市場に参入

したときや，デジタル形式で物理的製品にアクセス可能になったとき，インターネットなどの新規流通チャネルに積極的に参入するときなどである。こうした構造変化が起こると，過去の市場データから，現在や将来の顧客の行動に関する確かなインサイトを引き出すことができない。そこから導き出された結論を新製品の価格に適用すると，「構造的破壊」になってしまうことが多いのだ。新製品の価格設定では，過去のデータは使えたとしても限定的で，何のインサイトも得られないことがある。

　長年かけてわかってきたのは，上記で説明してきた手法を組み合わせることが，最も信頼できる結果につながるということだ。単独の手法には，「これだけを使えばいい」とお勧めできるほどの魅力的なメリットは備わっていない。他の手法とクロスチェックしたほうが，選択肢を狭めやすくなる。どの手法でも似たようなパターンや結果になれば，様々な価格に顧客がどう反応するかを正確に予測しているという手応えとなり，最終的に設定した価格が最適であることへの確信を深めることができる。

✛ライバル企業の価格に，どう反応すべきか？

　これまで紹介した事例のほとんどは，基本的なポイントをわかりやすくするために，物事を単純化してきた。こうした前提では，競合他社が自社の価格に反応してどう動くかという話題をそっくり除外する必要があった。価格決定に競合の反応を織り込もうとすると，2つの複雑な問題が生じる。競合他社の価格変更が自社の売上に及ぼす定量的影響と，競合他社が実際にどう応えるかの判断をめぐる定性的課題である。前者の説明や対応は比較的簡単だが，後者は難しさが増す。

　まず，競合他社の価格が自社の売上に与える影響について見ていこう。競合他社の価格が顧客の意思決定に影響を与えることは明白だ。自社の売上の変化率を競合他社の価格の変化率で割った交差価格弾力性を見ると，その影響を測定できる。たとえば，競合他社の価格が10％下がった結果，自社の売上が6％減少したとしよう。このときの交差価格弾力性は6を10で割って得られる0.6だ。自社製品の価格弾力性とは対照的に，自社の売上は通常，競合他社の価格変更と同じ方向に動く（競合

他社が価格を上げれば自社の売上も増え，価格を下げれば自社の売上が減る）ので，交差価格弾力性はプラスの値になる。交差価格弾力性の絶対値は，価格弾力性より低くなる傾向がある。製品の差異化部分が少ないほど，これらの2つの弾力性は互いに近くなる。

競合他社の価格を需要曲線に組み込む必要があるのは明白で，いろいろなやり方がある。自社の価格を独立変数として使う代わりに，競合他社の価格に入れ替えたり，相対的価格（自社の価格を他社の価格で割ったもの）を使ったり，需要曲線の別の変数として競合価格を使うことも可能だ。いずれのやり方も，競合の価格変化が自社の売上に与える影響を定量化する際に役立つ。

✛囚人のジレンマ：ゲームを始めよう！

価格を決めるときは常に，競合他社が反応を示すか，それはどの程度の反応かと自問する必要がある。他社の決定を知ると自社の決定に影響が及び，その逆も当てはまるという相互依存の関係は，売り手がごく少数しかいない寡占市場の特徴だ。1社が価格を変更すれば必ず他社の売上に顕著な影響が見られるので，反応するか，反応せずに結果を甘受するかを判断する必要がある。

反応すれば，他社の販売数量にも影響が生じる。そこから一種の連鎖反応が始まる危険があり，そうなればゲーム理論の世界になっていく。ゲーム理論は1928年に，数学者でコンピュータを発明したジョン・フォン・ノイマンによって確立された分野である[6]。競合の反応を踏まえて意思決定しようとすると，価格決定が複雑になる。プライシングにおいて最も起こりがちな状況が，囚人のジレンマだ。これは，自分の運命が相手の意思決定に依拠するため，相手が何をしそうかを予想する必要のある特殊な状況を指す。

たとえば価格を大幅に引き下げたいとしよう。競合が反応せずにそのまま価格を据え置けば，自社の販売数量は増加することが予想される。しかし，競合他社が追随してくれば，おそらく自社の販売数量はさほど変わらず，増加しても競合他社が価格を据え置いたときよりもはるかに少ないのは間違いないだろう。価格を下げて

もメリットはなく，さらに悪いことに，2つの財務上の問題が生じる。利幅が減ることに加え，最悪のシナリオになれば，全体的な利益もごっそり失われる可能性がある。鳴り物入りで巨額の資金を投じて（つまり，利益を投じて）重点的に売り込みをかけたが，何の見返りも得られなかったと言われることになりかねないのだ。

　価格を引き上げるときも，似たような状況になる。競合他社が反応しなければ，価格に足を引っ張られて，販売数量と市場シェアの減少を招く可能性がある。競合他社が追随しなかったので，いったん価格を上げたものの元に戻すというケースも珍しくない。最近も，大手ビール会社が高価格品を値上げした後，他社が追随しなかったため，値上げ分を戻した例がある。競合他社が値上げに追随すれば，新価格による販売減少は低く抑えられる一方で，競合他社はこぞって高い利益を実現するだろう。

　競合他社の反応を予想してその潜在的影響を観察する際にもっと構造化されたアプローチをとりたいならば，この章の初めに紹介した専門家の判断か間接的な質問（コンジョイント測定）を使うことをお勧めしたい。先のコメントの精神において，どの手法にもプラス面とマイナス面があるので，複数の手法を使ったほうが賢明と言える。

　特に，競合他社の反応パターンを理解し予想することが絶対的に重要な寡占市場ではそうだ。現代の市場は事実上，寡占状態になっていることが多いので，競合他社の反応を理解し予想することはマネジメントの最重要課題の1つになっている。またゲーム理論の観点から，自社が他社の行動方針に影響を及ぼせるか，もしくは，それが明らかになる前にヒントが見つかるかという疑問も生じる。そこで次のセクションでは，価格リーダーシップとシグナリングを取り上げるが，これは法律顧問に相談する必要性が生じるかもしれない。こうしたアプローチを使うときには必ず法務部や法律顧問と協議して，自社の方針が法律に抵触していないことを確認していただきたい。

✛価格リーダーシップ

　競合他社の反応を理解し予想する最も簡単な方法は，相手に単刀直入に聞くことだ。しかし，これはもちろんお勧めのやり方ではない。価格操作とカルテルは違法に当たるからだ。アメリカでは有罪となり厳しい禁固刑を言い渡されることもある。

　価格設定「ゲーム」で幅広く使われている手法は，価格リーダーシップという概念である。アメリカの自動車市場では，GMが何十年も価格リーダーシップをとってきた。当時は50％近いシェアを維持していたので，GMが市場リーダーや価格リーダーの役割を果たすことを同業他社も認めていた。GMは毎年，価格を引き上げた。

　ドイツの小売市場では，アルディが主要製品の価格リーダーとなっている。競合他社の多くは価格変更の際に，アルディに追随する。ある新聞記事はこうしたリーダーシップの役割を目安に，「アルディが牛乳の値上げに踏み切り，小売業界全体が追随することが予想される」と書いている[7]。

　公的に認められた価格リーダーシップの最近の例として，アメリカのビール市場が挙げられる。各ブランドのシェアを合わせると，市場リーダーはアンハイザー・ブッシュ・インベブ（以後，アンハイザー）で，ミラークアーズがそれに続く。アメリカの反トラスト法取締当局は「アンハイザーはたいていミラークアーズが追随することを想定して，毎年値上げしている。しかも，そういうことを頻繁に行っている」と判断した[8]。ウォールストリート・ジャーナル紙も同じような指摘をしている。「アンハイザーはじわじわとビールの価格を釣り上げてきた。そして，ミラークアーズは決まってアンハイザーに追随する」[9]。価格リーダーシップが崩れる可能性があるのは，新しい競合他社が同市場に参入してリーダーに追随しなかったときだ。これはまさにメキシコのビール・グループのモデロがアメリカ市場で行ったことで，「アンハイザーの値上げに追随しなかった」[10]。モデロは結局，2013年にアンハイザーの傘下に入った[11]。

✛ シグナリング

価格変更には常に危険がつきまとう。競合他社は当社の負担で市場シェアをつかもうと，当社の値上げの効果を弱めるだろうか。当社の価格変更に対抗して，あるいは一方的に，大幅な値下げに踏み切り，あえて価格戦争に火をつけようとするだろうか。こうした疑問には，高い度合いの不確実性が含まれている。間違いを犯すリスクは大きく，答えを読み違えれば利益が吹き飛ぶことになりかねない。競合他社が追随せず，値上げした価格を元に戻す必要があれば，評判を損ねてしまう恐れもある。

そうした不確実性を減らす方法の1つがシグナリングだ。企業は価格変更計画を実行に移すよりもはるか前に，市場に「シグナル（信号）」を送る。その後，顧客，競合他社，投資家，規制当局がシグナルを送り返してくるかどうか聞き耳を立てる。競合他社がはったりをかけてくる可能性は排除できないが，競合側としても，何らかの発表をした後で撤回したり，貫き通せなくなることがあるので慎重にならざるを得ない。シグナリングでは，競合他社の信用が常に問題となる。

シグナリングそのものは違法ではない。市場で顧客と投資家を含むあらゆる人にとって適切なコミュニケーションを行っている限り，企業はたいてい安全を期している。シグナリングは，競合X社が価格を上げれば，こちらも追随するという合意や契約を意味するものや，それを目的とするものであってはならない。

ドイツの自動車保険市場は長年，価格戦争に悩まされてきた。2011年10月，ビジネス紙は「ドイツ最大の保険グループのアリアンツが2012年1月1日付けで大幅な値上げに踏み切る予定だ」と報じた[12]。他の保険会社もすべて値上げを公表した。その年，価格は平均7％上昇した。

「2013年にも再び値上げするはずだ」と，アリアンツにとって最大のライバルとなるHUKコーブルクの会長が述べた。この指摘は先見の明があり，その年にも実際に価格が上昇した[13]。こうした展開は過去の値下げスパイラルと完全に決別したことを示していた。

第6章　価格決定における検討ポイント　161

　企業はシグナリングを使って対抗措置をとることを発表し，競合他社が値下げなどの行動に走らないようにさせることもある。韓国の現代自動車COO（最高執行責任者）の任鐸旭（イム・タクウク）は以前，公の場で次のように語った。「日本車メーカーがインセンティブを高める積極策をとり，当社の売上目標の達成に赤ランプがともり始めたなら，当社は購入者向けインセンティブを高めることを検討するだろう」[14]。この場合のインセンティブとは，割引やプロモーションなどの形での値下げを意味している。これはこの上なく明白な発言であり，もしも日本企業がインセンティブを高めれば現代自動車がどのような動きに出るかを，日本企業に知らしめることとなった。

✣ 寡占市場における価格決定

　市場で企業がいかに競合他社の反応を予測し把握するかによって価格は大きな影響を受け，それが企業の利益にも反映される。こうした反応を考慮し損なったり，読み違えたりすれば，悲惨な結果につながりかねない。

　この複雑なテーマをよく理解し，何らかの有益なインサイトを引き出すために，以下の基本的な方程式から始めてみよう。当該市場には，同じくらい強い競合2社（A社とB社）が存在し，どちらの需要曲線（価格反応関数）も次の通りだとしよう。

　自社の販売数量＝1,000－50×（自社の価格）＋25×（競合の価格）

　これは，経済学では対称寡占と呼ばれるケースだ。この式では，自社の価格が販売数量に及ぼす影響は，競合他社の価格が及ぼす影響の2倍となる。つまり，A社の最適価格は，B社の価格だけでなく，B社がA社の価格変更にどう反応するかにも左右される。ここで，単位当たり変動費が5ドルで，各社の固定費が5,000ドルだと仮定しよう。

　現状では，図表6－3の最初の状況の列にあるように，価格は20ドル，各社の利益は2,500ドルだ。この利益を増やすことが可能だろうか。それは，A社とB社の行動だけでなく，お互いの動きをどう予測するかにも左右される。競合他社がとりうる反応に関して2つの古典的な仮説がある。チェンバレン仮説とクールノー仮説だ。

チェンバレン仮説：この仮説では，A社とB社はどちらも，相手が価格変更に完全に追随すると仮定し，どちらかが価格を変更すれば，もう片方も実際に追随する。図表6-3の中央の列（チェンバレン仮説）は，1社が22.50ドルまで値上げし，他社も追随するとどうなるかを示している。ここからわかるように，利益は2,650ドルと，6％増える。競合するA社とB社は，自社の最適価格が他社の行動に左右される事実があるにもかかわらず，どちらもまるで独占企業であるかのように行動するのだ。これは，価格リーダーシップが特徴となっている市場で予想される種類の結果だ。1982年にノーベル経済学賞に輝いたジョージ・スティグラーは，非常に競争が激しく寡占的な状態に置かれている企業にとって，価格リーダーシップは最高の解決策だと主張している。

　クールノー仮説：この仮説では，A社とB社はどちらも相手が価格変更には一切反応しないと仮定している。しかし，その仮定はたいてい間違っていることがわかる。実際にはA社とB社はたいてい，それぞれの価格を最適化させる形で反応する。その場合，価格は16.67ドルに落ち，利益は1,803ドルと，27.9％減少する。

　私は教授時代によく，これと同じ数字を使って2つのグループに競わせた。価格を提示した後で毎回，自分たちのグループの売上成績と相手グループの設定した価格が結果として渡される。皆さんは，2つの仮説のどちらがより頻繁に起こったと思うだろうか。

　チェンバレンの解決策が起こることはごく稀で，クールノーの解決策のほうがはるかに一般的であることがわかった。もちろん現実のビジネスに，こうした実験の結果を反映させる際にはよく注意しなくてはならない。しかし私の経験上，現実の

図表6-3　競合他社が異なる反応を示したときの影響

	最初の状況	チェンバレン仮説	クールノー仮説
価格（ドル）	20	22.50	16.67
販売数量	500	437.5	583
売上（ドル）	10,000	9,840	9,718
変動費（ドル）	2,500	2,190	2,195
固定費（ドル）	5,000	5,000	5,000
利益（ドル）	2,500	2,650	1,803
利益変化率（％）	0	+6.0	-27.9

第6章　価格決定における検討ポイント　163

競争も同じパターンをとる。クールノーかそれに類する解決策は，どう見ても有利なチェンバレンの解決策よりも，はるかに頻繁に起こるのだ。

このケースがはっきりと示しているのは，競合他社の対抗策を正しく予想できなくてはならないことだ。これは，値上げ，値下げのどちらにも当てはまる。あなたが値上げしたら，他社は追随するか。追随したときに初めて値上げは意味を為し，期待していたメリットが得られる。また，競合他社はどのように値下げに反応するだろうか。彼らが追随してくると予想するなら，その計画は取り下げたほうがよい。利益が減少し，往々にして販売数量はさほど増えないという結果になるからだ。競合他社は値上げに追随せず，値下げで対抗するという非対称的な反応が予想される場合，価格は現状のまま維持するのが賢明なようだ。この結論は，寡占市場では非常に堅実な価格構造になりがちな理由を説明しており，相手が瞬きするのをお互いに待っている瞬き競争（欧米流「にらめっこ」）のビジネス版と言える。

あなたの会社が寡占市場にあるならば，次の3つのポイントを覚えておいてほしい。

○明確な最適価格は存在しない。それよりも，競合他社に対する予想，手元にある競合他社情報，実際の競合他社の反応によって最適価格が決まる。

○特定の状況では，チェンバレンの結果になり得る。同じようなコスト構造と市場のポジションで，同じような目標を掲げ，一定レベルの信用と戦略的知性でそれを後押しできる場合，競合他社はチェンバレン価格（基本的に市場の独占価格）を実現させたり，少なくともそれに近づけることができる。競合する全企業が相互作用を理解し，それに沿って行動する賢明さを持ち合わせていれば，その可能性は高くなる。

○こうした状況になければ，価格は現状維持とするのが賢明である。上記の状況にない場合，あるいは，複数の競合他社が存在し，どう行動するかが不確実な場合，価格を維持したほうが賢明だろう。そのような状況下で値下げすれば，持続可能な優位性どころか，価格戦争を引き起こす危険がある。ただし，投入コストが上昇する状況は例外だ。というのは，すべての競合他社に同程度の影

響が及ぶからである。

この章ではこれまで，コストの変化が1回限りのものという想定だった。一般的な経験則では，企業はコストの増分を全額転嫁すべきではなく，顧客と負担を分け合ったほうがいい。しかし，非常に頻繁に，もしくは長期にわたって，コストが変化する場合はどうだろうか。価格調整において特にチャレンジングな状況は，インフレが起きることだ。

✥なぜインフレが価格決定に重要なのか？

私の祖父は，1920年代に起こったドイツのハイパーインフレ時代の暮らしについてよく話してくれたものだ。祖父はお金を少しでも手にすると，その瞬間にすぐにお店へと走り，何かを買っていた。3～4日もすれば（時には数時間の場合もある），瞬く間にお金の価値や購買力が目減りしていったのだという。

ハイパーインフレは，今日でも新興国市場で起こることのある極端な状況だ。しかし，それほど厳しくない「インフレ」なら，ほとんどの人が知っているだろう。私たちは通常「インフレ」という言葉を継続的な価格上昇と結びつけて捉えている。だが，インフレによってどのような影響が出てくるのか。また，価格を設定する際に，どのようにインフレ（実際のインフレと期待インフレ）を考慮に入れるべきだろうか。

インフレは，お金を貯め込む人やささやかな固定給をもらう人には痛手となるのと同時に，お金を借りている人には有利になる[15]。預金者と債権者から債務者への再分配と言ってもいいだろう。これらの一般的な影響はよく知られているが，インフレもさらに深く広範な影響を及ぼす。

インフレの主な原因はマネーサプライが増加することにある。このシナリオにおける勝者は，新しく発行されたお金を素早く入手できる人たちだ。勝者はまだ比較的安い価格で商品やサービスを購入することができる。お金を手にするのが遅くなればなるほど，より高い価格で買わないといけないので，失うものが大きくなるの

だ。これはアイルランドの経済学者，リチャード・カンティロン（1680頃～1734年）の名をとって「カンティロン効果」として知られている[16]。

インフレは，価格の重要な機能である「財が不足している」というシグナルを出す能力をも覆い隠してしまう。消費者からすれば，価格認識が歪められ，混乱することになる。ヘッジするか貯蓄すべきかを判断するのは難しい。投資家にしても，インフレが起こると，目の前の価格が実際の通貨不足や通貨切り下げを反映しているかどうかの見極めがはるかに難しくなる。この無理やり奪われたお金はある種の投機に回り，たとえ潜在的な不足状況が存在しなくても，価格高騰の原因になる。1600年代のオランダのチューリップ・バブルから，20世紀末のインターネット・バブル，今世紀のアメリカの不動産バブルまで，「バブル」現象は繰り返し起こってきた。ある時点でバブルははじけ，価格が暴落し，実際の不足状況を価格が再び反映し始めるまでには，長い時間がかかる。

インフレは巨大な再分配メカニズムでもある。インフレによって，動きの速い賢い債務者が動きの遅い愚直な債権者につけ入るすきが生じる。大量の負債を発行・保持する為政者である政府がインフレの最大の受益者なのは言うまでもない。インフレ懸念があるときには，素早く動く必要がある。まさに買い時や借り時なのだ。長く待っているほど支払額が増え，"安く買って"今"高く売る"ことのできた人が恩恵を受けることになる。これが常識であり，群集心理が働くことを見抜き，価格高騰を不足のシグナルとして捉えないことがミソとなるのだ。

最も一般的なインフレの表現方法として，消費者物価の変化を表す消費者物価指数（CPI）が用いられる。**図表6－4**は，1991年から2013年末までの22年間のアメリカのCPIの変化を表したものだ。比率の変化が見やすくなるよう，1991年を100とした。

上の線グラフは物価水準の増加を示している。2013年末のCPIは1991年と比べて71.2％高い。これは年間平均インフレ率2.47％に相当する。この線グラフに沿って価格を引き上げないと，自社製品・サービスと交換して受け取る実質的な価値が目減りし，インフレの犠牲者となる。1991年に100ドルだったものは2013年末に171.2ドルとなるが，これは失われた購買力を反映している。

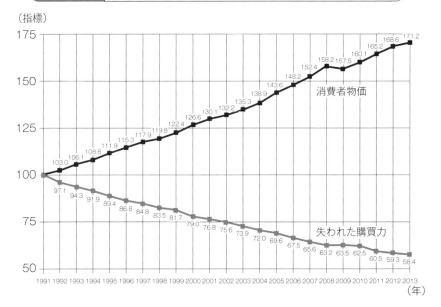

　下の線グラフは，上の線グラフの裏返しで，1991年以降の失われた購買力を示している。過去22年間で米ドルの購買力は41.6％低下した。1971年まで遡ると，その落ち込みはさらに大きく，82.6％となる。

　ここでなぜ私が1971年を取り上げたかというと（任意に挙げた年のようだが，そうではない），この年に，ニクソン大統領がブレットン・ウッズ体制下の金本位制を停止し，継続的なインフレ時代が幕開けしたのだ。あなたは約2％のインフレ率を「適度」だとする政治家の発言を耳にすることがあるだろう。大半の保守的な中央銀行総裁は年2％かそれをやや上回る水準を許容範囲とみなしている。しかし，それが蓄積されていけば，インフレの犠牲者に対して甚大で破壊的な影響を与え，手持ちのお金で買えるものはますます減っていく。インフレ率がこれほど「低」水準にあるにもかかわらず，ドルの価値は20年超の間に40％以上，過去40年間では80％以上も失われた。

　金の価格と比較すると，その損失はさらに大きくなる。2015年9月1日，金1オンスの価格は1,142ドルだった。この希少性の高い金属を1オンス得るためには，

それだけの金額を支払わなくてはならない。1971年8月15日以前であれば，同じ金額で37.1オンスの金を買うことができた。したがって1971年以降，金に対するドルの価値は96.9%失われたことになる。

　私の解釈では，このテーマは議論したり注意を向けたりしないことが暗黙の了解となっている，もしくは，仕方ないことだと思っているのだろう。ほとんどの人はこういう展開になるのが当たり前だと思っている。それを止める唯一の効果的な方法は金本位制を復活させることだ。しかし，そんな動きをとれば，政治家は利用可能な非常に強力なツールを失うことになるので，そうなる可能性は低い。（遅かれ早かれ）価値を失った不安定なマネーが現代経済における生活の1コマであり続けるのだろう。

　政府債務が高水準となれば，大恐慌が始まって以降とられてきた比較的緩やかな金融政策方針も加わって，将来的にインフレ率の急上昇が避けられないことを意味する。唯一の問題は，それがいつかという点だ。そうした状況になれば，多くの企業は勝つか負けるかの命運をかけた意思決定を突き付けられる。そこでいかに価格をマネジメントするかによって致命的な差が出てくるだろう。新興国市場ではすでにインフレ率が上昇している[17]。おそらく数十年もの間，非常に高いインフレ率を経験してきたブラジルの歴史から学べることがあるだろう。

✛ 価格とインフレ：ブラジルに学べ

　世界最大クラスのある製薬会社は1980年代に，ブラジルで伸るか反るかの意思決定に迫られていた。同国でインフレ率は年に数百％という手のつけようのない水準に達していた。この企業の主力製品は一般用鎮痛剤だったが，ハイパーインフレという状況について，相対的に低めの価格と積極的な広告展開を組み合わせれば市場シェアを高められる機会だと捉えており，まさにその通りに実践していった。競合品よりも安くするために，意図的にインフレ率以下の値上げにとどめ，広告支出を増やしたのだ。

　競合他社がインフレ率に合わせるかやや上回る値上げを続けていくと，経営陣は

自社の動きとその成功率に対してますます自信を深めていった。こうして当初の予想以上に，私たちのクライアントに味方する形で価格差が広がった。

　ところが，この戦略は逆効果であることが判明したのだ。なぜうまくいかなかったのか。インフレ期間に価格認識に何が起こったのだろうか。実は絶えず価格を変更したせいで，シグナルがよくわからなくなってしまったのだ。ブラジルでは当時，この製薬会社が確立しようと懸命に取り組んできた価格優位性を，消費者は認識していなかった。広告を増やすほど，それは雑音に紛れていった。

　サイモン・クチャー＆パートナースは，同社に現状の戦術を取り止めるだけでなく，正反対のアプローチをとるよう提案した。少なくともインフレ水準（もしくは，それをやや上回る水準）に価格を引き上げ，広告を減らすべきだった。この新しい戦術をとることで利益がかなり改善され，市場シェアはほとんど変わらず，顧客のブランドへのロイヤルティも維持された。

　私はこの事例から２つのことを学んだ。第１に，顧客が気づいて理解していない限り，価格優位性を確立する試みはうまくいかない。インフレ率が高い間は，価格シグナルは明らかに伝わりにくい。第２に，インフレの状況下では，大幅な変更を２～３回するよりも，定期的に小幅な値上げをしたほうが絶対にいい。小幅な変更を続けていけば，一定のペースが保たれ，大きな価格調整をした後で失った時間や資金の埋め合わせを過度に行わなくても済む。インフレが迫るときには，こうした値上げを開始して，できるだけ早くリズムを確立しなければならない。

　前章とこの章で基本的な価格の経済性を見てきたが，こうした原則を使うときは一部が「サイエンス」で一部が「アート」となる。次章では，プライシングの高度なアートである価格差異化について探ってみよう。

注◆

1 コモディティは，原油やセメントなど代用可能で差別化できない製品である。

2 David Ogilvy, Confessions of an Advertising Man, London: Southbank Publishing, 2004 (Original 1963).

3 数量の変化率を価格の変化率で割った価格弾力性は通常，負の値となる。しかし，単純化するため，通常は負の記号が省略される。

4 間接的な質問に用いられる最も一般的な方法は，コンジョイント測定と呼ばれる。

5 Lester G. Telser, "The Demand for Branded Goods as Estimated from Consumer Panel Data", The Review of Economic Statistics, 1962, No.3, pp.300-324.

6 John von Neumann, "Zur Theorie der Gesellschaftsspiele", Mathematische Annalen, 1928.

7 "Aldi erhöht die Milchpreise", Frankfurter Allgemeine Zeitung, November 3, 2012, p.14.

8 Bloomberg online, January 31, 2013.

9 The Wall Street Journal Europe, February 1, 2013, p.32.

10 Bloomberg online, January 31, 2013.

11 www.gmodelo.com.

12 Financial Times Deutschland, October 26, 2011, p.1.

13 MCC-Kongresse, Kfz-Versicherung 2013, March 20, 2013.

14 "Hyundai Seeks Solution on the High End", The Wall Street Journal Europe, February 19, 2013, p.24.

15 Thorsten Polleit, Der Fluch des Papiergeldes, München: Finanzbuch-Verlag 2011, pp.17-20.

16 Richard Cantillon, Essai sur la nature du commerce general; 1755, in English: An Essay on Economic Theory, Auburn (Alabama) : Ludwig von Mises-Institute, 2010.

17 "Inflation Worries Mount", The Wall Street Journal, February 12, 2014.

第7章
価格差異化という高度なアート

　ここまで、利益を最大化させる最適価格がどこにあるかを検討してきた[1]。1製品につき1つの統一価格を用いる場合、利益は**図表7-1**の左のグラフのような状況になる（電動工具メーカーの事例の数字を使っている）。わかりやすくするために固定費は考慮しないことにする。黒の長方形の部分が私たちの利益となる。

　2つのグラフを比較すると、1つの統一価格では、たとえ最適価格だったとしても、市場で獲得可能な利益の一部しか取り込めないことがわかる。**図表7-1**の右のグラフは利益ポテンシャルをすべて示したものだ。それに該当するのがA-B-Cで囲まれた三角形だが、左のグラフの長方形の面積よりもはるかに大きく、長方形はすっぽりと中に入ってしまう。

　線形の需要曲線と線形のコスト構造だとすれば、右のグラフの三角形の大きさは

図表7-1　統一価格での利益と価格差異化による利益ポテンシャル

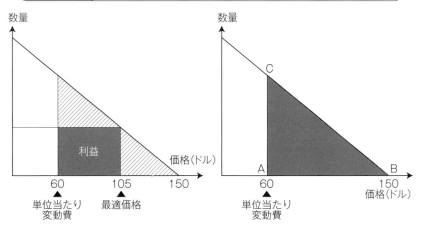

左のグラフの長方形のちょうど2倍だ。非線形の需要曲線ならば，利益ポテンシャル全体と統一価格から得られる利益との違いは2倍前後となる。これは消費者の支払意欲の分布に左右されるが，それでも利益に2倍近くの差が出る。統一価格では利益ポテンシャルのたった半分しか活用できないという，この気づきは印象深い。たとえ最適な統一価格を設定することに成功しても，まだ潜在利益の大きな部分が手つかずのままなのだ。どうしてそうなってしまうのか。その説明は簡単である。

　図表7－1の需要曲線が右下がりなので，105ドルという最適な統一価格以上の支払意欲を持つ顧客が存在する。115ドル支払ってもいいという人や，125ドルでもよしとする人までいる。価格が150ドルに達するまで，誰かしら買い手がいるのだ。それでも統一価格にする場合，もっと払っても構わない人がいるのに，全員に105ドルだけ払ってくださいとお願いすることになる。支払意欲が上回る顧客はおそらくお買い得だと思い，いわゆる消費者余剰（払ってもいい価格と，払わなくてはならない価格との差分）を喜んで自分のポケットに収めるだろう。左のグラフの右下にある斜線の三角形は，より高い支払意欲を持つ顧客から取り込めなかった利益を表している。

　これとは別に，支払意欲が最適価格の105ドルを下回るが，60ドルの単位当たり変動費は上回る潜在顧客もいる。こうした顧客は95ドル，85ドル，ないしは75ドルであれば払ってもいいが，105ドルだと首を縦に振らない。統一価格を105ドルという最適条件で維持すれば，こうした顧客はこの電動工具を購入しないだろう。一方，95ドル，85ドル，もしくは75ドルで製品を提供できれば，こうした顧客も購入するようになり，私たちは35ドル，25ドル，もしくは15ドルの単位当たり貢献利益を獲得する。図表7－1の左のグラフの斜線の三角形は，そこで取り損なった利益を表している。

✛ 長方形の利益から三角形の利益へ

　統一価格にする場合，取り込めていない2つの利益ポテンシャルのどちらの領域を活用するかが重大な問題となる。これはプライシングにおいて最も興味深く，難しいが，儲かる可能性を秘めた問題の1つだ。図表7－1の左のグラフの長方形の

第7章　価格差異化という高度なアート　173

利益から，右のグラフの三角形の利益にどうすれば移行できるだろうか。この問い
に答える前に，1つ重要な指摘をしなくてはならない。普通の状況下では，右のグ
ラフの三角形のポテンシャルを完全に取り込むことは不可能である。それが実現す
るのは，すべての潜在的顧客がそれぞれの上限価格を払った場合に限定される。つ
まり，個々の顧客に各自の上限価格を認めさせ，それを下回る価格は絶対に支払わ
ないように顧客を分離させる必要があるのだ。

　売り手がまさにそれを試みる場面がある。東洋のバザールの商人は支払意欲を最
大限に引き出し，それに沿った価格にするために，潜在的な買い手を質問攻めにす
る。そこで聞くのは，どんな車を運転するか，何をどこで勉強したかなど，どちら
かというと当たり障りのない内容かもしれない。商人の目的は，あらゆる買い手か
ら上限価格を聞き出すことだ。もちろん，こうした努力はいくつかの理由で失敗す
ることもある。たとえば，買い手がはったりをかけたり，買い手同士が情報交換し
たりする場合だ。ある買い手が別の買い手にある商品がいくら安くなったかと暴露
すれば，商人にとって一筋縄では克服できないアンカー価格が設定されてしまう。

　個々人の支払意欲をうまく活用する別のやり方は，競売（オークション）だ。
イーベイのオークションでは，全入札者が上限価格を提示するが，他の入札者はそ
れを見ないメカニズムとなっている。勝者となった入札者は，次に高かった入札価
格をわずかに上回る金額を支払うことになる。この方式はヴィックリー・オーク
ション（封印入札方式）として知られ，入札者が自分の上限価格を示すのに最も適
している[2]。

　三角形の利益に近づけるためには，同一製品に違う価格をつけたり，少しバリ
エーションを持たせたりする必要がある。「長方形の利益から三角形の利益まで」
という文言から，あるポイントが非常に明白になる。それは，差異化価格によって
実現可能となる増加利益は，最適な統一価格になるよう微調整して得られる増加利
益よりも大きいということだ。長方形を三角形と比較すれば，このポイントを簡単
に見える化することができ，理解しやすくなる。

✣ コカ・コーラ1缶はいくらか？

　このたわいもない質問に答えることは，それほど容易ではない。どこで買うかに完全に左右されるからである。図表7－2は，様々な売り場のコカ・コーラ12オンス缶（約355ミリリットル）の価格を示したものだ。

　価格差は極めて大きい。5〜10％どころの話ではなく，400％も違うのだ。最高価格は最低価格の5倍にもなる。価格差があるとわかっていた人でも，それがどのくらいの差であるかはおそらく知らなかったのではないだろうか。

　これほど大きな差になる理由はすぐに理解できる。ホテルのミニバーは独占状態だ。電車に乗ろうと急いでいる人は，価格を比較する時間などなく，駅の売店が唯一の選択肢となる。空港も同様だが，たいてい置いてあるのは20オンス瓶で3ドルもする。空港では何もかもが高い。対照的に，スーパーマーケットやショッピングセンターはたいてい激しい価格競争に遭遇する。

　価格差異化はデリケートな領域だ。日本では，気温によってコカ・コーラの価格を変えるというアイデアが持ち上がった[3]。外が暑いと，コーラを飲むときの効用

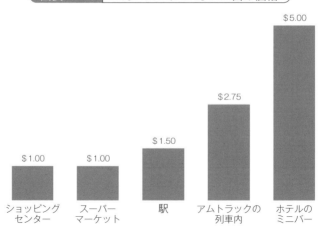

図表7－2　コカ・コーラ12オンス缶の価格

第7章　価格差異化という高度なアート　175

は大きくなる。その分を高く請求することは理屈が通っているようであり，技術的観点でも実施するのは簡単だった。自動販売機に温度計をつけて，気温に応じて価格を調節するようにプログラムするだけでいい。しかし，この計画が公表されると，抗議の声が上がった。消費者はこの種の差異化は不当だと感じたのだ。コカ・コーラは結局，この計画を見送った。

　スペインでは，マーケティング代理店のモメンタム社によって，同じアイデアが逆方向で試みられることとなった。温度が上がると，コーラの価格が下がるようにするのだ[4]。これは最適なやり方と言えるだろうか。答えはイエスだ。寒い日に，消費者が1缶だけなら2.50ドルを払ってもいいと思っているとしよう。たとえ価格を下げたとしても，購入量を増やすことはない。だとすれば，最適価格は2.50ドルであり，1,000人の消費者がいれば，コカ・コーラの売上は2,500ドルとなる。単位当たり原価が50セントで，固定費を無視すれば，利益は2,000ドルだ。次に，暑い日に消費者は最初の1缶に3ドル，2缶目に2ドル，3缶目には1.4ドルを払ってもいいと考えているとしよう。このときの最適価格はいくらだろうか。コカ・コーラは1缶3ドルで1,000缶が売れたならば，売上3,000ドルと利益2,500ドルが得られる。これは，寒い日の利益を上回る。ところで，3ドルは最適価格だろうか。そうではない！　1缶2ドルで2,000缶が売れたならば，売上4,000ドルと利益3,000ドルになる。さらに安い1.40ドルで3,000缶が売れたならば，売上は4,200ドルだが，利益は2,700ドルに減少し，この事例の最適条件である1缶2ドルの場合を下回る。初めに考えたときは直観に反するように思えるが，寒い日よりも暑い日に安くすることは実際に最適なやり方になり得るのだ。この事例は，特定の状況下で消費者の支払意欲を深く理解することがいかに重要であるかを示している。

　もう1例，気温ベースの価格差異化について，ドイツのロープウェイの事例を紹介しよう。天気がよくて見晴らしも良いときには片道20ユーロ，悪天候で視界が悪いとそれほど楽しくないが顧客に乗ってもらいたいので17ユーロとしている。ルフトハンザ航空も目的地や時期を限定して「サンシャイン保険」という天候ベースのサービスを提供している。特定のリゾート地で雨が降れば，200ユーロを上限に1日25ユーロの払い戻しがある。

　極端な価格差異化は決して例外的なものではない。2013年4月1日のルフトハン

ザのフランクフルト発ニューヨーク着のLH400便は最も安いエコノミーチケットが734ドルだったが，ファーストクラスは8,950ドルもした[5]。その差は約12.2倍にもなる。当然ながら，エコノミークラスとファーストクラスとでは道中の経験は異なるが，それでも乗客は同じ飛行機に乗って同じ目的地に同時に到着する。航空輸送という基本サービスはすべての乗客にとって共通なのだ。1907年まで，ドイツの鉄道サービスには4等級あり，当時の価格差は約10倍と，今日の航空機と似ていた。

　コカ・コーラと同様に，流通チャネルによって価格が異なる製品は何百万にものぼる。大量の動きの速い消費財やファッション品が，セール時には標準価格から75％も値引きされることがある。ホテルは需要に応じて価格を変え，カンファレンスの期間中には標準価格の倍になることも多い。航空業界では，すべての席を異なる価格で売るべきだと考えている経営幹部さえいる。電気料金や電話料金は時間帯や曜日で異なる。レストランでも，ランチは安く提供するが，ディナー・メニューでは同じ料理がはるかに高くなる。事前購入や早期予約をすれば，いろいろなものが安くなるのが一般的である。レンタカーの価格は稼働状況だけでなく，ほかの何千もの要因にも左右される。アメリカを旅行するときにアメリカ自動車協会（AAA）や全米退職者協会（AARP）のカードを提示すれば，ホテル，旅行代理店，さらにはアウトレット・ショッピングセンターで割引サービスが受けられる。映画館や劇場ではシニア割引や学生割引を行っている。大量購入できるものはほぼすべて，ボリューム・ディスカウントの対象となるのだ。国際的に見ると，同じ製品の価格に大きな違いがあることがわかる。つまるところ，価格差異化は現代経済ではどこにでもある現象なのだ。価格を差異化しない売り手は多額の利益を取り損なうリスクがある。

✛２つの価格で差をつくる

　したがって，「価格を差異化せよ！」というのが唯一のスローガンなのかもしれない。単独の統一価格の代わりに２つの異なる価格を用いると，**図表７－１**の事例はどうなるだろうか。仮に「はい」か「いいえ」の二者択一の購入決定で，各潜在顧客が１個しか買わない場合，需要曲線は個々人の上限価格を合わせたものになる。前章の**図表６－２**のデータを使うと，電動工具は価格120ドルで60万個，第２の価

第7章　価格差異化という高度なアート　177

図表7-3　2つの価格差異化の効果

価格	統一価格	価格差異化	
		高価格	低価格
価格（ドル）	105	120	90
数量（個）	900,000	600,000	600,000
売上（百万ドル）	94.5	72.0	54.0
変動費（百万ドル）	54.0	36.0	36.0
貢献利益（百万ドル）	40.5	36.0	18.0
固定費（百万ドル）	30.0	30.0	
利益（百万ドル）	10.5	24.0	
利益指数	100	229	

格の90ドルでさらに60万個売れる。**図表7-3**は，統一価格である105ドルの場合と，価格差異化して120ドルと90ドルにした場合にどのような結果になるかを比較したものだ。買い手はその支払意欲に応じて分かれることを想定している。

　105ドルの統一価格の代わりに2つの価格（120ドルと90ドル）を請求すれば，利益を大幅に増やすことができる。上限価格（＝支払意欲）によって潜在顧客を分類する方法を見つければ，上限が120ドル以上の人は全員120ドルを支払い，上限が90ドルから120ドル未満の潜在顧客はすべて90ドルという価格に魅力を感じるだろう。この例では2つの価格なら，利益は統一価格の1,050万ドルから2,400万ドルへと跳ね上がり，129％もの大きな差ができる。

　これを実践しようとするときに，リスクはあるだろうか。もちろんある！　支払意欲120ドル以上の潜在顧客が90ドルで製品を手にする方法を見つけた場合，105ドルの統一価格にするよりも，利益がかなり悪化するだろう。こうした買い手が全員90ドルで購入するという極端なケースでは，120万個売れても，単位当たり貢献利益は30ドルに下がる。3,600万ドルの貢献利益と固定費を引いた純利益600万ドルしか残らないのだ。それは，105ドルの統一価格のときより利益が43％も減少するという惨憺たる結果である。価格差異化に意味が出てくるのは，高い支払意欲の潜在顧客と低い支払意欲の潜在顧客との間に「フェンス」を建設することに成功したときに限られる。効果的なフェンスがなければ，価格差異化は危険な試みとなってしまう。この章では後ほど，フェンス構築の重要な側面について取り上げたい。

✢なぜ１杯目のビールは高い価格にしたほうがいいのか

　消費者が価格次第でほぼ同じ製品を買うことができる場合，価格差異化には異なる課題が出てくる。これは「変動量」のケースだ。のどの渇いたハイカーが遠方の宿に現れたとしよう。限界収穫逓減の法則に沿って，このハイカーが飲む１杯目のビールは２杯目よりも効用が大きい。そして２杯目は３杯目よりも効用が大きい。したがって，ハイカーの支払意欲は１杯目のビールが５ドル，２杯目が４ドル，３杯目が３ドル，４杯目が2.50ドル，５杯目が２ドルとなるかもしれない。それ以上になるとビールを飲んでも追加の効用をもたらさない。６杯目が無料だったとしても，そのハイカーは５杯以上消費しないだろう。

　宿屋の主人の利益が最大になる価格構造はどのようなものだろうか。答えはシンプルで，１杯目は５ドル，２杯目は４ドル，３杯目は３ドル，４杯目は2.50ドル，５杯目は２ドルにすることだ。この種の価格構造は「非線形」と言われる。１杯ごとに統一小売価格がある。上記の非線形の価格構造をとった場合，ハイカーは５杯のビールを飲んで合計16.50ドル，１杯当たり平均3.30ドルを使うことになる。ビール１杯当たりの変動費が50セントだとすれば，貢献利益は14ドルとなる。宿屋の主人はどうして限界効用に基づいた複雑な非線形の価格構造の代わりに，１杯3.30ドルとしないのだろうか。そのほうが物事はずっとシンプルになるのに。

　実は3.30ドルの統一価格にした場合，ハイカーが買うビールは２杯のみとなる（価格が限界効用を下回るからだ）。そうなると売上は6.60ドル，貢献利益は5.60ドルとなり，非線形の価格構造から得られる利益を60％下回る。ではこの場合，利益が最大になる統一価格はいくらだろうか。答えは2.50ドルだ。この価格なら，ハイカーは４杯のビールを買って10ドルを支払う。貢献利益は８ドルだが，非線形の価格構造に沿って価格差異化をしたときよりも，依然として43％少ない。統一価格を３ドルか２ドルにすると，いずれも貢献利益は7.50ドルとやはり少なくなる。

　このケースから，いくつかの重要なインサイトが得られる。適切な価格差異化によって巨大な利益ポテンシャルが解き放たれることが確認された。また，最適な価格差異化の必要条件を見ることで，買い手の支払意欲が詳細につかめる。この種の

第7章　価格差異化という高度なアート　179

価格差異化を実行するのはやや煩雑であるかもしれない。たとえば宿屋の主人は，個々の宿泊客がビールを何杯飲んだかを正確に追っていかなくてはならない。ある顧客が低価格でできるだけ多くのビールを買い，それを仕入れたよりも高い価格で他の顧客に転売するというような裁定取引にも警戒しないといけない。さらに，顧客がそのような価格構造に抵抗する可能性もある。宿屋の主人が各人の支払意欲を100％反映させた価格を設定すれば，その宿でビールを飲んで得られる消費者余剰はゼロとなり，それによって深刻な不満につながる恐れがある。こうした現実的な難しさがあるので，レストランや接客業では，顧客の限界効用によって価格を区別する非線形的な価格システムが定着してこなかったのだと説明ができるのかもしれない。

✢ 映画館の非線形的プライシング

限界収穫逓減の法則は消費財だけでなく，サービスにも当てはまる。ある月に映画館に行く場合，初回のほうが2回目に行くときよりも効用は高い。次に取り上げるのは，3つの顧客セグメントA，B，C向けにサービスを行っているヨーロッパの映画館チェーンの事例で，各セグメントは1回目と2回目と3回目とでは支払意欲が異なっているとしよう。**図表7−4**はそのデータを示したものだ。

最適な統一価格は5.50ユーロだ。この価格であれば，セグメントAの顧客は延べ2,000回，セグメントBは3,000回，セグメントCは4,000回映画館に足を運ぶだろう。

図表7−4　映画館チェーンの非線形的プライシング

入場回数	価格の上限			最適な非線形の価格構造（ユーロ）	延べ回数（千回）	利益（千ユーロ）
	A	B	C			
1	9.00	10.00	12.00	9.00	3	27.00
2	6.00	7.50	10.00	6.00	3	18.00
3	3.50	5.50	8.00	5.50	2	11.00
4	2.00	4.00	6.00	4.00	2	8.00
5	1.10	1.50	3.50	3.50	1	3.50
合計					11	67.50
最適な統一価格				5.50	9	49.50

1カ月間に映画館の入場回数は延べ9,000回となり，利益は4万9,500ユーロとなる。

最適な価格差異化を判断するために，非線形プライシングを用いることにする。最初のステップは，利益が最大になる初回価格を見極めることだ。それは9ユーロであり，全セグメントの顧客が入場し，利益は2万7,000ユーロとなる。価格が10ユーロならば，セグメントBとCの顧客のみが映画に足を運び，利益は2万ユーロに落ちる。12ユーロにすれば，セグメントCの顧客のみとなり，利益はわずか1万2,000ユーロになるだろう。

同じやり方で2回目以降の価格を設定すると，図表7－4の中央の列で示したような非線形の価格構造になる。価格帯には1回目の9ユーロから5回目の3.50ユーロまでの幅がある。「長方形の利益から三角形の利益へ」というスローガンに沿って，統一プライシングと非線形プライシングの間でどのくらい大幅に利益の違いが見られるかを示したのが図表7－5である。

価格差異化（右側）のほうが，統一プライシング（左側）のときよりも，三角形で示した利益ポテンシャルをはるかにうまく活用できる。非線形プライシングの利益は合計6万7,500ユーロであり，統一価格の4万9,500ユーロよりも37.7％多い。入場回数も1カ月9,000回から1万1,000回まで増え，平均チケット価格は統一価格の5.50ユーロに対して6.14ユーロとなる。このように数量と価格を同時に増やすこ

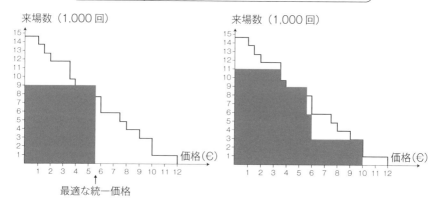

図表7－5　統一プライシングvs非線形プライシング

とは，統一価格と通常の（右下がりの）需要曲線では不可能だ。それはこのような複雑な価格構造を使って初めて実現できることで，2つの小さな三角形の利益にも食い込むことができ，全体的な利益を強く押し上げることになる。この構造をとれば，支払意欲の高い人（5.50ユーロ超）と低い人（5.50ユーロ未満）の両方を引きつける統一価格にしたときよりも，はるかに業績が良くなる。この場合であれば，実施するのも簡単だ。このプログラムに参加した顧客は，自分の名前が書かれたカードを受け取る。その月に入場を重ねるたびに，カードの回数欄に1回目，2回目，3回目とスタンプが押される。ビールの例とは対照的に，このカード・システムであれば裁定取引を防止できる。というのは，映画館側で個々の顧客の実際の利用状況を追跡できるからだ。

✛ 価格バンドリング

　売り手がいくつかの製品を一緒にパッケージにして個別製品の価格を足し合わせた金額よりも安い価格をつける場合，価格バンドリングと呼ばれる。バンドリングは，価格を差異化するうえで非常に効果的な手法だ[6]。単品を1つ買うのではなく，一度に複数の製品を買う場合に，バンドリング割引が適用される。こうしたバンドリングで幅広く知られているのが，マクドナルドのセットメニュー（ハンバーガー，フレンチフライ，ソフトドリンク）やマイクロソフトのオフィススイート，旅行代理店のパックツアー（飛行機，ホテル，レンタカーなどがすべて含まれている）などだ。

　映画産業は「ブロック・ブッキング」として知られる戦術で，価格バンドリングの利用では先駆者となった。配給会社は，映画館に対して映画作品を1本単位では提供しなかった。1本単位にすれば，映画館は一番魅力的な作品のみを選ぶようになるからだ。その代わりに，映画作品を塊にして，通常は魅力的な作品とそれほど魅力的でない作品が混ざった形で提供したのだ[7]。

　どうして価格バンドリングには，それほどメリットがあるのだろうか。ワインとチーズというシンプルな例を使って答えてみよう。**図表7-6**は，両方の製品に対する5人の消費者の上限価格（支払意欲）を示したものだ。ワインとチーズをセッ

顧客	上限価格（ドル）		
	ワイン	チーズ	ワインとチーズのセット
1	1.00	6.00	7.00
2	5.00	2.00	7.00
3	4.00	5.00	9.00
4	2.50	3.00	5.50
5	1.80	2.40	4.20

図表7－6　ワインとチーズ，セットにしたときの上限価格

トにしたときの上限価格は，各顧客の個別製品の上限価格を足し合わせたものに等しいと仮定しよう。

　ワイン，チーズ，それらのセットについて，利益が最大化する価格はいくらだろうか。単位当たり変動費はゼロとしよう。そうすれば，基本的な設定を変えずに，楽に計算することができる。チーズ単品の最適価格は5ドルで，この価格なら消費者1と3が購入し，利益（この場合，売上とイコール）は10ドルになる。チーズを3ドルにすると，3人の消費者が購入するが，利益わずか9ドルだ。ワインの最適価格は4ドルで，消費者2と3が購入し，利益は（＝売上）は8ドルだ。全体で見ると，ワインとチーズについてそれぞれ利益を最適化する価格で売った場合，合計の利益は18ドルとなる。

　バンドリングにした場合，18ドルを超える儲けを出すことは可能だろうか。答えはイエスだ。ワインとチーズのセットを5.50ドルで売り出せば，消費者1から4までが購入する。その価格でセット商品を買わないのは消費者5のみとなる。セットにしたときの利益は22ドルだ。この例では，サプライヤーはそのセットのみを提供し，買い手はワインもチーズも単品で買うことができないという，いわゆる純粋なバンドリングを想定している。この場合，サプライヤーが単品価格を合計した金額よりも39％安いセット割引を提供しても，利益は22.2％増加する。どうしてこんなことが可能なのだろうか。

　その答えは，バンドリングのほうが個々の価格よりも，消費者の上限価格をうまく活用できる事実にある。個別に価格を請求すると，利益ポテンシャルの上限も下限も放棄することになるのだ。消費者1はチーズに6ドル払うところを，5ドル払うだけでいい。同じことは消費者2とワインにも当てはまる。支払意欲の低い消費

者は，ワインの価格が4ドル，チーズが5ドルのときには買わない。しかし，セットで提供すれば，ある製品の支払意欲を超える部分が他の製品に移転される。消費者1はワインの上限価格は非常に低いが，チーズの上限価格は高いので，両方の製品を買うことになる。消費者2と消費者4も同様だ。この支払意欲の超過分について別の解釈をすると，セット商品に対する支払意欲のレベルは，個々の製品の支払意欲のレベルほど大きな差がない，ということになる。単品の支払意欲が高かったり，低かったりしても，ある程度まで互いに調整するのだ。したがって，バンドリングのレベルで購入者と非購入者のセグメンテーションがしやすくなる。

18ドルから22ドルへ利益が増えれば，大きな改善である。しかし，買い手がセット商品と単品のどちらでも買える「混合バンドリング」にすれば，利益状況はさらに向上する。先の例で，混合バンドリング時の最適価格は，セット商品が5.50ドル，ワイン単品が4ドル，チーズ単品が2.40ドルだ。消費者1から4は依然としてセット商品を買い，消費者5はチーズを買う。そうすると，合計利益は24.40ドルに増える。単品価格の合計に対するセット割引は39％なのに，混合バンドリングを用いれば，利益は35.6％へと急増する。

✛オプションのアクセサリーの価格バンドリング

自動車メーカーは，オプションのアクセサリーをすべて追加価格で提供している。個人客にとって自分でオプションのパッケージをまとめるのは面倒な作業だ。また，各オプションの単品価格の合計金額を見たら，いささかショックを受けることにもなりかねない。これは，メーカー側にも負担となりうる。極端なカスタマイズとなると，調達コストが高くつくからだ。サイモン・クチャー＆パートナースは，ある高級車メーカーからオプションのアクセサリーの最適なパッケージ開発とその価格の設定を依頼された。私たちは3つのパッケージ案（快適さ，スポーティーさ，安全性）を提示した。**図表7-7**は，その結果として得られる利益を示したものだ。

バンドリング割引が21％であるにもかかわらず，単品としてオプションのアクセサリーを売るときよりも，利益は25％増加した。この例も混合バンドリングを用いており，アクセサリーはパッケージでも単品でも買うことができる。パッケージか

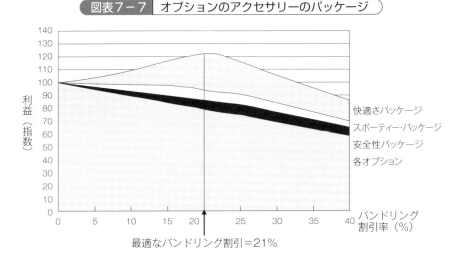

図表7-7　オプションのアクセサリーのパッケージ

ら得られる売上の増分で，バンドリング割引のコストは相殺されてかなりのおつりも来る。この自動車メーカーは，混合バンドリングのメリットをほかにも見つけた。パッケージは単品よりも広告宣伝や販売がしやすいことがわかったのだ。オプションのパッケージで高度に標準化されたことで，内部調達のコストや複雑さが軽減された。賢い価格構造を用いると，このような高い利益が可能になることは，この事例からも非常に明らかである。

✚ アンバンドリング

　上記のように，目覚ましい利益改善が実現するにもかかわらず，価格バンドリングは常に優れていると大々的に宣言することはできない。実際に，構成要素にバラバラにしてバンドリングを取り除く「アンバンドリング」のほうが多くの利益をもたらす場合もある。同じく，純粋なバンドリングと混合バンドリングのどちらが高利益につながるかについても，決定的な答えはない。最適な解決策は常に顧客の支払意欲の分布に左右されるのだ。

　次の状況であれば，アンバンドリングを検討することをお勧めしたい。

第7章　価格差異化という高度なアート　185

○さらに高利益率が見込まれる場合：単品の価格弾力性が比較的低いときには，こうした機会が存在する。バンドリング価格が時間とともに変化し，最終的に非常に高くなったときに，こうした状況になる。

○**市場を拡大させる場合**：構成要素を単品で売ると，新しい市場や市場セグメントを開拓できることがある。

○**標準化と互換性が増している場合**：構成要素の標準化が進み，互換性が高まるほど，顧客がそれぞれ独自にパッケージ化できるようになるので，純粋なバンドリングを追求することの危険性が高まる。サプライヤーはジレンマに直面する。（純粋なバンドリングを用いて）そうした競争と一線を画すのか，それとも，アンバンドリングで市場を拡大するのか。そのいずれも可能だ。製品ライフサイクルの中で市場の成熟化に伴い，アンバンドリングの方へとますます比重が傾いていく。

○**バリューチェーンが変化している場合**：多くの産業で，かつて製品の価格に含まれていた付加価値サービスを分けて請求するトレンドが顕著になっている。

　アンバンドリングの有名な例であり，現在進行中のトレンドが，航空券の価格に加えて，手荷物料金など追加料金を課金するというものだ。これはライアンエアーが先駆けとなった。興味深い事例が，自動車のBMW7シリーズのナビゲーション・システムだ。7シリーズの第1世代は追加料金なしで，システムにテレビ機能が内蔵されていたが，第2世代以降，テレビは別料金となっている[8]。

✢マルチパーソン・プライシング

　マルチパーソン・プライシングは，グループ向けの価格を設定することだ。トータルの価格は人数によって変わる。旅行代理店は，配偶者や子どもの分が割引価格や無料になるサービスを提供している。航空会社はたまに2人目のゲストや配偶者について半額や無料にすることがある。いくつかのレストランでは，1人が全額払うと1皿当たり半額になったりする。現在はデルタ航空の傘下にあるノースウエス

ト航空はかつて，特別なオリジナルのマルチパーソン・プライシングを行ったことがある。それは，子ども1人が全額を払うと，大人1人が無料で利用できるというものだったが，非常に人気を博した。

マルチパーソン・プライシングで利益が増えるのは，価格バンドリングと同じように，2つの効果が働くからだ。異質なグループの消費者余剰をうまく活用できるうえ，1人の支払意欲の超過分を別の人に移転するのだ。以下に挙げる例は，こうした効果を示している。話を簡単にするために，固定費も限界費用もゼロと仮定しよう。

ある家庭で妻が夫の出張に同行しようと考えていた。支払意欲の上限は夫が1,000ドル，妻が750ドルだ。飛行機の統一価格が1,000ドルの場合，夫のみが行くことになり，航空会社の利益は1,000ドルとなる。統一価格を750ドルにすれば，2人とも利用する。利益は1,500ドル（750ドル×2人分）に高まるので，750ドルが最適な統一価格となる。しかし，これはもっと増やすことが可能だ。航空会社はマルチパーソン・バンドリングを用いて夫婦で合計1,750ドルという価格を設定すれば，この例では簡略化しているので，この金額がそのまま利益となる。最適な統一価格と比べると，利益は16.7％増える。マルチパーソン・プライシングは，各個人の上限価格を利用して，より高い利益を実現しようとするのだ。

なお，もっと大きい割引を要求する目的で消費者自身が需要を取りまとめる場合があるが，これはマルチパーソン・プライシングに該当しない。そうしたやり方は，暖房用の灯油を買うときによく見られる。個人が低価格を引き出せるように需要をまとめるのを支援するウェブサイトもある。しかし一般的にこの方法はそれほど幅広く行われていない。

✣ 要注意：多く買うほど安くなる？

最も一般的なボリューム志向の価格差異化は，ボリューム・ディスカウントだ。誰かが購入量を増やすほど，割引が大きくなる。顧客からすれば単価が安くなるのだ。この「普遍的法則」は誰もが知っていて，当然のことだと思っている。しかし，

第7章　価格差異化という高度なアート　187

図表7-8　2タイプのボリューム割引

割引率	適用	フルボリューム式		インクリメンタル式	
		売上	平均価格	売上	平均価格
0%	99個まで				
10%	100個から	$9,000	$90	$9,000	$90
20%	200個から	$16,000	$80	$17,000	$85
30%	300個から	$21,000	$70	$24,000	$80

ボリューム割引でさえ，悪魔は細部に宿る。どのようにボリューム割引が組み立てられているかによって，結果は変わってくるのだ。

　ボリューム割引には基本的に2つの形式がある。フルボリューム式とインクリメンタル式だ。フルボリューム式では，購入量全体に割引率が適用される。インクリメンタル式は，全体ではなく追加分にのみ割引率が適用される。こうした違いは人畜無害のように聞こえるかもしれないが，極めて強力だ。再び先の電動工具の例を使って，数字でその効果を見ていこう（図表7-8を参照）。表示価格は100ドル，単位当たり変動費は60ドル。わかりやすくするために，固定費はゼロとする。99個までは割引ゼロ，101個以上で10%，201個以上で20%，301個以上で30%の割引が適用される。

　フルボリューム式で300個を売れば（300個すべてに割引率が適用される），売上は2万1,000ドル，利益は3,000ドルになる。しかし，インクリメンタル式を選べば（300個のうち100個ごとに割引率が変わる），売上は2万4,000ドル（14.3%増），利益は6,000ドル（100%増）となる。割引構造の違いは些細に見えても，実際には利益が2倍になる。売り手はなるべくインクリメンタル式の割引を選ぶべきなのだ。買い手に対するアドバイスはその逆で，フルボリューム式を要求したほうがいい。言い換えると，買い手と売り手はどちらも，適用される割引率だけでなく，割引構造にも注意を向ける必要がある。

✦差異化か差別化か

　一般的な価格差異化は対象者別に行われ，同じ製品であっても人それぞれ支払う価格が異なる。これは差別ではないだろうか。「価格差別化（price discrimination）」

という言葉はしばしば「価格差異化 (price differentiation)」と同義で用いられる。実際には，対象者別の価格差異化はデリケートなテーマだ。あなたの友人が同じ売り手から同じ製品をあなたよりも25%安く買ったと知れば，いい気分はしない。アマゾンは，個人のプロファイルや利用しているブラウザによってDVDの価格を変えているという情報がリークされて，非常に否定的なパブリシティに苦しめられた。大衆の抗議があまりにも激しかったため，アマゾンはこのやり方を改めて，買い手に払い戻しをした[9]。

　この種の個人別やユーザー別の価格差異化を実行する機会や，実際にそうした行動をとりたくなる誘惑は，インターネットの利用が増えるにつれて増幅している。ある研究では，アップルのMacユーザーと別のPCユーザーとの間で，ホテルを予約するという行動に有意差があったという[10]。Macユーザーは1泊につき平均で20～30ドル高い価格を支払っていた。オンライン予約のホテル宿泊料の平均価格が100ドルだとすれば，そこで大きな差が生まれる。Macユーザーは4つ星ホテルと5つ星ホテルの予約件数が40%多かった。このような発見は，ユーザーによってサービスや価格を変更するうえで強力な事例となる。しかし，アマゾンが経験したように，売り手がこうした発見を使う際には慎重にならなくてはいけない。

　次に紹介するのは，対象者別の価格差異化だが，これが標準形になるかどうかはまだ定かではない。南太平洋上の島国，サモアは肥満率が世界3位となっている。そこで，サモア航空は乗客の体重に基づいた課金を導入し，サモアから米領サモアまでの航空運賃は1キログラム当たり92セントとなっている。当初，抗議が殺到したが，同社CEOのクリス・ラングトンはこのプランを堅持している。「これは重量制料金で，ここでは定着しています」と彼は言う[11]。この料金体系の理屈はこうだ。乗客の体重は航空会社にとってコスト・ドライバーとなる。貨物の航空輸送は重量で課金されるのに，なぜ人間の輸送はそうでないのか。サモア航空はとにかく「1キロは1キロであって1キロなのだ」というスローガンを使い，「最も公平な航空運賃の課金方法」としてこの価格戦略を続けている[12]。一部のアメリカの航空会社は，満席時に超肥満体の顧客に対して2席分のチケット購入を求め始めた。私は個人的には，これが権利の侵害に当たるとは思っていない。このアプローチが社会的に承認されることはまた別の問題であるが，先のことは誰にもわからない。

その一方で，メインストリームとして受容されている対象者別の価格差異化スキームもいろいろとある。その中には，子ども，学生，退役軍人，高齢者を対象とした諸々の割引が含まれる。特定の組織やクラブに所属する人たちが特別価格や割引を受けることに，目くじらを立てる人はいないようだ。買い手は批判的に見ているが，売り手にとって興味深いのが，購買力や価格感度などの基準に沿って価格を差異化することに成功している試みだ。とはいえ，買い手と売り手が個別に価格交渉するときは常に，まさにそれを目指すことになる。表示価格は個々の価格差異化の出発点にすぎない。誰かが車を購入するときに，どのくらい支払意欲を引き出せるかは，営業担当者の腕にかかっているのだ。

対象者別の価格差異化は，人によって異なるコストやリスクを反映させることもできる。イタリアの銀行，ウニクレディト・バンカの貸付金利は，融資対象者の過去の信用履歴と言動で決まる。ロイヤルティが高く，速やかに支払ってくれる人にはメリットとして低金利にしている。同行は1年目から3年目に，基準金利を超えて100ベーシス・ポイントのスプレッド（上乗せ金利）を請求する。顧客が期日を守って支払えば，毎年10ベーシス・ポイントずつスプレッドが縮小されていく（最低70ベーシス・ポイントまで）。50万ドルの住宅ローンであれば，これは年間1,500ドルの貯金という意味になり得る。

オンラインでは伝統的世界よりも，対象者別の価格差異化が多面的に試みられている。EC（電子商取引）サプライヤーは，すべての個々の取引から顧客について多くを学び，極端なケースでは個人レベルで価格を変えることもできる。オンライン企業はピークとオフピークのプライシングを使い，夜間は日中よりも高く請求すると言われてきた。こうした時間ベースの差異化（実際には対象者別の価格差異化の1形態）には正当な理由がある。日中は価格に敏感な十代の若者や大学生がオンラインを使う可能性が高い。大人は昼間に仕事をしている可能性が高いが，購買力は大きく価格感度が低い傾向があり，夜間にオンラインで注文することが多いという傾向も見られる。昼は価格を安くし，夜は高くするのは，まったくもって合理的ではないだろうか。

私は先頃，ザランドのサイトで靴を注文した。それ以来，私が参照する第三者のウェブ・ページにはいつも，何かしら靴の広告が出てくるように思えてならない。

ザランドをはじめとする企業は自社広告を他のウェブサイトに載せて，直接的に私をターゲットにすることができるのだ。広告でそれが可能ならば，価格でも可能だ。個人客の支払意欲について確かな情報があるならば，これは長方形の利益から三角形の利益に移る1つの方法となる。大量の個人ベースの取引データを分析する「ビッグデータ」は，対象者別の価格差異化において，またとない新たな機会の幕開けとなっている。ここで興味深い問題は，売り手に高度な価格感度を伝えるために，消費者は時折，格安商品を注文すべきかどうかだ。そうすれば，特売や魅力的な価格の広告が表示されるきっかけとなり得る——新手のいたちごっこである。

　対象者別の価格差異化を実施するには少し努力を要する。潜在顧客が有資格者（学生証，出生証明書など）であるか，顧客に特別なカード（アメリカのホールセールクラブBJ'sのカード，アメリカ自動車協会のAAAカード，小売業者の専用カードなど）を支給していることを確認しなくてはならない[13]。オンライン企業は顧客の個々の取引を保存して分析する必要がある。銀行や保険会社は昔からあらゆる顧客の取引データを収集してきたが，企業は一般的にこうしたデータを活用して個々のクライアントに提案をカスタマイズする分析能力を持っていなかった。

　それと関連する問題として，企業はどのくらい個人客の言動に本当の意味で影響を及ぼせるのだろうか。私は個人的にアマゾンで本を何百冊も注文してきたが，アマゾンからのレコメンデーションを見て本を購入したことは一度もない。私の場合，アマゾンがどんな分析作業をしようとも無駄だった。ザランドの執拗な靴の広告はといえば，もう1足購入しようと思うよりも，うんざりさせられた。だからと言って，私はこうしたやり方が無効だと言っているのではない。しかしながら，もっと改善の必要があると強く思ってもいる。1つの問題は，データとアルゴリズムでは，根底にある行動ドライバーが明らかにならないことだ。これは価格面では特にチャレンジングとなる。というのは，オンラインの売り手は顧客がいくら払ったかという価格情報しか知らないが，（たとえば，テストから得られた）追加情報なくして顧客の価格感度を確認することはできないからである。

✛ 価格と場所

　歴史的に，昔ながらのブランド品はどこで購入しようと，同一価格だった。メーカーは全国のあらゆる小売業者に，小売価格やエンドユーザー価格を指示する権利を持っていた。1960年代や70年代になると，ほとんどの国でこのやり方に終止符が打たれた。それ以降は，特定の製品のみがいわゆる再販価格維持の対象となった。こうした規制は国ごとに異なっており，大半の製品は小売業者が自由に価格を設定できる。その結果，地域別やチャネル別に価格差が生じるようになった。以前のメーカー指定価格と違って，新しい価格は購買力の差（ニューヨーク市では地方の町に比べて，価格が高いものもあれば，低いものもある）や，競争の激しさやコストの違い（ガソリンスタンドが精油所から遠く離れるほど，また，競争が少なくなるほど，ガソリン代は高くなる）も反映している。

　独占禁止法では一般的に，メーカーが小売価格に影響力を行使することを禁じているが，2007年の米国最高裁判所の判決は，長年にわたってシャーマン法（訳注：アメリカの反トラスト法の中心的な法律の1つ。日本の独占禁止法に当たる）の支柱となってきた概念を覆した[14]。リージン・クリエイティブ・レザー・プロダクツとPSKSの訴訟で，垂直的な価格制限そのものは違法というよりも，合理の原則の対象だとする判決を下した。つまり，特定の状況下では，サプライヤーが最低小売価格の条件を設けたり，過度に低価格にしている小売業者から製品を引き上げたりすることが正当化されるというのだ。メーカー側が小売価格に対して影響力を持とうとするようになるため，ヨーロッパでは激しい議論が続いている。

　価格は国によって大きく異なる可能性がある。その一部は，組織特性や税制，流通システムの違いに起因している。ルクセンブルクでは，ガソリン価格がドイツよりも約20％低く，ドイツとの国境線沿いは世界最大のガソリンスタンド集積地となっている。価格に敏感な顧客の中には，50マイル離れた場所から自動車のガソリンタンクや携帯用タンクに給油するためにやって来る人もいる。ルクセンブルクでは，タバコやコーヒーも非常に安く，ガソリンを求めて来た人の多くはこうした製品も購入する。そのことがやや不条理な想定外の結果をもたらした可能性がある。ドイツのトリーア（ルクセンブルクとの国境沿いの町）の肺がん発症率はドイツ国

内の他の地域よりもかなり高いのだ。これまでのところ，その原因を特定した人は
いないが，ルクセンブルクのタバコの価格が安いため，トリーア地域の喫煙率が高
くなっているのが原因だとする説がある。2011年にユーロがスイスフランに対して
大暴落すると，熱心なスイスの消費者が実際にドイツ南部にどっと押し寄せた。な
ぜなら，同地の物価をスイスフランに換算すると，スイスよりもはるかに安かった
からだ[15]。

　地域的／国際的な価格差異化における最大のメリットは，効果的なフェンスを築
けることだ。家から約50マイル離れた場所にある店で，ある製品がほんの少し安
かったとしても，それを買うためにわざわざ車で行く人はいない。その一方で，こ
れまで詳しく見てきた通り，人は必ずしも合理的な行動をとるわけではない。特に，
25～50マイルを運転するときの全コスト（時間とお金）を考えれば，ルクセンブル
クにガソリンを買いに行くことは本当にお金の節約になるのだろうか。人はトータル
の購買コストよりも，目の前の「自腹を切る」分のコスト削減のみを見てしまう
ことが多い。

　距離に関する不合理な行動を明らかにした研究がある。それはジャケットとウイ
ンドブレーカーを使った実験だ。Aグループの被験者は，125ドルのジャケットを
見た後で，まったく同じジャケットが同系列チェーン店で５ドル安く買えることを
知らされるが，その店に行くには車で20分かかる。Bグループは15ドルのウインド
ブレーカーを見た後，車で20分のところにある系列店で同じウインドブレーカーが
10ドルで買えることを知らされる。どちらの場合も，倹約できる絶対額は５ドルだ。
Bグループの約68％の人が20分かけて安価な商品を買おうと考えたが，Aグループ
では29％に留まった[16]。明らかに，価格125ドルに対して５ドルの倹約ではわざわ
ざ買いに行く価値はないが，価格15ドルに対して５ドルの倹約となれば話は変わっ
てくる。これについては別の解釈もできる。距離の効用（この場合は負の効用）は
絶対的ではなく相対的なものだ，と。これは，地域的な価格差異化と顧客を隔てる
フェンスの構築において示唆に富んでいる。

　国別の価格差というフェンスの構築は特に効果的だ。しかし，ここでもやはり例
外がある。価格差が大きく，同時に（輸送，関税，役所の手続き，製品の現地適合
化などの）裁定取引コストが低い場合，国境を越えてメーカー側が許可していない

製品を流す，いわゆるグレーマーケット商品（並行輸入品）が見られるようになるのだ。医薬品では並行輸入品が主要な役割を果たしている。コールファーマは2012年に他のEU諸国からドイツへの並行輸入品で7億6,000万ドルの売上を上げた。国際的な価格差は自動車市場でもかなり大きい。大陸全域で価格が均一ならば，ヨーロッパの自動車産業の利益は25％減少すると推定されている。言い換えると，ヨーロッパの自動車メーカーの利益の4分の1は国際的な価格差異化からもたらされているのだ。しかし，自動車は入手しにくく（メーカー側は各国の供給台数をコントロールしている），裁定取引コストはむしろ高くなるので，同市場で並行輸入品は主要な役割を果たしていない。

　欧州共同市場が誕生した時，EU全体で統一価格を導入しようとする企業が多かった。それは戦略としてシンプルだが，決して賢いものとは言えない。そうした企業は，国別の価格差異化がもたらす利益ポテンシャルをふいにした。南北間の購買力の差が広がったことで，南欧諸国が深刻な危機に陥り，EU統一価格は徐々に意味を為さなくなったとする見方まである。その一方で，グレーマーケット製品の輸入によって大きな市場混乱が起こりかねないため，各国間の価格差がひとたび広がれば，そのまま維持するのは不可能だ。その解決策は譲歩するしかない。その目的で，サイモン・クチャー＆パートナースは，最適な国際価格の通り道をつくる「インタープライス・モデル」を開発した。このモデルは，市場の違いをうまく活用しながら，並行輸入品を許容レベルに維持していく[17]。

✢ 価格と時間

　古いラテン語の諺に「Tempora mutantur, nos et mutamur in illis.（時勢は変わり，それとともに我々も変わる）」とあるが，これをもじって「Tempora mutantur et pretii mutantur in illis.（時勢は変わり，それとともに価格も変わる」と言うことができそうだ。時間ベースの価格差異化は，長方形の利益から三角形の利益に移行するために，最も重要でかつ幅広く用いられる手法の1つだ。時間帯や曜日別，シーズン価格，事前予約割引，直前価格，冬と夏の在庫一掃セール，ブラックフライデー（アメリカの感謝祭の翌日の金曜日。クリスマス商戦に向けて小売店が一斉にセールを開始する），発売記念セールなど，そのバリエーションは尽きない。お

まけに，時間に伴う需給の変化に応じて価格を調節する「ダイナミック・プライシング」の役割も果たす。

　その時々で個人の支払意欲のレベルは異なるという事実は，これまで取り上げてきた他の形態と同じく，時間ベースの価格差異化の成功を背後で支えるドライバーとなっている。休暇や見本市の間，他の時よりもホテルの宿泊に対する支払意欲は高まる。こうした状況で価格を引き上げられなければ，それは売り手の怠慢だろう。この考え方と密接に関係するのが，需給バランスだ。電気料金に適用される伝統的なピークロード・プライシング（電力使用のピーク時に高くオフピーク時に安くするという需要量に応じた課金方式）は，まさにこの種のバランスを追求する手法である。ダイナミック・プライシングで打ち出される目標もそれと同じだが，単に需給コントロールだけでなく，利益を増加させる試みも組み込まれている。

　ダイナミック・プライシングの良い例が駐車場だ。この場合の「ダイナミック」とは，駐車場に時間当たり料金を設定しないという意味で，利用状況によって価格を常時変えていく。このアプローチは世界中の駐車場で行われているが，ロンドンのヒースロー空港の駐車場にも導入されている。価格を調整し，相応の支払意欲を持った顧客が常に駐車場を見つけられるようにするのだ。私は駐車場を見つけられずに，飛行機に乗りそこなった経験が２回ある。どちらも私の支払意欲は極めて高かったが，一律料金の駐車場だったため，２つのことが起こった。駐車場は満車状態となった。そして，はるかに多く稼げる機会も逸したのだ。ダイナミック・プライシングを採用していれば，駐車場の運営会社と私はどちらもその恩恵に与っていただろう。

　しかし，時間ベースの価格差異化をやりすぎてしまう例も珍しくない。私の故郷の町の中心部にある駐車場は数百台を収容できるが，平日は１時間2.50ユーロ（3.25ドル），日曜日はたったの１ユーロ（1.30ドル）になる。それでも日曜日はほとんど空いている。どこに問題があるのだろうか。駐車場の運営会社は，需要が少ないことを価格弾力性の違いだと勘違いしたのだ。平日の１時間3.25ドルという価格が高すぎるから，日曜日に駐車場がガラガラになるのではない。日曜日に車で街中に来る人がひどく少ないから，空いているのだ。1.30ドルに値下げしても，需要を増やす効果はなく，運営会社はただお金を配っていることになる。

サイモン・クチャー＆パートナースはイギリスの大手映画館チェーンのプロジェクトで，同じような間違いを犯していることを発見した。同チェーンは特定の平日の特定時間に25％の割引を行っていたが，それに応じた需要の伸びは見られなかったのだ。私たちは，同チェーンがもっと需要の大きな期間に高い利益を上げられるような価格構造を開発した。週1日のみ，いわゆる「映画の日」割引を設けたのだが，大胆な割引をしたので，映画館は実際に満席となった。この新しい構造は，幅広く展開する前に，いくつかの場所でテスト運用してみた。予想した通り，全体の来場者数はわずかに減少したが，利益は大きく増大した。

この駐車場と映画館チェーンの例からどんなことが学べるだろうか。最適なダイナミック・プライシングは，需要レベルそのものが関係するのではなく，異なる時間における異なる価格に顧客がどう反応するか，つまり，価格弾力性の話である。それを知らない限り，あなたは厄介事に首を突っ込んでいるだけなのだ。

✢鮮度が落ちる商品

鮮度が落ちてしまう商品は，時間ベースの価格差異化にとって扱いにくいチャレンジとなる。パン屋や果物屋は閉店時間前に，どのような値付けをすべきだろうか。今日中に商品を売り切らなければ，価値はなくなってしまう。古い日付のパンや，腐りかけの果物や野菜を買いたい人などいない。しかし「鮮度の落ちる商品」には，ホテルの部屋，飛行機の座席，旅行ツアーの定員なども含まれる。飛行機の空席は，航空会社の売上と利益を圧迫するのだ。

ここでのコストは「サンクコスト（埋没費用）」であり，もはや「土壇場の」価格決定に影響を及ぼすことはない。短期的な解決策は明白だ。ゼロを上回る価格にするほうが，商品を腐らせたり，空席のままにしておくよりもまだ悪くはない。これはつまり，売り手は満席状態や陳列棚を空にするために，非常に魅力的な「直前」特価を提供すべきということだ。

しかし，この戦術には落とし穴がある。直前特価が常態化すれば，顧客はそれを学んで，バーゲン価格を利用しようと，間際になってから買い物をするようになる。

ある主婦の話では，閉店時間の少し前に値引きするパン屋でたいていパンを買っているという。標準価格と直前特価の間のフェンスが崩れ，標準価格での売上を侵食してしまうのだ。予想可能なパターンの直前特価を設定するよりも，むしろ商品を腐らせたり，空席のままにしておく企業が多い理由はまさにそこにある。もちろん個々のケースにおいて，商品を「腐らせて」潜在的売上を失うことと，より高い価格での売上を守ることという，2つの矛盾する影響を定量化し，互いに比較検討するのは難しい。しかし私の経験上，多くの場合において直前特価の実施は避けたほうが賢明である。

　ピークとオフピークのプライシングの可能性は多くの場合，非対称的だ。値下げを活用して，電力需要の低い時間帯に洗濯機や食洗機を使うように促すことができる。また，高い価格にして，ピーク時の需要を抑えることもできる。しかし，レストランや鉄道の需要になると，状況が異なってくる。たとえレストランや鉄道が月曜の夕方に低価格を設定しても，満員状態にはならないだろう。その一方で，ピーク期間には高くする機会がある。ただし，消費者はしばしばこうした「便乗値上げ」に対して否定的な反応を示すので，これはデリケートな問題となる。

✦ダイナミック・プライシングの特許

　ダイナミック・プライシングの領域におけるリーダーシップをかけた戦いがどんな様相になるかを示すのが，グーグルの事例だ。同社は2011年9月30日にダイナミック・プライシングの特許を出願した[18]。その概要として「電子コンテンツの購入と関連づけて基準価格を調整したり，特定ユーザーが調節価格でそれを再販売できるようにする（中略）ダイナミック・プライシングの電子コンテンツ用コンピュータ・プログラムなどのメソッド，システム，装置」という言及がある。グーグルは，時間ベースの価格差異化の手法で特許が取れると感じ，その権利を確保したいと思っているのだ。

　ダイナミック・プライシングの限界はどこにあるのだろうか。一部には，オンラインでのダイナミック・プライシングの手法にまったく疎い企業もあるようだ。価格変更が最も頻繁に行われるのは家電，衣類，靴，宝飾品であり，1時間のうちに

第7章　価格差異化という高度なアート　197

数回変わることも珍しくない。ECの世界では毎日何百万回も価格が変わるが，これはかつて航空会社にしか見られなかった現象だ。ECが主として目指すのは，検索エンジンで最初に自社サイトが表示されることだ[19]。価格変更（通常は値下げ）に主に頼った施策の場合，利益を食いつぶす道楽と化し，価格をさらに押し下げる行動パターンを助長しかねない。それは，得をするのは買い手だけという古典的なゲーム理論のジレンマにほかならない。企業がダイナミック・プライシングにおけるリーダーシップや，検索エンジンでトップに表示されることをめぐって，企業間でどのような戦いが見られるのかは現時点ではまだわからない。

✛ジャグリング能力と価格

　多くの企業が「レベニュー・マネジメント」や「イールド・マネジメント」と呼ぶもの（いずれも収益管理の意）は，特に複雑な形態の時間ベースの価格差異化だ。航空会社は特に力を入れ，高度な専門技術を使って取り組んでいる。モデル，データ分析，予測技術が重要な役割を果たす。目標は収益を最大化し，すべての運航便を黒字にすることであり，それを達成するために，航空会社は製品と価格政策を組み合わせていく。その一例が，仕切りを前後に動かしてビジネスクラスの席数を増減させる方法だ。需要予測を行い，キャパシティ（収容能力）に基づいて一定数の席にそれぞれ値付けしていく。これにより，航空会社は実際の予約状況に応じて，値付けとキャパシティの組合せを継続的に調節できる。その結果として，私たちの多くが目にしてきた現象——時には得をしたと感じ，時には悔しい思いをしてきた現象が起こる。つまり，ある時点では59ドルで予約できたのに，30分後にまったく同じ便が99ドルになったりするのだ。このときレベニュー・マネジメント担当マネジャーは，ある席を今59ドルで売り出すか，調節モデルと予測に基づいて後から誰かが99ドルで買ってくれることを願いながら席を売らずに取っておくか，というような意思決定をしなくてはならない。席を売らずに取っておく場合，マネジャーはその席が売れ残るリスクをとることになる。

　航空会社，ホテル・チェーン，レンタカー・サービス，それに類するビジネスはすべて何らかの形でレベニュー・マネジメントを行っている。それによって，キャパシティと利用状況をうまく管理することができる。しかし，これは必ずしも完璧

図表7-9 価格と空室状況			
価格（ドル）	100	110	110
空室	13	50	200
埋まった部屋	1,587	1,550	1,400
売上（ドル）	158,700	170,050	154,000

な解決策とは限らない。私がかつて，シカゴのダウンタウンのランドマークである
ヒルトンホテルのレベニュー・マネジメント担当マネジャーと交わした会話からも，
そのことがわかるだろう。

「シカゴ中のホテルが満室なのに，当ホテルでは今晩，全1,600室中13室が空いて
います。13室は多すぎますよ」と，そのマネジャーは述べた。
「本当にそう思いますか。おそらく平均宿泊料を100ドルから110ドルに上げて，
空室が50室になったほうがよかったのでは」と，私は指摘した。**図表7-9**はその
晩に取ることのできた2つの選択肢を比較したものだ。

平均価格110ドルで50室が売れ残ったとしても，それなりに売上は増加しただろ
う。このシンプルな例から，レベニュー・マネジメントの中心的な問題が明らかに
なる。売れ残ったキャパシティは値下げ圧力を加える「ハード」データだ。その夜
に引き出せなかった宿泊客の支払意欲は，高度な不確実性を伴う「ソフト」データ
だ。ヒルトン・シカゴのマネジャーは，100ドルで13室が空いていれば，目先の売
上で1,300ドルを意味することを「確かに」知っていた。しかし，1,550人の宿泊客
がさらに10ドルを喜んで払ったかどうか，他のホテルで予約してしまう客がわずか
37人に留まるかどうかはわからなかった。もしも高めの価格を払ってくれるのが
1,400人の宿泊客だけなら，**図表7-9**にあるように，売上は15万4,000ドルに落ち
てしまう。レベニュー・マネジメントは，このような不確実性の中で望ましい結果
を達成するうえでとりうる最良の方法だ。うまく予測できるほど，利益への貢献度
が高まる。

✛ 価格と希少性

品薄の期間や非常時のプライシングは非常にデリケートな問題となる。ハリケー

ン・サンディの例がわかりやすい。2012年秋にアメリカ東海岸を襲ったこのハリケーンにより，数日間，一部のエリアでは数週間も緊急事態が続いた。非常用発電機の需要が急上昇した。こうした状況で売り手は何をするのだろうか。売り手はあるジレンマに直面する。価格を標準レベルに据え置けば，在庫はたちまち空になる。賢い買い手であれば，一部の人が食品を買い溜めするのと同じように，発電機を数台買い占めるだろう。そうなれば，多くの人が手ぶらで帰るか，代用品を探して奔走することになる。買い占めた人は身を反転させて，オンライン上で自分の支払った金額の2倍で発電機を売り出すことができる。

　売り手にとっての代案は，在庫品が需要とそれなりに調和するレベル（短期的に固定される）に価格を上げることだ。この希少品を手にすることのできる買い手は増えるが，売り手側は災害に便乗して暴利をむさぼっているというレッテルを貼られる恐れがある。資力の限られている潜在顧客は，高くなった発電機にはもはや手が出ないかもしれない。こうした「便乗値上げ」は不当だと考える人は多く，一部の国ではそういう行為が完全に禁じられている[20]。フロリダのあるガソリンスタンド事業者は「あまりにも顧客が多すぎて」在庫がなくなってきたため，ハリケーン・カトリーナの直後に値上げしたが，反トラスト法に触れるとして法廷に召喚された[21]。数々のテストでも，消費者が緊急事態における値上げに抵抗を示すことが繰り返し証明されている。それにもかかわらず，こうした時間ベース，より正確には，イベント・ベースの価格差異化はホットな話題となっている。

✢ハイロー価格とEDLP（エブリデー・ロープライス）

　小売業界の「ハイロー」価格戦略は，時間ベースの価格差異化のもう1つの形態だ。ハイロー戦略をとる小売業者は，割高の標準価格と格安のプロモーション価格とを時折入れ替える。ハイローに相対するのがEDLP（エブリデー・ロープライス）戦略だ。EDLP戦略をとる小売業者は比較的低いレベルで価格をずっと維持するので，消費者はプロモーション期間だけでなく，常に魅力的な価格を目にすることになる。

　ハイロー戦略を用いる小売業者の場合，ビール，ジュース，幅広い家庭用品と

いったカテゴリーの売上の70〜80％を，プロモーション時の売上が占めていることが多い。この場合，本当の「通常」価格はプロモーション価格であり，標準価格ではない。小売業者は広告やチラシで価格プロモーションを盛り立て，店内の数カ所に販促品を置く。標準価格での売上と比較して，プロモーション期間中の売上が何倍にも膨らむことは珍しくない。特にブランド力の強い商品は，プロモーション時の価格弾力性が非常に大きくなる。だからこそ，小売業者はプロモーションにこうしたブランドを用いたがるのだ。これは，自社ブランドに安定的な価格イメージを持たせたいメーカーの利害と対立する動きとなる。

　ハイロー戦略の効果は非常に複雑だ。この戦略は，本当に追加売上をもたらすのだろうか。あるいは，第５章で取り上げたゼネラル・モーターズの従業員割引のように，将来の売上を犠牲にして売上が増えているのだろうか。ハイロー戦略に基づく一連のプロモーションは消費者を，特売品を漁るバーゲンハンターへと育ててしまわないだろうか。プロモーションによって製品の価格弾力性が高まるのか。ハイロー戦略やEDLP戦略を好むのは，どのようなタイプの消費者なのだろうか。

　こうした問いについて「合意」と呼べるものは少ないが，低所得層はEDLP戦略をとる小売業者を好み，もう少し収入が多い層はハイロー戦略の小売業者を好むというインサイトが明らかになっている。小売業者が２つの戦略のどちらを選択するかは，競合の行動で決まることが多い。関連する競合他社がどちらかの戦略をとれば，もう一方の戦略を選んだほうが賢いこともある。繰り返しハイロー戦略を行うと，消費者が実際に価格に敏感になるとする研究もある。消費者は常にどこかで特売が行われており，それを探せば実利があることを学んでいる。しかし，全体として証拠はまだ不確かだ。ハイロー戦略対EDLPに関するある文献調査では「どちらの価格戦略が売上金額，売上数量，来店者数，収益性において優れているかは，既存の研究では明確な助言はできない」と結論づけている[22]。これは，小売業者は自身の状況を非常に注意深く見ながら，ハイロー戦略とEDLP戦略のどちらが適しているかを判断する以外に方法はないということだ。現時点の証拠に基づいて，どちらか一方の戦略をはっきりとお勧めすることはできない。

✛ 前売価格と事前予約割引

　特別な形態の時間ベースの価格差異化として，前売価格，事前予約割引，「先着」割引というものがある。これらの手法はイベント，飛行機の旅，パッケージ旅行で一般的となっている。飛行機の場合，この手法は論理にかなった差異化に見える。遊びに行く人は価格に敏感で早めに予約する傾向があるのに対し，出張に行く人はそれほど価格に敏感ではなく，間際になって予約する傾向がある。これは比較的，効果的なフェンスに見える。ツアーやイベントになると，こうした価格や割引を支持する論拠はそれほど明瞭ではない。早く予約する人が本当に価格により敏感なのか。あるいは，少し待って直前割引を見つけ出すという賭けに出るのか。私の心証は，なるべく速く一定レベルの売上を達成したいというイベント・プロモーターや旅行会社の願望が，こうした戦術の背後にある重要な動機づけとなっているというものだ。この種の早期割引の欠点は，イベントの実施日や出発日が近づいてくるにつれ，チケットやパッケージ旅行をより高い価格で売ることの妨げとなり，利益を悪化させてしまうことだ。販売期間の初期には，高く売る機会が出てくるかどうかを評価するのは難しい。

　この論点を示す事例は，スポーツの世界で見ることができる。ドイツのプロサッカーリーグ，ブンデスリーガの2012/13年のシーズンは，2012年8月24日に始まった。その同じ日に，トップチームのバイエルン・ミュンヘンは，ホームの試合のチケットが完売したことを発表した。それは知的な価格戦略の表れではなく，どうやらチケットの価格が安すぎたのだ。しかも，早期にチケットに飛びついた買い手が後から二次市場で転売すれば，得をすることになる。バイエルン・ミュンヘンの戦略は，シーズン中にチームが不調で関心が薄れた場合にのみ意味が出てくる。シーズン前に大々的な宣伝で盛り上げて，ほとんどのチケットを売り切ってしまうのだ。バイエルン・ミュンヘンの場合，2012/13は非常に好調なシーズンとなり，申し分のない勝率でブンデスリーガ・チャンピオンシップにも勝利を飾った。2013年もドイツのサッカー・カップ，ヨーロッパ・チャンピオンリーグのファイナル，さらには非公式のクラブ・ワールド・チャンピオンシップでも優勝した。事前に完売した事実によって，成功したシーズンが，クラブ経営の面ではややほろ苦いものになったにちがいない。

モンテネグロの国に伝わるこんな格言にも注意しないといけない。「自分自身に腹を立てたいなら，前払いすればいい」

✢ペネトレーション戦略：トヨタ・レクサス

典型的な新製品の価格戦略と言えば，ペネトレーションとスキミングだ。ペネトレーション戦略は，新製品を比較的安い価格で売り出して，素早く市場に浸透させ，好意的な口コミ効果を広めようとする。また，経験曲線効果や規模の経済が強く働く場合にも，ペネトレーション戦略がお勧めだ[23]。トヨタはアメリカで高級車のレクサスを売り出す際に，典型的なペネトレーション戦略を取った。レクサスはまったく新しいブランド名であり，広告ではトヨタという社名に言及しなかったが，アメリカ市場で年間100万台以上を販売するトヨタの車であることは広く知られるようになった。トヨタはカローラとカムリの売上が好調で，信頼性と高い中古車価値で評判が良かった。しかしこのことは，トヨタが高級車セグメント向けの車を生産して売り出せると信じる根拠にはほとんどならなかった。トヨタは1989年にレクサスLS400を3万5,000ドルで発売し，初年度に1万6,000台を販売した。**図表7－10**は，アメリカにおけるLS400のその後の値上げ動向を示したものだ。

発売後の6年間で価格は48％増加している。2年目に初期の買い手が浸透し始め，好意的な口コミが広がり，販売台数は6万3,000台にまで増えた。コンシューマー・レポート誌の年間レビューで，LS400は「先進技術と，ほぼ考えられる限りの快適さ，安全性，アクセサリーが組み合わさり，これまでにテストした中で最も高い評価となった」と絶賛された。LS400は同セグメントで望ましい価格と価値の関係の基準となり，顧客満足ランキングの最上位を維持した。トヨタに本当に高級車が作れるのかという当初の不確実性は消え去ったのだ。トヨタは引き続きレクサスの価格を引き上げた。安い導入価格によって，レクサスの市場参入が容易になり，注目を集め，素晴らしい評判を形成するのに役立った。これはペネトレーション戦略の典型例と言える。発売時の3万5,000ドルという価格は，トヨタの短期的な利益を最大化するには低すぎるが，それでも賢明なプライシングの例として解釈できる。

なお，アメリカでの成功とは対照的に，レクサスはドイツでは定着しなかった。

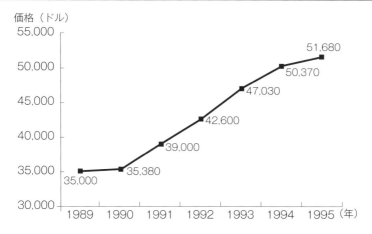

図表7-10　アメリカにおけるレクサスLS400のペネトレーション戦略（1989～1995年）

その1つの理由は，ドイツの高級車の価格はアメリカのそれよりも，品質とステータスの強力な指標だという事実にあった。こうした状況ではペネトレーション戦略はうまくいかないのだ。

　ペネトレーション戦略を用いる際のリスクは，発売価格を安くしすぎることだ。これは新製品で犯しやすい過ちである。2006年初めに，アウディは新しいQ7 SUVモデルの価格を低く設定しすぎた。導入価格を5万5,000ユーロ（7万1,500ドル）としたところ，8万台を受注した。同社の年間生産能力はわずか7万台だった。ここで，ウェイティング・リストができるのは望ましいことだと主張できるかもしれないが，それによって，待ちきれない顧客が最終的に競合車を買ってしまうことも起こり得る。

　玩具メーカーのプレイ・モービルはヨーロッパで，ノアの方舟モデルを69.90ユーロ（90.87ドル）で売り出した。同製品はまもなくイーベイで84.09ユーロ（109ドル）で売られたが，これは発売価格が低すぎたことの証明である[24]。ヒューレット・パッカード（HP）は1990年代初めに，革新的なシリーズ4のプリンタを，競合他社の浸透価格をはるかに下回る価格で発売した。1カ月以内に，年間売上目標は達成された。HPは市場からこのプリンタを引き揚げ，その後，はるかに高価格の類似モデルを発売した。

低価格でつまずいた別の例として，オンライン・データストレージが挙げられる。イギリス企業のニューネットは2006年に月額21.95ポンド（36.50ドル）で，「アンキャップト・サービス」を導入した。最初の顧客である600人が155MBの容量を使い尽くすこととなった。同社はその後，価格を60％引き上げて34.95ポンド（58ドル）にした。台湾のコンピュータ・メーカーのエイスースは2008年1月にミニ・ノートブック「eee」を299ユーロ（388ドル）で発売した。製品はほんの数日で完売した。同社は発売期間中に，実際の需要の10％しか供給できなかった。

　経験型商品にペネトレーション戦略を活用することはお勧めだ。これは，顧客にその商品を少し経験してもらわないと，真価がわかってもらえないタイプの商品である。発売時に低価格にすれば，より多くの顧客が試してみようという気持ちになり，そこでポジティブな経験をして，商品についてコメントや宣伝をしてくれれば，乗数効果が生み出される可能性がある。インターネット上でよく使われる「フリーミアム」モデルはペネトレーション戦略の一形態として解釈することができる。こうしたモデルでは，できるだけ高価格品（有料バージョン）にアップグレードしようと思ってもらうことを期待して，多数の「無料」ユーザーに基本バージョンを提供するのだ。フリーミアム・モデルは第8章で詳しく取り上げたい。

✛スキミング戦略：アップルの iPhone

　アップルが2007年6月に革命的なiPhoneを発売した際に，明らかにスキミング戦略が用いられた。図表7−11は，8GBのiPhoneの価格傾向を示したものだ。

　アップルはiPhoneの発売価格を599ドルに設定したが，その数カ月後に399ドルまで大幅に値下げした。なぜ最初に高価格にしたのだろうか。599ドルという価格は，高い技術力と品質，名声のシグナルとなる。そして，高い価格にもかかわらず，アップル・ストアの外には長い行列ができた。別の理由として，生産能力が限られていたので，導入段階で需要を抑えたかったのかもしれない。あるいは，アップルがミスを犯した可能性も否定できない。

　この399ドルへの大幅な値下げは需要の急増につながった。最初からiPhoneを

第7章 価格差異化という高度なアート 205

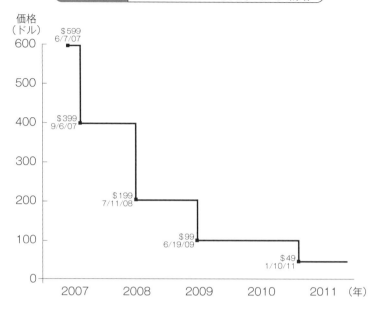

図表7-11　8GBのiPhoneのスキミング戦略

399ドルにするのと、高価格で発売して数カ月後に200ドルほど値下げするのとでは雲泥の差がある。プロスペクト理論によると、割引は買い手にさらに正の効用をもたらす。その裏返しは、価格を突然下げると、599ドルで購入した顧客の一部が腹を立てることだ。それに該当する顧客が抗議したため、アップルは初期の購入者に100ドルのギフト券を贈るという対応をとった。iPhoneの価格はその後も引き続き下げられた。

　時間とともに様々なレベルの支払意欲を活用するアップルの顕著なスキミング戦略を牽引したのは、需要だけでなく、技術面の向上や、数量の爆発的増加によってコストが削減したことにもあった。アップルは2011/12会計年度に1億2,500万台のiPhoneを販売し、売上高は805億ドルとなったが、これはアップルの全売上高のほぼ半分を占めていた[25]。売上高を数量で割ると、iPhoneの平均価格は640ドルとなる。ここで興味深いのが、コストに関する報告だ。情報プロバイダーのIHS iSuppliによると、2012年の製造コストは16GBタイプの118ドルから64GBタイプの245ドルまで幅があるという。この利幅の大きさから、アップルが売上高1,565億ドル、税引

後利益417億ドル（売上高利益率は26.6％）を稼ぎ出した理由がよくわかる。こうしてアップルは一時的に世界中で時価総額が最も高い企業となったが，価格戦略は明らかに数字と業績見通しにおいて極めて重要な役割を果たし，その記録的な時価総額を押し上げたのである。

　アップルは継続的なイノベーションと製品ラインを広げることにより，スキミング戦略を補完した。このプロセスは，次々と新バージョンを導入する「バージョニング」と呼ばれることもある。新バージョンはそれぞれ前世代よりも優れた性能を備えており，それによって価格が比較的一定に保ちやすくなる。これはパソコンでは一般的な戦略になっている。パソコンの価格レベルは時間が経ってもあまり変わらないが，新世代モデルはそれぞれ性能が向上していく。価格と価値の関係において，時間とともに顧客が支払う性能単価が下がっていくので，こうしたケースもスキミング戦略と言えるのかもしれない。

　一部のプライシングは，導入段階ではスキミング戦略のように見えるかもしれないが，実際には稚拙な意思決定の結果による，やむにやまれぬ行動ということもある。ノキアは2012年にアメリカで新しいスマートフォン，ルミア900を売り出した。発売価格は，AT&Tとの24カ月のモバイル契約を含めて，99ドルだった。わずか3カ月後，ノキアは価格を49.99ドルまで下げて，スキミング戦略のように見せることでそれを正当化した。「この動きは，ほとんどの電話のライフサイクルの間に導入される一般的な戦略だ」と，ノキア・スポークスマンは述べた[26]。本当にそうだろうか。値下げは，アナリストに「パッとしない」スタートと言われた後に実施された。ルミアの発売から値下げが発表されるまでの3カ月間で，ノキアの株価は64％下落した。2013年にノキアの携帯電話事業はマイクロソフトに売却され，1998年から2011年にかけて携帯電話の世界的マーケット・リーダーであった誇り高き企業の独立性に終止符が打たれたのだ。

　次に紹介する事例は，スキミング戦略ならではのリスクを示すものだ。製薬会社のサノフィは2012年8月に，アメリカで1カ月当たり1万1,063ドルの価格で，抗がん剤ザルトラップを発売した。ニューヨークにある世界有数のガン治療センターのメモリアル・スローン・ケタリング癌センターはその購入を断った。「患者に驚異的に高額な新しい抗がん剤を与えるつもりはない」と病院側は述べたと，ニュー

ヨークタイムズ紙は報じている[27]。その後，サノフィはすぐにザルトラップの価格を基本的に半額にするという大幅な割引策で対応した[28]。このような市場の読み違えは非常に嫌なものだ。サノフィにとってこの状況下でできる唯一の反応がおそらく，速やかに対応することだったのだろう。こうした過ちを犯すリスクを軽減するには，事前に慎重に分析するしかない。

　私は2003年にピーター・ドラッカーから手紙をもらったが，そこでスキミング戦略に関する同氏の見解が明かされていた。

　「私は2，3日前に，消費財の有力ブランドを手掛ける世界最大手の企業でプライシングに関するセミナーを行いました。彼らが言うには，価格が高すぎたときに値下げするのは簡単だが，低く設定しすぎると値上げするのは非常に難しいと。そして，これがわかっていればプライシング政策は十分だとも考えていました。間違った価格が市場や市場シェアに害を及ぼすとは思いもしなかったようです。それなのに，こうした人々が最も成功したマーケターだと，もてはやされているのです。」[29]

　ここから古い格言が思い出される。「値下げできるのは，最初に十分に高い価格をつけた時のみである」

✛ 情報と利益の崖

　この章で取り上げてきた事例を知った後なら，プライシングという高度なアートが知的な価格差異化にあることを疑う人はいないはずだ。しかし，この高度なアートを実践しようとする企業は，実施面のハードルや落とし穴に直面することも，はっきりさせておかなくてはいけない。そこで厳しい警告をしておこう。このテーマは最大限の配慮をもって取り扱われなければならない。ここから，その最も深刻な課題と問題についてざっと見ていこう。

　価格差異化をじっくりと検討する際には，統一価格を設定するときよりも，はるかに詳細な情報が必要になる。これは，個人レベル，あるいは少なくともセグメント・レベルでの支払意欲に関する情報という意味だ。非線形プライシングの場合，

１単位追加されるごとの限界効用を知る必要がある。時間や場所など価格差異化の基準となるものとして，支払意欲の知識がなければ，マネジャーは暗がりで手探りをしているようなものだ。価格差異化の見返りを得るのは「ミクロ」の作業であって，「マクロ」の作業ではない。おおまかな簡単な計算ではなく，きめ細やかな視点が必要なのだ。どれほど経験が支えになろうとも，勘ばかりに頼っていては，価格差異化の問題では限界に突き当たってしまう。

　それだけ大量の情報が必要になる理由は，差異化価格の構造を通じて個人レベルの支払意欲を引き出すには，できるだけ綿密にそれを理解しなくてはならないからである。努力を重ね，勤勉に取り組んで初めて，長方形の利益から三角形の利益に移ることができる。企業が目標をほんの少しでも飛び越えようとする場合，たいてい詳細な情報の不足が災いして，利益の崖から落ちてしまうのだ。

　価格差異化には，根底にある理論を徹底的に理解し，適正なデータを非常に体系的に収集・分析し，適正な差異化モデルを選ぶ必要がある。オンライン取引やビッグデータの可能性を楽観視しすぎてはいけない。これらのデータには実際の取引やその価格に関する情報も含まれているが，顧客の根底にある支払意欲の直接的徴候が必ずしも見られるわけではない[30]。しかし，これこそが効果的な価格差異化において極めて重要な知識なのだ。このような理由から，株式市場はビッグデータの利益ポテンシャルについてやや懐疑的な姿勢も示している[31]。

✣ フェンスの構築

　ここまでの事例で示してきたように，価格差異化を成功させるには支払意欲に応じて，効果的に顧客を分離する力が必要になる。支払意欲の高い顧客が製品を安く買う方法を見つければ，売り手による価格差異化の試みは逆効果となる。うまくフェンスが築けたときにのみ，価格差異化は意味を為すのだ。航空会社が使っている昔ながらのフェンス構築テクニックは，土曜の晩に宿泊するというものだ。目的地で土曜の晩に少なくとも１泊以上すれば安いチケットを買うことができる。出張に行った人が日曜日まで目的地に滞在することはほとんどないので，これは効果的なフェンスとなった。ビジネス客は週末には家に帰りたいと思っている。これに対

第7章　価格差異化という高度なアート　209

して，遊びに行く人は余分に1〜2泊しても構わないと思っていることが多いのだ。

　2つの価格カテゴリーの価値の違いが十分に大きく，売り手がアクセスをコントロールできる場合に，フェンスを構築すると効果的である。つまり，最も高い価格カテゴリーにはそれに応じて高い価値を提供する必要があり，最も低い価格カテゴリーの価値はあえて低いままにする。フランス人のエンジニアであるジュール・デュピュイは1849年にこの必要性に気づいていた。当時，最低クラスの列車の車両には屋根がなかった。「3等席に屋根をつけるのに数千フランが必要だったからではない。鉄道会社が試みていたのは，2等席のお金を払える乗客が3等席に行かないようにすることだった。貧しい人には痛手だが，それは彼らを傷つけたいからではなく，金持ちを怖気づかせたいのだ」とデュピュイは説明している[32]。効果的なフェンスを築くには，価格カテゴリーごとに十分な価値のギャップがなくてはならない。今日であれば，エコノミークラスでゆったり足を伸ばせる様子を目にしたら，同じロジックが通用することがわかるだろう。

　効果的なフェンスを築くためには，同一製品に異なる価格をつける純粋な価格差異化だけでは十分ではない。製品の修正（バージョニング），異なる流通チャネルの利用，個人客に宛てたターゲティング・メッセージ，アクセス制限，異なる言語の使用といったアプローチはすべて合理的なオプションとなる。価格差異化は，複数のマーケティング・ツールで構成して，純粋なプライシング以上のものにしなくてはならない。それから当然，価格差異化によって追加費用も生じる。

✢ コストに注意せよ

　完璧な世界であれば，個々の顧客に上限価格を支払うように頼むことができる。しかし，こうした状況になるのは，価格差異化に関連したコストを無視した場合に限られる。情報，アクセス制限，さらに高度な価格差異化を実施するためのコストは途方もなく跳ね上がるだろうという予測は現実的だ。同時に，漸進的な価格差異化による利益成長率はその都度，小さくなっていく。この章の最初に使った数字でいくと，105ドルの統一価格の代わりに，90ドルと120ドルという2つの価格を設定した場合，2つのセグメントのフェンスをうまく築いたという想定で，2つを合わ

せた貢献利益は統一価格にしたときよりも33.3％上昇した。その代わりに３つの価格（最適レベルは81.50ドル，105ドル，127ドル）を使う場合，利益の増加はわずか12.5％となる。価格差異化が増えていくと，利益曲線の勾配は平らになるが，費用曲線は急勾配になる。これは，最適レベルの価格差異化であることを意味する。最適なのは，価格差異化が最大になることではなく，価値とコストとのバランスが最もとれている度合いにおいてなのだ。これは，長方形の利益から三角形の利益に移ることに労力をかける価値がない場合，その時点で，私たちが差異化のコストを考慮し始めることも意味している。

注◆

1　利益曲線には２つの最大値があるケースもある。これはグーテンベルクが定義した，いわゆる二重屈折需要曲線（double-kinked demand curve）になるときに起こり得る。

2　Benedikt Fehr, "Zweitpreis-Auktionen - Von Goethe erdacht, von Ebay genutzt", Frankfurter Allgemeine Zeitung, December 22, 2007, p.22; William Vickrey, "Counterspeculation, Auctions and Competitive Sealed Tenders", Journal of Finance, 1961, pp.8-37.

3　Constance Hays, "Variable price coke machine being tested", New York Times, October 28, 1999.

4　Evgen Morozov, "Ihr wollt immer nur Effizienz und merkt nicht, dass dadurch die Gesellschaft kaputtgeht", Frankfurter Allgemeine Zeitung, April 10, 2013, p.27.

5　2013年３月15日のルフトハンザのウェブ上の表示価格。最も安いエコノミークラスの席は条件付きの往復料金で，最も高いファーストクラスのチケットはフレキシブルな片道料金である。

6　価格バンドリングの包括的な取扱いについては，以下を参照。Georg Wübker, Optimal Bundling: Marketing Strategies for Improving Economic Performance, New York: Springer, 1999.

7　アメリカ最高裁は1962年に一括契約の禁止を支持し，価格差異化に言及している。

8　www.bmw.de, as of February 23, 2013.

9　Sarah Spiekermann, "Individual Price Discrimination - An Impossibility?", Institute of Information Services, Humboldt University; "Caveat Emptor.com", The Economist, June 30, 2012.

10　"On Orbitz, Mac Users Steered to Pricier Hotels", The Wall Street Journal, June 26, 2012, p. A1.

11　Lucy Craymer, "Weigh more, pay more on Samoa Air", The Wall Street Journal, April 3, 2013.

12　http://www.samoaair.ws/

13　ビージェイズ（BJ's）はアメリカのクラブストア。AAA（American Automobile Association）

14　"Century-Old Ban Lifted on Minimum Retail Pricing", The New York Times, June 29,

2007.

15 "Ohne Schweiz kein Preis", Frankfurter Allgemeine Zeitung, February 7, 2012, p.3.

16 Enrico Trevisan, The irrational consumer: applying behavioural economics to your business strategy, Farnham Surrey (UK) : Gower Publishing, 2013.

17 Simon-Kucher & Partners, INTERPRICE-Model for the Determination of an International Price Corridor, Bonn, several years.

18 US Patent Office, Application Number 13/249 910, September 30, 2011.

19 "Don't Like This Price? Wait a Minute", The Wall Street Journal, September 6, 2012, p.21.

20 William Poundstone, Priceless, New York: Hill and Wang, 2010, pp.105-106.

21 Holman W. Jenkins, "Hug a Price Gouger", The Wall Street Journal, October 30, 2012.

22 同上

23 経験曲線の概念によると，累積生産量が２倍になるごとに，単位当たり費用は一定比率で減少する。発売価格を低く設定すると，累積生産量が２倍になる速度が増すため，単位当たり費用も急速に低下する。各期間の生産数量が増えるにつれ，単位当たり原価が減少する場合，規模の経済が働くとされる。

24 Ebay, December 8, 2003.

25 アップルの2012年アニュアルレポート

26 "Nokia Marks Lumia 900 at Half Price in the U.S", The Wall Street Journal Europe, July 16, 2012, p.19.

27 "Cancer Care, Cost Matters", New York Times, October 14, 2012.

28 "Sanofi Halves Price of Cancer Drug Zaltrap after Sloan-Kettering Rejection", New York Times, November 11, 2012.

29 ドラッカーからの私的書簡（2003年６月７日付）

30 例外がある。ヴィックリー・オークションでは，イーベイが用いているのと同じく，買い手には自分の本当の支払意欲を隠そうとする気持ちが働く。

31 Kenneth Cukier K., Mayer-Schönberger V., Big Data: A Revolution that Will Transform how We Live, Work, and Think, New York: Houghton Mifflin Harcourt, 2013; "The Financial Bonanza of Big Data", The Wall Street Journal Europe, March 11, 2013, p.15.

32 Jules Dupuis, "On tolls and transport charges", reprinted in International Economic Papers, London: Macmillan, 1962 (Original 1849).

第8章
プライシングのイノベーション

　価格は人間と同じくらい古く，お金が発明されるはるか前から存在していた。その頃は通貨の単位ではなく，物との交換率（今日でも知られている物々交換）で価格が表現されていた。私は子どもの頃，よく友人と一緒におはじきで遊び，おはじきを交換した。珍しい色のおはじきを1つ手に入れるには，ありふれた色のおはじきを数個渡す必要があった。珍しい色のおはじきのほうが，ありふれた色のおはじきよりも価格が高かったのだ。

　価格の長い歴史を振り返ると，この分野では何もかもがすでに発見済みで，あらゆる可能性が開拓し尽くされ，イノベーションは非常にまれなことだと思うかもしれない。しかし，過去30年間はまるで正反対だった。いかに価格情報を集め，値付けするかに関する新しいアイデア，システム，手法が絶えず急成長を遂げてきた。こうした革新的なアプローチの中には，理論に根差したものもある。たとえば，コンジョイント分析や，行動に基づくプライシングで経済的に不可解な事象を解明しようとする革命的な新しい調査手法である。さらに，最新の情報技術やインターネットは，つい最近まで夢物語にすぎなかったプライシングの機会を生み出している。

　この章では，すでに確立したものや将来の可能性を秘めたものを含めて，一連のプライシングのイノベーションを見ていく。このイノベーションの波は今後も続いていくと，私は考えている。

✛ 抜本的な価格透明性の向上

　インターネット上で最も明白な価格関連のイノベーションは，価格の透明性が急

激に高まっていることだ。これはあらゆる産業に影響するので，最も広範囲にインパクトを及ぼすイノベーションになるかもしれない。「昔」は価格情報の収集や比較をするため，いくつもの店を買い回ったり，多数のサプライヤーを訪問したり，複数業者に入札を求めたり，第三者のレポートを読んだりする必要があった。このプロセスは退屈で困難なうえ時間もかかった。このため，限られた価格情報しか持たない顧客が多かったのだ。サプライヤーはほとんど気づかれずに，明らかな価格差異化を図り，それを持続させることができた。インターネットの出現により，誰もがオンラインを使い，無料もしくは非常に低い費用負担で，様々なサプライヤーの価格をほんの数分で楽々と集められるようになった。この手の価格比較サイトは数を挙げればきりがないほどだ。

　このように多数の業界にまたがって価格情報を収集するサービスに加えて，同様の機能をこなす業界固有サイトもたくさんある。旅行したいなら，expedia.com，hotels.com，kayak.com，orbitz.comなどを参照すればいい。日常生活の中にスマートフォンが入り込んでくると，価格透明性にローカルな次元が加わった。アプリを使えば，店内でバーコードを調べ，近隣の他店では同じ製品がいくらで販売されているかがすぐにわかるのだ。こうなると，従来は効果的なフェンス構築メカニズムとして空間的な距離を用いてきた場所ベースの価格差異化が厳しく制限される可能性がある。まったく同じ製品やサービスに対して，差異化された価格をつけることはますます難しくなるだろう。顧客はとにかく情報に精通しており，疑いを持てば，どこか他の場所でその製品をもっと安く買えるのだ。alibaba.comなどの専門サイトの助けを借りて，最低価格のサプライヤーを見つけることは，中国でさえもはや問題ではない。さらなるイノベーションが登場するのは確実であり，その都度，顧客はワンクリックで価格情報を改善し，競争の激しさや価格の交差弾力性（訳注：ある財の価格の変化が他の財の需要量に及ぼす度合い）が増していくのだろう。

✣ 使用ベースの従量制課金

　従来の価格モデルは，買う人は製品に対して価格を支払い，所有して使うモデルだった。航空会社は，航空機を飛ばすためにジェットエンジンを買い，物流会社はトラックを走らせるためにタイヤを購入し，自動車メーカーは塗装設備を作り，ペ

ンキを購入して自動車を塗装していた。ニーズ志向の観点に立つと，価格設定の基盤がまったく違ってくる。顧客ニーズとして，製品を所有する必要がないことも多く，むしろその製品がもたらすベネフィットや性能，ニーズの充足を求めている。航空会社は航空機を飛ばすためにジェットエンジンを所有しなくともいい。必要なのは推力なのだ。同じく，トラック輸送会社に必要なのはタイヤの性能，自動車メーカーに必要なのは塗装された車だ。メーカーやサプライヤーは，製品の対価ではなく，その製品で実現されることに対価を求めることができる。それが，使用回数や使用量に応じて支払う革新的な従量制課金モデルの基盤となっている。

　ここから，GEとロールスロイスがなぜ顧客である航空会社にエンジンではなく，推力を販売するかがわかる。このモデルでは，性能が発揮された時間単位で課金する。製品からサービス事業へと移行するので，メーカーにとって完全に異なるビジネス・モデルとなる。もはや製品を売るのではなく，サービスを売っているのだ。これらの企業は一歩先へと踏み出し，今では，かつての製品ベースの事業よりも，はるかに大きな売上創出の可能性を秘めたシステムを提供している。GEの場合，時間単位の価格はジェットエンジンの使用，メンテナンス，その他のサービスで構成されている。顧客である航空会社は，複雑さがなくなり，設備投資の減少，固定費や人件費の削減など，この価格モデルからいくつかのメリットを得ている。

　自動車・トラック用タイヤで世界的なマーケット・リーダーのミシュランは，トラック用タイヤで使用ベースの革新的な課金モデルを採用したパイオニアである。それは，物流から，バス，廃棄物管理まで，あらゆる種類のトラック輸送車両に訴求できるモデルだ。このモデルにぴったりなのが「最も率直にお世辞を言いたければ真似をせよ」という格言であり，他のタイヤ・メーカーも同様のシステムを提供し始めている。このモデルでは，トラック輸送を行う顧客はもはやタイヤを購入しない。1マイル当たりのタイヤ性能の対価を支払うのだ。これはタイヤ・メーカーにとって，古典的な販売モデルよりも高いレベルで価値を引き出せるようになる。ミシュランの場合，新しいタイヤは前モデルよりも性能が25％向上していたが，価格を25％引き上げることは極めて難しかった。顧客には「タイヤの価格水準はこのくらいだ」という相場観があり，時間とともに堅固なアンカー価格が形成されていく。たとえ新製品の性能がはるか向上していたとしても，こうしたアンカーから逸脱すれば抵抗に遭う。

一方，使用に応じた価格モデルであれば，そうした問題が解消される。顧客はタイヤ使用分を1マイル単位で支払うので，タイヤが25％長持ちすれば，顧客は自動的に25％多く支払うことになる。このモデルによって，売り手はより大きな付加価値の恩恵を受けられるが，顧客にとっても恩恵がある。タイヤの使用料を支払うのは，トラックが実際に走る時だけであり，それはまさに顧客が売上を生み出している時である。需要が少なく，トラックが駐車場に停車したままなら，タイヤの利用料はかからない。これによって，トラック会社は自分たちの顧客とのビジネスについて算盤をはじくことも簡単になる。トラック会社は走行距離で課金することが多いので，自社の変動費（この場合，タイヤのコスト）を同じ測定基準で表せるようになるのだ。

同様に，自動車用塗装設備で世界的なマーケット・リーダーのデュールは，自動車用塗料の世界的なマーケット・リーダーのBASFと共同で，自動車メーカーに革新的な価格モデルを提供した。これは塗装した車1台につき固定料金にするというものだ。この取り決めによって，自動車メーカーは財務上の計算に確かな根拠を持てるようになった。というのは，価格とコストのリスクがサプライヤーに移転されたからだ。さらに，複雑さや設備投資の必要性も軽減する。産業用水処置を専門とするエンバイロフォークは，顧客のために無料で水処理設備を設置し，処理する水の量（立方メートル単位）によって課金する。サプライヤーはこうした従量制課金モデルによって，経時的にキャッシュフロー計画を立てて，工場や設備と投入する原材料を最適な形で調整できるようになるのだ。

この手のモデルがすぐに結びつかない産業もある。保険などがそうだが，そうした産業でも，独自の取り組みが始まっている。イギリスの保険会社であるノルウィッチユニオンは若いドライバー向けに従量制保険オプションを提供している。まず199ポンドを払って車内に適切なハードウエアを装備し，その後は火災と盗難をカバーする基本料金を毎月支払う。その月の最初の100マイルは無料で，それ以上走ると1マイル当たり4.5ペンスが課金される。18〜21歳の若いドライバーの場合，特に事故の起こりやすい午後11時から午前6時までの時間は1マイルにつき1ポンドとなる。この価格差異化は非常に大きく，若いドライバーにとって飲酒運転の危険性が高い夜には車を駐車場に置いておこうと思う強力な動機づけになった。

第8章　プライシングのイノベーション　217

　サプライヤーによるエンドツーエンド（末端から末端までカバーする）のソリューション・サービスはより大きな保証と高い効率性が提供されるため，顧客の効用が大きくなることもある。オーストラリア企業で産業用爆薬の世界的なマーケット・リーダーのオリカは，採石業者にトータル・ソリューションを提供している。火薬だけを供給するのではなく，石の成分を解析し，掘削や発破そのものも手掛けるのだ。オリカはこの包括的なソリューションに対して，吹き飛ばした岩石1トン当たりで課金する。顧客はもはや発破作業をする必要はない。オリカのソリューションは毎回，顧客に合わせたものとなる。顧客は価格を比較しにくく，サプライヤーの変更はそれに輪をかけて難しい。オリカにとって，顧客1社当たりの売上，効率性，安全性がすべて増えたことに加え，継続的な収入源につながるリピート・ビジネスとなっている。

　このニーズ志向の見方を広げると，従量制課金モデルには他にも多くの機会がありそうだ。ただし，サプライヤー側に利用状況データを低コストで測定し伝達できる情報システムがない限り，コスト効率よく運用することはできないだろう。たとえば，車は購入したり，月額固定料金でレンタルしないといけないものではない。電話代や電気代と同じようなやり方で，運転に対して課金可能であり，走行距離や時間帯で運用してもよいのだ。現在，エイビス・バジェット・グループ傘下にあるジップカーのようなカーシェアリング会社はすでにこの方向性をとっている。利用量や利用回数での課金はメディア事業にも浸透してきている。ケーブル・テレビでは，月額固定料金の代わりに実際の利用に応じて課金できる。現在はSKブロードバンドの傘下にある韓国のハナロTVはこうしたモデルを導入したところ，すぐに100万人の契約者が集まった。従量制課金モデルは，暖房やエアコンのシステムを運用する設備管理にも役立つ。施設管理会社は日次や月次料金の代わりに，実際の使用量や消費エネルギーに応じて課金するようになった。トラック用タイヤのモデルと同様に，このシステムを使えば，サプライヤーはより効果的に価値を引き出し，長方形の利益から三角形の利益へと大きなステップを踏み出せるようになる。

　それから，従量制課金はどんな状況においても成功するわけではない。サイモン・クチャー＆パートナースはあるメーカーと共同で，オフィスビルのエレベーター用の従量制課金モデルの開発に取り組んだ。そのときのアイデアは，ある非常に興味深い問いから生まれた。それは，なぜ人々は垂直輸送ではなく水平輸送（バ

ス，鉄道など）に対してお金を払うのかというものだ。そうしないといけない特別な理由はない。従量制課金モデルの趣旨に沿って，エレベーター・メーカーは無料で設備を設置するが，その見返りにエレベーターの利用に応じて課金する長期的な権利を得る。これを実行するためには，ビルの入居者に，エレベーターの利用状況を追跡する特別なカードを配布するか，ビル内ですでに使われているセキュリティ・カードに利用状況の追跡機能を組み込んでおけばいい。

　この従量制課金モデルはエレベーターの利用コストを適切に，また，従来の一括払いのモデル（賃料に含まれたり，追加料金として加算されたりする）よりも「公正に」割り当てられる。というのは，何度も乗る人の支払い額は多くなるからだ。建物の階数や利用頻度などの基準で価格を差異化することもできる。このモデルは確かに広く適用されているようには見えない。おそらく斬新すぎるのだろうか。投資家や入居者がこうしたプライシングのイノベーションになじむには少し時間が必要になる。

✛ 新しい価格測定基準

　非常に興味深いプライシングのアプローチでは，価格測定の基盤，別の言い方をすると「価格の測定基準」が変わる。先に挙げた事例の中にも，新しい価格測定基準（例，走行距離当たり，タイヤ当たり）が用いられているものがあったが，そのほとんどにおいて測定基準だけでなくビジネス・モデルも変化していた。

　建材業界の例でも，価格測定基準が変わる可能性が見て取れる。壁の建材として軽量コンクリートブロックを販売するなら，重量（１トン単位），厚さ（１立方メートル単位），表面積（１平方フィート単位），壁全体の設置（完成した壁１平方フィート単位）で課金できる。測定基準ごとに，まったく異なる価格を請求することが可能であり，そうなると立ち向かう競争関係も大きく変わる可能性がある。たとえば，ある大手メーカーが開発した新タイプの軽量コンクリートブロックの価格は，重量や厚さを価格測定基準とする競合他社の価格よりも40％高かった。しかし，表面積を測定基準にすると，価格差はわずか10％程度だった。新タイプのブロックは軽量で素早く壁が建設できるので，完成した壁を基準とする価格のほうが12％の

価格優位性があった。つまり，この新しいブロックの価格測定基準では，壁全体の設置単位に変えたほうがいいことが明らかになる。問題は，そのような変更を実行するのが必ずしも容易でないことだ。製品が革新的であればあるほど，メーカーのポジションが強ければ強いほど，新しい測定基準の採用について顧客を説得する機会は多くなる。

　高性能な電動工具のグローバル・リーダーのヒルティは，これまでサプライヤーが製品を売ってきた業界で，価格測定基準を変えることに成功した。ヒルティは自社製品に「フリート・マネジメント」モデルを導入し，顧客には同社製工具を個別に買い取るのではなく，同社が提供するサービスに対して月額固定料金を払ってもらうことにした。ヒルティは，工具が修理に出されたり，業務ニーズがアップグレードされたり，技術が変わった場合に代替品を提供することも含めて，顧客の一連の業務において最適な工具セットを提供する。ヒルティが修理やバッテリー交換など幅広いサービスを一手に引き受けるので，顧客は現場で時間の無駄を省くことができ，修理履歴を探したり，予想外の出費が必要になったりすることもなくなる。代わりに，顧客は予測可能な月額固定料金を念頭に置きながら，自社のコアコンピタンスに集中できるのだ。

　クラウド・コンピューティングの登場によっても，新しい価格測定基準が誕生している。ソフトウエアはもはやライセンス販売ではなく，顧客自身の機械にプリ・インストールされている。新しいトレンドはSaaS（Software as a Service：必要な機能を必要な分だけサービスとして利用できるソフトウエア）で，ソフトウエアはオンラインで提供され，料金はオンデマンドの形をとる。マイクロソフトのオフィス365スイートはもはや従来の販売方式ではなく，月払いか年払いのサブスクリプション方式で提供される。オフィス365ホーム・プレミアムに月額10ユーロもしくは年額99ユーロを支払えば，顧客はすぐにオンラインで最新版を入手し，幅広いサービスを受けることができる。

　ドイツ企業のスコープヴィジオは，同じようなモデルで中小企業にソフトウエアを提供している。アプリケーション単位とユーザー単位で月額料金を課すのだ。顧客企業は完全に自社のニーズに合わせて，様々なオンライン・アプリケーションをパッケージに取り込み，ニーズが変化すれば毎月のユーザー数を調整できる。月額

料金はそれによって変わる。このモデルはクラウド・ベースのアプリケーション・ソフトウエアの標準になる可能性がある。

✛ 新しい価格パラメータの導入：サニフェアの事例

　企業は時には，価格パラメータを導入し，それまでは無料だったサービスに課金するという有利なチャンスに恵まれることがある。公共施設やオフィスビルのトイレ設備の運営にはかなりの投資が必要であり，その結果として運営コストが高くなる。レストランでは，トイレの利用は食事の価格に含まれている。それでは，高速道路のレストエリアで2，3年前まで，ガソリン，食べ物，飲料を買わない顧客が多いにもかかわらず，無料でトイレを利用できたのはなぜだろうか。顧客や利用者が無料でサービスを受ける費用は，誰が負担しているのだろうか。

　アメリカでは数十年前まで有料トイレが一般的で，利用者自身が費用を負担していた。1970年代に，いくつかの都市や州が有料トイレを禁じ始めると，建物内のトイレ設備は人気がなくなった。ドイツでは1998年まで，高速道路のレストエリアのこうした費用は政府が負担していた。国営企業がレストエリアを管理していたが，トイレの状態は思い出したくもないほど悲惨だった。その後，タンク・アンド・ラストという民間企業が政府からレストエリアの管理を引き継ぎ，大幅にグレードアップさせた。同社は現在，ドイツ高速道路網に沿って，390カ所のレストエリア，350軒のガソリンスタンド，50軒のホテルに営業ライセンスを提供している。これらの施設は沿道サービスの90％を占める。同社は2003年に「サニフェア」というコンセプトを用いて，トイレの問題に革新的な解決策を導入した。

　第1に，タンク・アンド・ラストは最も現代的な標準に合わせて全トイレ設備のリノベーションを実施した。それから使用料として50セントを求めたが，そこでひと工夫されていた。大人は全額を払って回転式の改札を通り抜け，トイレ設備に入る必要があったが，子どもと障害者は無料のトークンを受け取った。これは，家族にやさしい形の価格差異化だった。しかも，50セントは元が取れるようになっている。利用者は，レストルーム内にあるすべての売店やレストランで使える50セントのクーポンを受け取るからだ。これは，ただトイレを使いたい人（その特権に対し

第8章　プライシングのイノベーション　221

て今や50セントを支払う必要がある）と実際に何かを買った人とで差をつけるエレガントな方法だった。買い物をした人もやはり無料でトイレが使うことができる。2010年，サニフェアは70セントまで価格を上げ，利用者には50セントのクーポンを配っている。

　サニフェアはいくつかの点で革新的だ。第1に，そして，おそらく顧客にとって最も重要な点として，トイレがきれいになり，衛生状態が大幅に改善された。それを標準的な状態として維持するには費用がかかるが，このモデルは，これほど飛躍的に価値が向上したことに対して少額の負担を求めることにより，利用者にその妥当性を認めさせている。その価格もまた，いろいろな形で差別化されている。子どもと障害者は無料で利用でき，ただトイレを使うために立ち寄った人は70セント全額を払うこととなっている。しかし，買い物をすれば50セントの払い戻し（71%に相当）がある。正味の支払いは20セントだけなのだ。支払いと改札の運営に人手は要らない。利用者は回転式改札の装置に現金を入れて，印字されたクーポンを受け取り，子どもはトークンを受け取るのだ。

　何がしかのお金が必要である事実にもかかわらず，利用者の満足度が高い水準にあることは，多数の調査で明らかになっている。サニフェアはそのイノベーションに対して名誉ある賞まで受賞した。ドイツでは毎年約500億人がレストエリアに立ち寄ることを考えると，サニフェアのプライシングとサービス・イノベーションはタンク・アンド・ラストの成功に重要な貢献を果たした。ドイツ内外の企業はタンク・アンド・ラストとライセンス契約を結び，サニフェアのシステムを導入し始めている。

✢ Amazonプライム

　アメリカ国内では，ありとあらゆる小売業者が何らかのロイヤルティ・カードを特典として提供しているのではないだろうか。しかし，ほとんどの小売業者はこうしたカードに別料金を課して，サービスや特典が受けられる形にはしていない。

　アマゾンは，2,000万品目以上の所定の商品を送料なしで2日間以内に配達する

ことを保証する「プライム」プログラムを提供している。このプログラムは今日，それ以外にも幅広いメリットや特典を提供している。たとえば，プライム・インスタント・ビデオでは，４万作品以上の映画やテレビドラマを無制限に利用でき，Kindleオーナーライブラリーから50万冊以上の本を借りることができる[1]。

　Amazonプライムの年会費はアメリカでは79ドル，ヨーロッパでは49ユーロ（約63ドル）だ。顧客数は2011年に1,000万人の大台を突破した。アメリカのプライム会員のアマゾンでの購入量は３倍増えて年間1,500ドルとなり，同社の売上の約40％を占めていると推定される。それにもかかわらず，プライム会員からの売上ではおそらくアマゾンが負担する直接費をカバーできないだろうと言われている。顧客１人当たりコストは90ドルと見積もられるのだ。アマゾンはこのプログラムを顧客ロイヤルティへの投資と捉えている。「たとえプライムを金銭的に補助せざるを得なかったとしても，それで顧客のロイヤルティが高まれば得るものは大きい」と，アマゾンの元マネジャーは述べていた[2]。アマゾンは2014年に，燃料費や輸送費が増加しても９年間は値上げしなかった事実に言及しつつ，公式にプライムの年会費を99ドルにまで引き上げた。

✦ 産業用ガス

　二次元や多次元の価格システムは当たり前になりつつある。電気通信，エネルギー，給水設備などの産業では通常，固定の基準料金と実際の使用量に基づく変動料金で価格が構成されている。鋼鉄製容器に入れて販売される産業用ガスの場合，１日当たり容器レンタル料と，ガス１キログラム当たり使用料がある。そのため，毎日容器１つ分を使う顧客が支払うガス１キログラム当たりの金額は，10日で容器１つ分を使い切る顧客よりも少ない。個々の顧客に同じスキームを提供していないにもかかわらず，それぞれが実際に支払う料金は使用量によってかなり大きな違いがある。非常に賢い価格差異化のスキームだ。

✛ ARM

　二次元モデルはライセンス・ビジネスでは一般的になっている。ARMは半導体特許で世界的なマーケット・リーダーで，同社製チップは全スマートフォンの95%に用いられている。同社はライセンスを供与する際に，一時金と出荷した半導体チップ数に応じたロイヤルティ料を請求している。同社は2000年以降，2億1,300万ドルだった売上が2013年には11億2,000万ドルにまで伸びている[3]。2013年のチップ1枚当たりの平均特許使用料は4.7セントと，それほど高い金額ではない。しかし，年間約120億枚ものチップとなれば，その合計はなかなかのものになる。ARMのビジネスの約半分はライセンスとロイヤルティからの収入が占めている[4]。

　これに代わる興味深いモデルが，1回ごとに前払い料金ではなく年間料金を設定しているバーンカードのモデルだ。どのような多次元の価格構造であれ，様々なボリューム・レベルに対して固定価格が割り振られることになるので，何らかの価格差異化の要素が含まれることになる。こうしたシステムのメリットは，企業がすべての顧客に同じ価格を求める一方で，個々の顧客は実際の利用状況に基づいて異なる金額を支払うところにある。

✛ フリーミアム

　フリーミアムは「free」と「premium」という言葉を組み合わせたもので，顧客はそのサービスの基本バージョンを無料で利用することも，高価格帯バージョンを購入することもできる価格戦略を指す。インターネット上でフリーミアム・ビジネスモデルの数は急増してきた。多くのインターネット・サービスの限界費用はゼロである（もしくは，ほぼそれに近い）ため，無料で提供しても増分費用が生じない。

　フリーミアム的なモデルはオフラインの世界にも存在してきた。銀行は無料の当座預金で顧客を勧誘するが，基本サービスを越えるものを望む顧客はその分の料金を支払わなくてはならない。確かに，無料の基本的な預金口座には，最低預金残高などの条件が設けられている場合が多い[5]。しかし，このようなサービスはフリー

ミアム・モデルのように見えるだけだ。預金にはほとんど利息がつかないので，顧客は実質的にサービスの対価を支払っていることになる。小売業者や自動車のディーラーの「ゼロ・パーセント」の金融サービスでも，同じような隠れた支払いが生じている[6]。金融サービスのコストは購入価格に隠されているのだ。

フリーミアム・モデルの目標は，無料にすることで最大数の潜在顧客を引きつけることにある。基本性能に馴染んだユーザーが，より強力で高度な追加機能を備えた有料バージョンにも関心を高めることを企業は望んでいる。フリーミアムは，使ってみて初めて全体の価値がわかるタイプの商品やサービスを経験してもらうのに非常に適している。また，フリーミアムをペネトレーション戦略の一形態と解釈する人もいる。フリーミアムはますます一般的になってきている。典型的な産業を挙げると，ソフトウエア（例，スカイプ），メディア（例，パンドラ・メディア），ゲーム（例，ファームビル），アプリ（例，アングリーバード），ソーシャル・ネットワーク（例，リンクトイン）などがある。

フリーミアム・モデルの成功要因は次の通りだ。

1）多くのユーザーを引きつけられる魅力的な基本サービス
2）初回購入者を移行させるための基本サービスと高価格サービス間の適切なフェンス
3）紹介購入者をライフタイム・バリュー（生涯価値）が最も高いリピート顧客に変える顧客ロイヤルティのコンセプト

最初の２つの要因にはトレードオフの関係がある。基本サービスが魅力的すぎれば，はっきりと差異化された高価格品を開発したり，顧客にトレーディング・アップを促したりすることが難しくなる。企業は確かに多数の無料ユーザーを引きつけても，そこから有料ユーザーになってもらうところで苦労するだろう。一方，基本バージョンの価値が低すぎれば，十分な数の無料ユーザーを獲得できないかもしれない。その場合，高価格モデルへの転換率が高かったとしても，ユーザーの絶対数は少ないままだ。特徴，製品のバージョン，使用度合いの違いを用いれば，基本バージョンと高価格バージョンとの間のフェンスが成り立つ。

それとは対照的に，インターネット電話サービスのスカイプは一連の機能をすべ

て提供しているが，無料通話は自社ネットワーク内に制限している。また，自社ネットワーク内ではインスタント・メッセージやファイル共有も無料で提供している。スカイプ・ユーザーが直観的に使える同社のユーザー・インタフェースに慣れてくれば，固定電話ネットワークや携帯電話ネットワークを利用したいと思い，支払意欲も持つ可能性が高まるかもしれない。スカイプはサービスを開始した時，毎回の通話時間（分単位）で課金した。その後，従来型の電話通信サービスと似たサービス・ポートフォリオを構築した。現在の有料サービスは，国内電話ネットワークに対して一定時間分料金もしくは定額料金を払う形となっている。

　新聞社はデジタルコンテンツの「無料」文化に何年も耐え忍んできたが，その後，フリーミアム・モデルを導入するようになった。新聞のウェブサイトはかつて広告のみでオンライン収入を得ていた。読者からも直接お金をもらおうと，有料コンテンツの壁（アクセス制限）を設ける発行元も多くなった。ここでの主なフェンス用ツールは，高機能の製品バージョンではなく，読者の使用量の多さだ。

　たとえば，ニューヨークタイムズ紙の読者は1カ月20本の記事に無料でアクセスできる。それより頻繁にクリックする人はお金を払う必要がある。ただし，紙媒体の定期購読者はオンライン版に無料でアクセスできる。ドイツの新聞会社のディ・ヴェルトも有料コンテンツの壁について実験を行っている[7]。その表示価格はディ・ヴェルトが4.49～14.99ユーロ，ニューヨークタイムズが15～35ドルだが，どちらの新聞もデジタル購読料は月99セントとしている。ニューヨークタイムズのキンドル版は月29.99ドルだ。

　月額購読料が99セントなので実際には「無料」とそれほど変わらないが，少額でもお金を払う関係になるという事実は，顧客にとっても出版社にとっても根本的な違いになる。フリーミアム・モデルにおける最大のハードルは，顧客にこの最初の価格バリアを克服させ「ペニーギャップ」を越えさせることだ。出版社の課題も，顧客を「無料」文化から引き離し，自社の有料デジタルコンテンツを経験してもらうことにある。IBMのマネジャーのサウル・バーマンはこれを「10年間にわたる挑戦」と呼んでいる[8]。ドイツの新聞出版社団体のトップを務めるシュテファン・シェルツァーは「いかに読者にオンライン・コンテンツにお金を払ってもらうかという，我々出版社の未来を決める問題」だと述べている[9]。

現時点では，完全にコンテンツで儲けているメディア関連企業はごく少数にすぎない。その一例が，フランスの調査や世論のポータルで，ル・モンド紙元編集長のエドウィ・プルネルが率いるメディパールである。同ポータルサイトは月額9ユーロの購読料で，6万5,000人の会員を集め，600万ユーロの売上を生み出している。メディパールは金額こそ少ないが黒字で，利益率は10％を超えている[10]。同社は広告を一切受け付けていない。

　サイモン・クチャー＆パートナースがあるソーシャル・ネットワークのためにプロジェクトを開始したとき，そのサイトの高価格品ユーザーは全体のわずか8％だった。オンライン価格テストを使ってみると，価格を変更してもほとんど売上に影響が出ないことがわかった。似たようなサービスを手掛ける競合他社が多く，中には完全に無料にしているところもあったので，テストでは，値上げ後に高価格品ユーザー数が急減するという結果になった。その一方で，値下げをしても，それほど多くの新規顧客は見込めそうになかった。価格弾力性はおおよそ1であり，ということは，価格を変えると，ボリュームは変化するが，単価が変わった分で相殺されるので，売上への影響はほぼニュートラルになる。それよりも影響があるのは，ポートフォリオやサービスそのものにおける変化だった。サービスの質を高めて充実させたことにより，高価格品ユーザーの割合は8％から10％まで伸びたのだ。これは25％の成長を意味し，実際に売上が増加した。これは同ソーシャル・ネットワークにとってこれまでで最も成功したプロジェクトとなり，利用状況が果たす中心的な役割についての確証も得られた。「無料」と「有料」の間の利用状況の違いには，顧客に「ペニーギャップ」を越えさせるだけの大きさがなくてはならないのだ。

　オンラインゲームでは，フリーミアム・モデルはごく一般的になっており，既存のゲーム・メーカーでさえ，個々の機能で儲ける目的で，様々なゲームをオンラインで無料提供し始めたほどだ。エレクトロニック・アーツは人気のレースゲーム「ニード・フォー・スピード」をベースに，「ニード・フォー・スピード・ワールド」と名づけたフリーミアム製品を開発した。プレーヤーは実際のお金を使って，プレイマネーを買うことができる。このプレイマネーを使って，さらに車の台数を増やしたり，車の性能を向上させるオプション装備を買ったりすることも可能だ。

第8章　プライシングのイノベーション　227

　企業の観点で，フリーミアム・モデルが従来の価格構造や価格スキームよりも優れているかどうかは，競争，ターゲット顧客，製品の特徴に左右される[11]。鍵となる測定基準は，高価格品の顧客への転換率と顧客生涯価値である。企業は高価格品の顧客から数百ドルを獲得できるが，基本製品のユーザーからの売上はまったくない。サイモン・クチャー＆パートナースの経験に従えば，フリーミアム・モデルを用いて価格と製品を体系的に最適化すれば，売上はたいてい約20％伸びる。

　しかし，メディア側はフリーミアム・モデルをとらなくても大成功する可能性がある。サイモン・クチャー＆パートナースはアメリカの大手雑誌のためにその仮説をテストし，紙媒体とオンライン版に対して，同等レベルだが少し高めの118ドルという年間購読料を最終的に提案した。また，紙媒体とオンライン版のバンドリング価格は148ドル（それぞれを足し合わせた236ドルよりも37％の割引）とした。これを実施したところ，購読者の離反はほとんど起こらず，購読者1人当たりの平均売上は15％増となった。ただし，この雑誌の評判が非常に高かったことに留意しなければならない。顧客は明らかに支払意欲があり，紙媒体とオンライン版の両方を利用できることに実際に付加価値を見出している。

✛ 定額制料金

　定額制料金（均一料金）は一括払い価格を現代的に言ったものだ。顧客は固定価格を月払いや年払いし，その期間中はその製品やサービスが使い放題となる。定額制料金は今日，電話通信やインターネット・サービスで非常に幅広く使われている。ケーブル・テレビの加入者は一般的に，月額固定料金を払うと，すべての利用可能チャンネルにアクセスでき，何度でも見ることができる。バーンカード100も定額制料金のサービスだ。カードを持っていれば，好きな回数，好きな距離だけ列車に乗ることができる。定額制料金は非常に効果的な価格差異化のツールだ。ヘビーユーザーは定額制料金を使えば大きな割引になることを心得ている。たとえば，鉄道を頻繁に利用し通常価格では年間支払額が2万ユーロになる人の場合，2等席のバーンカード100を買えば79.6％の割引となる。企業にとって，このように使用量が多いケースは，定額制料金を提供するときに直面するリスクと言える。ヘビーユーザーからの売上は低めで，コストがかさむ可能性（例，データ通信ネットワー

クへの追加投資など）があることは織り込んでおいたほうがいい。

　それでも，定額制料金はプライシングにおいて最も重要なイノベーションの1つである。博物館，劇場，フィットネス・スタジオの月間パスや年間パスを見ると，いずれも定額制料金の性格を持っている。ファストフード店の清涼飲料の飲み放題サービスも同じ原則に従っている。「すべて込み」のパックツアーは定額制料金（例，飲食品）と価格バンドリングを融合させている。食べ放題レストランも定額制料金の例に当たる。どのみち顧客の飲み食いする量には一定の限界があるので，レストランのオーナーのリスクは限定的だ。日本の居酒屋で一般的な価格モデルは，顧客が一定時間内に好きなだけ飲み食いできる定額制料金だ。1時間1,500円，2時間2,500円，3時間3,500円といった均一料金は特に日本の学生の間で人気となっている。制限時間を設けることで店側のリスク軽減にも役立つ。私も一度，東京でこのシステムを試してみたが，定額制料金の利用客へのサービスは注文品が出てくるまでにやや時間がかかるという印象を持った。

　電話通信会社やインターネット会社にとって，定額制料金によって問題が生じることもある。あるヨーロッパ企業は「定額制料金19.90ユーロ（約24.70ドル）で通話もインターネットも使い放題」のサービスを始めた。サムスンのスマートフォンも対象となる[12]。この定額制料金のどこに問題があるのだろうか。1日24時間に通話やネットサーフィンできる量は限られているが，データ量は際限なく増加し続ける。電話通信とネットビジネスの定額料金をめぐる議論は，アメリカで1990年代後半に本格的に始まり，すぐに海外にも広がった。こうした価格モデルから最も恩恵を受けるヘビーユーザーは，もっとサービスを増やすようにと企業に対するプレッシャーを強めたのだ。

　2000年11月20日，私はTモバイルに対して「インターネットと定額制料金——戦略的な検討事項」と題したプレゼンテーションを行ったが，その際に次の2つの命題を提示した。

○命題1：定額制料金は，大多数を占めるライトユーザーがごく少数派のヘビーユーザーに援助金を渡すことを意味する。

○命題2：定額制料金によって，売上と利益が低下する可能性が高まる。経済的

な観点で，定額制料金は合理的ではない。

今日でも，ヘビーユーザーが「ごく少数派」と言えるかどうかには疑問の余地がある。最も重要な命題2については，私は今でもこの言葉の通りだと思っている。

データ量は大幅に増大してきたが，電話通信会社は定額制料金をとっているため，データ量の増加に合わせて成長を遂げられず，売上が伸び悩んでいた。しかも同時に，新しいネットワーク・インフラに数十億ドルを投じる必要がある。しかし，定額制料金という価格政策により個々の顧客から引き出せる売上に上限があることから，こうした投資の成果を刈り取ることはできないだろう。私は定額制料金の波に耐え切れる電話通信会社が1社もないと言っているのではない。ただし，同業界は全体的に定額制料金で自らの首を絞めてきた。近年では，無制限のデータ利用契約サービスの提供をやめる電気通信会社がますます増えているが，それが業界の新しい標準となり，定額制料金の罠から抜け出す方法になればと，私は期待している。

私は2013年に，Tモバイルの親会社ドイツテレコムの当時のCEOだったレネ・オベルマンと話す機会があった。上記の2つの命題について伝えると，こうした揺り戻しに関して「あなたのチームが2000年時点で実際にこうした展開を予見していた通りになっている」とオベルマンは認めた[13]。

消費者の観点では，定額制料金には多くのメリットがある。中には，最も経済的な選択肢ではないときでも，定額制料金を選ぶ消費者がいるのだ。1つの理由は，定額制料金が一種の保険になるためだ。消費者にとって，現金払いのリスクが一定額に限定される。定額制料金をサンクコストとみなせば，消費者にとって通信やデータ利用の限界費用はゼロであり，こうしたサービスは負担が「ゼロ」だと認識するのだ。加えて，「タクシー・メーター」効果も回避できる。プロスペクト理論の観点では，すべての電話やオンラインでのやりとりには正の効用がある。私たちは日々それを経験し，その総和は月1回支払う定額制料金の負の効用を上回るのだ。

何らかの自然な限界や人為的限界によって消費や使用が制限を受けないならば，企業は定額制料金についてよく注意しなくてはならない。ライトユーザーとヘビーユーザーの分布に関する詳細情報を持ち，厳密なシミュレーションをしてみることが重要だ。そうしないと，定額制料金で思いもよらない不快な体験をすることにな

りかねない。ヘビーユーザーの数が膨大ならば，定額制料金によって利益は大きな危険にさらされる。

✛ 前払い制

　消費する前にサービス料金の支払いを求める前払い制は，予約販売や前売り価格のバリエーションと解釈してもいいだろう。サイモン・クチャー＆パートナースは，1990年代に携帯電話サービス会社のパイオニアのE-Plusがいち早くプリペイドカードを導入するのをサポートした。プリペイドは今ではカフェテリアやスターバックスなどの店舗で一般的になっている。店舗側はプリペイド式のバリュー・カードを提供し，カードの持ち主が一定要件を満たすと「ゴールド」のステータスとなり，割引や無料ドリンクがもらえるようなロイヤルティ・プログラムを用意している。スターバックスはカード発行枚数や残高を公表していないが，その人気ぶりを間接的に示すものの１つが，紛失したりずっと使われないカードからの純利益として計上している金額だ。2013年度は「死蔵」カードからの追加利益を3,300万ドル計上している[14]。

　プリペイドカードでは一般的に，消費者はカードを買うか，無料カード（スターバックス・カードなど）に一定金額をチャージして買い物するたびにそこから引き出す。このシステムには，売り手と買い手の両方にメリットがある。顧客が（カードにチャージして）前払いするので，売り手にとって貸倒れリスクがなくなる。買い手側も，自分がいくら使っているかがわかるので，予算オーバーのリスクを取り除くことができるのだ。あまり豊かではない国でプリペイドカードが人気を呼んでいる理由の１つは，こうしたところにある。売り手にとってのデメリットは，前払いした買い手との関係が，特定期間に実契約を交わしたときの関係よりもルーズになることだ。新興国市場では意外な場所でプリペイドカードを見かけることがある。メキシコでは，保険会社のチューリッヒが前払いの自動車保険商品として，使い始めた日から30日間有効となる保険サービスを提供している。

✛ 顧客主導型プライシング

1990年代後半に最初のECの波が起こっている間，顧客が価格を提示して，売り手がそれを受け入れるかどうかを決めるという，新しい価格モデルが大いに期待を集めた。「ネーム・ユア・オウン・プライス方式」（自分で値付けするという意味），「顧客主導型プライシング」，「リバース・プライシング」などと呼ばれるこのプロセスは，顧客が実際の支払意欲を明かすだろうという願望に基づいている。顧客が提示する価格には拘束力があり，顧客はクレジットカード番号を教えるか口座引き落しを選ばなくてはならないので，支払いは保証される。顧客の提示価格が（売り手だけが知っている最小の）閾値を上回るとすぐに，その顧客は対象製品を入手し，提示価格分を支払うことになる。こうした拘束力のある提示情報を集めて定義した曲線は，史上初の「本物」の需要曲線とも言い表すことができ，この価格モデルの興味深い副次的効果である。

顧客主導型の価格モデルのパイオニアは，1998年に創設されたプライスライン・コムだ。ドイツのイーアプレスやタリマンなど似たような企業がすぐに追随した[15]。こうした企業は初期の頃，幅広い製品を提供していた。しかし，大半の顧客が非現実的な低い価格を提示することが判明した。これらのサイトに集まったのは特売品漁りに熱心な消費者ばかりで，わざと真の支払意欲を隠し，超低価格で製品を手に入れようとした。いずれにせよ，このモデルでは持続的な成功は遂げられず，イーアプレスとタリマンは短期間で消えていった。プライスラインは生き残ったが，従来型のインターネット小売業者に進化し，現在は約50億ドルの売上を上げている。ネーム・ユア・オウン・プライス方式は，サプライヤーが過剰在庫を処分する手段として，非常に限界的な役割を果たすだけだ。もしくは，プライスライン・コムのサイト上の説明によると，「*Name Your Own Price®* サービスは，買い手の柔軟性を活用して，既存の流通チャネルや小売業者のプライシング構造を破壊せずに余剰在庫を売り切るために，売り手が低価格を受容できるようにする」ものだ[16]。

これらのモデルは理論上，消費者の真の支払意欲を明らかにするという興味深い可能性を秘めているが，期待外れに終わった。しかし，企業が在庫を一掃する方法として，復活したり，使用が増えたりする可能性は無視できない。

✣ ペイ・ワット・ユー・ウォント方式

「ペイ・ワット・ユー・ウォント（希望する金額を払う）」方式（以下PWYW）は顧客主導型プライシングをさらに一歩進めたものだ。このモデルでは，買い手が価格を決めるのだが，売り手はそれを受け入れる義務がある。イギリスのロックバンドのレディオヘッドは2007年にオンラインで『イン・レインボウズ』というアルバムを発売した。アルバムは100万回以上ダウンロードされ，「買い手」の40％が1人当たり平均6ドルを支払った[17]。時々，レストランやホテルなどのサービス業界で同じような試みを目にすることがある。食事した後やチェックアウトをするときに，顧客は希望する金額を払う。プライシングの観点では，売り手は完全に買い手の言いなりになるのだ。こうした状況では，一定数の顧客はコストをカバーする金額を実際に払ってくれるかもしれない。残りの顧客はこの機に乗じて，少額しか払わなかったり，まったく払わなかったりするだろう。

同じくこうしたモデルを採用している動物園，博物館，映画館などの施設とは対照的に，ホテル，そして特にレストランは変動費が高く，PWYWモデルによるリスクはさらに高まる。最悪の場合，一部の顧客は全く支払ってくれない。標準的な営業スタイルとしてこのモデルを自ら確立させた事例は見当たらず，PWYWモデルは夢物語だろうと私は考えている。PWYWモデルは寄付のバリエーションだと解釈することもできそうだが，寄付であれば具体的な義務や見返りは求めないので，そうなると「価格」に関する話ではなくなる。

PWYWモデルと顧客主導型の価格モデルの間には，2つの根本的な違いがある。後者のモデルでは，売り手は顧客の提示価格を受け入れるか拒むかを決めることができ，その意思決定は製品やサービスを交換する前に行われる。PWYWモデルの場合，消費が行われるのは，支払いを求める前か，価格が設定される前，あるいは，支払った後（たとえば，動物園や博物館ではお金を払って入園・入館する）ということもある。こうなると，売り手はもはやいかなる意思決定もできない。1つの妥協的なやり方が「希望価格」であり，ニューヨークとワシントンD.C.の一部の博物館で実際に行われている。これはいわばヒント付きPWYWモデルである。ニューヨークの機関はこのモデルをやめたようだが，まだ多くの場所で人気があり，ワシ

ントンD.C.のナショナルモール（国立公園）の周辺では複数個所で実践されている。

　しかし，そのような場合でさえ，運営者やオーナーは顧客の善意に完全に頼ることとなる。顧客が支払うかどうか，それがいくらなのかは，完全に顧客次第で，他の義務や制約は一切ないのだ。つまるところ，企業としては，PWYWモデルは避けたほうがいい。

÷ 利益志向のインセンティブ方式

　この本でことあるごとに述べてきたのは，利益志向のみが長期にわたってプライシングのガイドラインになり得るということだ。売上，数量，市場シェアなどの目標は，最適とは言えない結果につながる。同じことはインセンティブ制度にも当てはまる。こうしたインサイトにもかかわらず，売上ベースのインセンティブはいまだに営業担当者向けに最もよく用いられる形態となっている。こうしたトレンドは，割引を大きくしすぎたり，価格を安くしすぎたりすることにつながっている。通常の状況では，最大の売上をもたらす価格は，利益を最大化する価格よりもはるかに安くなる。線形の需要曲線と線形の費用である場合，売上を最大化する価格は上限価格の半分だが，利益を最大化する価格は上限価格と単位当たり変動費の中間に位置する。電動工具の事例では，上限価格が150ドル，単位当たり変動費が60ドルだった。つまり，「最大化」の価格は次のようになる。

○売上を最大化する価格75ドル，損失750万ドル
○利益を最大化する価格105ドル，利益1,050万ドル

　2つの価格がもたらす利益の差は計り知れないほど大きい。売上の最大化に対して営業担当者に報酬を与えるならば，当然ながらそれが彼らの目標となると考えられる。彼らから見れば，それ以外のことをするのは筋が通らないのだ。営業担当者に価格水準の決定権を与えれば，価格は低下傾向となり，それに伴って利益も失われていくだろう。もちろん，電動工具の事例では，マネジャーたちは会社が赤字に転落しないように一定の上限や下限を決めるべきだ。しかし，価格トレンドは依然として下降が続いている。なぜ売上ベースの報酬制度がこれほどよく用いられるのだろうか。これには，完全に習慣化しているから，わかりやすいから，利益や粗利

に関する知識を営業担当者に持たせたくないからなど，いくつかの理由がありそうだ。

　売上ベースの報酬プランを長く続けるよりも，利益志向に切り替えることを企業には強くお勧めしたい。切り替える際には，わかりやすさや機密保持と引き換えにする必要はない。1つのシンプルな方法は，コミッションやインセンティブを割引レベルと連動させることだ。決めてきた割引が小さいほど，営業担当者の歩合が高くなるようにするのだ。サイモン・クチャー＆パートナースでは，様々な業界の企業向けにこの種のプランを多数開発してきた。通常，割引の実施を数％ポイント減らしても，販売数量が減少したり，顧客が離反したりすることはない。PCやタブレットの商談中に，営業担当者が自分の受け取る歩合の変化を実際に見えるようにすれば，この種のインセンティブの効果が高まるのだ。現代の情報技術は，インセンティブの開発や維持において重要な役割を果たしている。実際のインセンティブの形態やパラメータは，（売上ではなく）利益の測定結果で営業担当者の変動報酬が決まる事実ほどには重要ではないのだ。

✛ より良い価格予測を目指して

　コモディティ市場では，個々のサプライヤーは価格に対する影響力を持っていない。第1章でファーマーズ・マーケットや豚肉の価格について説明したように，価格には需要と供給の相互関係が反映される。となれば，人は価格に関して無力であり，どうなるかそばでじっと見守るしかないのだろうか。そうとも限らない！　価格がどの方向に動くかが事前にわかっていれば，販売時期を早めたり，延期したりする，言い換えると，高価格で売る量を増やし，低価格で売る量を減らすことができるのだ。

　ある大手化学品会社は，まさにそうした課題に直面した。営業担当者は毎週のように繊維業界の顧客企業を訪ね，注文のタイミングにいくらか影響を及ぼすことができていた。サイモン・クチャー＆パートナースはこの化学品会社と共同で，価格予測モデルを開発した。これは需要と供給データ，営業担当者が毎回の訪問後に行う予測情報を組み込んでいる。図表8－1は，30日と90日の価格予測を示したも

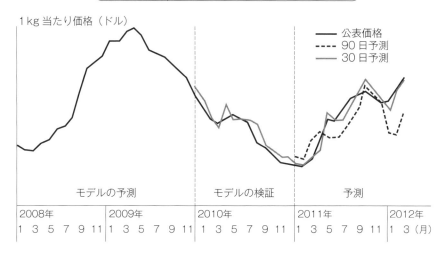

図表8-1　コモディティの化学品の価格予測

のだ。

　同社はこうした予測を営業担当者が利用できるようにした。重要なのは，予測される価格傾向のタイミング，すなわち，いつ価格が上がり，いつ下がるかを理解することだった。このモデルで価格が次に上昇することが示された場合，営業担当者への指示は「今は売るのを控えて，購入日を先延ばしせよ」となる。価格がまさに下がりそうだという予測のときは，正反対のアドバイスで「すぐに売って，購入日を前倒しにせよ」となる。こうした状況は証券取引所の取引と似ている。未来の傾向についてより良い情報を持つ人は，儲けるチャンスが増える。こうした予測を用い，予測に基づいてより良いタイミングで取引できるようになれば，企業の利益率は1％ポイント向上する（コモディティのビジネスでは非常に大きな改善である）。

✛追加料金を賢く活用する

　過去数年間にサイモン・クチャー＆パートナースが手掛けたり，観察してきたプライシングのイノベーションの多くは，追加料金に基づくものだった。追加料金はその形態や意図によって，いくつかのカテゴリーに分類できる。

○**アンバンドリング**：追加料金や追加払いの形で，それまでトータル価格に含まれていた製品やサービスを個別に課金する。

○**新しい価格構成要素**：これまで価格を設定していなかった製品やサービスについて単独で価格を設定する。これは新しい価格構成要素となる。サニフェアのコンセプトがその好例である。

○**増加コストの転嫁**：追加料金の形で（通常は，契約内で定められた何らかの指標に関連させて）コスト増を顧客に転嫁する。

○**価格差異化**：時間，地理，個人の特徴などに基づいて価格を差異化する手段として追加料金を用いる。

　追加料金の発明や収集において特に創造的なのが，格安航空会社のライアンエアーだ。同社は2006年，世界で初めて預かり手荷物を別料金としたが，それは当時，同業界ではまったく新しい動きであり，物議を醸すこととなった。当時，ライアンエアーの利用者は手荷物を預ける際に1個当たり3.50ユーロ（約4.50ドル）を払う必要があった。今日の1個当たり価格（最高20キログラム）は，旅行のピーク時期は35ユーロ（約45ドル），閑散期は25ユーロ（約32.50ドル）である。ライアンエアーはこの追加料金からの純利益について詳しい内訳を公表していないが，同社の便の利用者は年間約8,000万人にのぼる[18]。たとえ荷物を預ける乗客の比率が少なかったとしても，ライアンエアーにとって何億ユーロもの稼ぎになる。

　ライアンエアーは受託手荷物料金の導入を発表するときに，驚くべきコミュニケーション手法を選んだ。「これによって，手荷物を預けられないお客様の場合，全体的なチケット価格が9％の引き下げとなります」と説明したのだ。こう言われた後で，受託手荷物料金に反対する人などいるだろうか。ライアンエアーは顧客が厳しく目を光らせるため価格弾力性の大きな基本料金は安く設定したうえで，追加料金の長いリストを考え出した（こちらについては，顧客の関心は低く，したがって，価格弾力性も小さい）。クレジットカード料金として2％，管理料金として6ユーロ，座席を予約すれば10ユーロ，大きなスポーツ用品や楽器を持ち込めば50ユーロ，という形でリストは続く。オンラインで予約しない場合，さらに追加料金がかかる。ライアンエアーCEOのマイケル・オリーリーは折に触れて，機内でのトイレ利用などで追加料金をさらに増やすと脅しをかけているが，必ずしもその通りに実行していない。おそらく，ライアンエアーの乗客はそのことには大いに感謝

第8章　プライシングのイノベーション　237

しているだろう。

　追加料金は，ピーク期間中の支払意欲の高さをうまく活用するのに適した方法だ。旅客鉄道ならば，金曜の午後や日曜日の夕方の利用に対して追加料金を導入できただろう。こうした追加料金は2つの効果がある。会社の利益が増えることに加え，需要も抑えられるのだ。それによって，ラッシュアワーにオーバーブッキングや満員状態になる可能性が低くなる。オフピーク期間に価格を引き下げてもほとんど影響はないが，ピーク期間の値上げは重要な結果をもたらすことがある。多くの業界で行われている時間ベースの価格差異化には，こうした非対称性が見られる。

　企業が顧客に付加価値を提供する場合，追加料金はその価値を引き出す方法となる。エール・フランスでは，非常口の列の座席を希望する乗客は，その特権を得るために50ユーロ（約65ドル）を支払う必要がある。飛行時間が9時間以上のときは70ユーロ（約90ドル）だ。ゴールドカードとプラチナカードの保有者はこの追加料金が免除される。他の航空会社も同じような追加料金を採用している。広いスペースに付加価値があるのは明白だ。そういう付加価値を望む顧客が，なぜそのためにいくらか支払ってはいけないのだろうか。これは素晴らしいフェンスを築くメカニズムでもある。

　多くの場合，どのくらい速く利用したり，顧客がアクセスしたりできるようになるかによって，ある製品の価値は決まる。仮に鉱山でダンプカーのタイヤがパンクしたなら，そのトラックは使用できない。そのトラックが遊んでいる時間中ずっと，鉱業会社は売上を生み出せないのだ。新しいタイヤを届けて設置するスピードが速いほど，停止時間は短くなる。これが意味するのは，鉱業会社に迅速なサービスに対して支払意欲があるということだ。それは，大型産業車両用タイヤの大手メーカーの価格モデルにも反映されている。タイヤの種類によって標準的な納期は異なる。需要の多いタイヤは倉庫に在庫があり，いつでも入手できる。そうしたタイヤについては即時配達に別料金を設けていない。あまり一般的ではないタイヤの場合，納品に数日かかることもある。顧客がスピード配達を望むなら，このタイヤ会社では別料金を請求している。この例は，企業がこの継続稼働を可能にするモデルを使ってより良い迅速なサービスから利益を上げるうえで，いかに追加料金が役立つかということを示している。

通常の製品価格を変えてコスト増を転嫁するのは難しいことが多い。しかし，特定のコスト・パラメータについて追加料金を導入すれば，たいてい顧客は受け入れてくれる。ある医薬品卸売会社は，燃料費の高騰を受けて，価格に追加料金を上乗せせざるを得なかった。競合他社も追随した。この業界の利益率は１％未満と極めて厳しかったが，この追加料金によって利益が30％増加した。イギリスの生コンクリート会社は，600ポンド（1,000ドル）の基準価格に加えて，週末の配送トラック１台当たり70ポンド（115ドル），夜の配送トラックは１台当たり100ポンド（約165ドル）の追加料金を設定した。同じ業界のあるドイツ企業は，気温が氷点下の場合，輸送量１立方メートル当たり８ユーロの追加料金を課している。

別の興味深いアイデアは，追加料金の代わりに，追加サービスを提供するというものだ。ドバイの高級ホテル，ジュメイラ・ビーチ・ホテルでは，宿泊客が１日約50ドルを払えば，エグゼクティブ・ラウンジを使うことができる。その価格にはラウンジでとる朝食（約37.50ドル）も含まれている。つまり，ラウンジを１日使うための純粋な追加料金は12.50ドルだ。このサービスは人気があり，客単価が増加している。

チップは特別な形の追加料金，または，PWYWモデルのバリエーションとしても捉えることができる。日本や韓国などチップの習慣がまったくない国もあるが，他の国々では，チップは事実上の追加料金の性格を持っている。アメリカのレストランでは15％のチップ（もっと多くてもいいが）を「払わなくてはならない」。一部のレストランでは，一定数以上の団体客に15％や18％のチップを義務づけている。

数年前まで，ニューヨークのタクシー運転手は現金しか受け取らず，乗客がチップをいくら上乗せするかを決めていた。平均は約10％だった。その後，ドライバーはクレジットカードを受けつけ始めた。乗客は今や，読み取り端末機を手に取ってカードをくぐらせた後，タッチスクリーンを押して，３つのオプション（20％，25％，30％）からチップの金額を手作業で選べるようになったのだ。このシステムを導入した後，平均的なチップは22％に増えたが，これはニューヨークのタクシー運転手の年間売上が１億4,400万ドル増えたことになる[19]。すべて賢いプライシングのおかげであり，悪くない話だ！

第8章　プライシングのイノベーション　239

　追加料金は，一部の選択肢の魅力を薄れさせて，顧客を他の選択肢へと促す方法となる。ドイツの航空貨物会社のルフトハンザ・カーゴは2002年に，従来型の予約に5ユーロの追加料金を導入し，「無料のe」というキャッチフレーズで電子予約を推進した。この措置により電子予約の比率は大幅に増えた。顧客がオンライン予約に慣れてくると，ルフトハンザ・カーゴは従来型の予約に追加料金を課すのをやめた。

　追加料金の価格弾力性は通常，基準価格の価格弾力性よりも小さい。しかし，時には反対の効果になることもある。2010年時点で，ドイツの公的健康保険会社はすべて，加入者1人当たりの統一料金を受け取っていた。その金額ではコストをカバーしきれない会社は，売上を増やすために，自社の会員に直接，追加料金を課す必要があった。給料から天引きされる形で毎月支払っていた基本料金と比べて，これらの追加料金（たいてい8～10ユーロ）はごく少額だったが，それにもかかわらず，強い抵抗に遭った。追加料金を導入した保険会社は会員を大量に失い，最終的に財務状況が悪化してしまった。最大手の公的保険会社のCEOはこう述べている。「追加料金は，さほど財務的なプラスの効果がないまま，強力な価格シグナルを送ることになりました。それどころか，会員が大挙して競争相手に流れてしまったのです。売上を増やす道具として，追加料金は役に立たないことがわかりました」[20]

　これらの強い負の影響について心理面から説明できる。たとえ追加料金が全体の価格に対して少額だったとしても，会員はゼロ（追加料金なし）との差分を否定的に受け止めるのだ。しかも，公的保険会社が長年，ユーロやセントではなく，会員の所得比率で「価格」を表現していたので，会員には保険料を支払っているという実感がなかった。こうした「価格」は従業員（会員）と雇用主がそれぞれ負担し，毎月の給与所得明細には多くのよくわからない入力項目の1つとして表示される。それとは対照的に，追加料金は会員が自腹で直接支払う必要がある。プロスペクト理論でいうと，知覚された負の効用が大きくなるのだ。

　ドイツのレンタカー会社のジクストも，走行距離が200キロメートルを越えた分の追加料金を設定したときに，抵抗に遭った。顧客からの不満や抗議の声が強かったことから，ジクストはその後，この追加料金を取り下げることにした。ドイツ鉄道も追加料金では不発に終わった。切符売り場で対面発行する切符のすべてに2.50

ユーロの追加料金を設定しようとしたのだが，顧客だけでなく，大物政治家も苦言を漏らしたため，同社は2週間後に追加料金を取り消さざるを得なかった。

バンク・オブ・アメリカも，デビットカードに月額5ドルを請求しようとしたときに同じような災難に見舞われた。顧客はひどく立腹し，同行は対前年比で20%以上の顧客を失った[21]。同行は間もなく追加料金を取り下げた。慎重に市場調査を計画し実施してみない限り，企業イメージへのダメージを回避できるチャンスはないだろう。

✦アラカルト・プライシング

かつて音楽CDを買うときには，平均14曲がフル収録されたアルバムを買う必要があった。これは純粋なバンドリングの例である。音楽会社がシングル曲を発売しない限り，個別に買うことはできなかった。「ブロックブッキング」時代の映画スタジオとそっくり同じで，たいていのアルバムには魅力的な歌とそれほど魅力的でない歌が混ざっていた。価格バンドリングのところで説明したように，レコード会社はそうやって，最も人気のある曲に対する支払意欲をアルバム内の他の曲にも移転していたのだ。顧客にはたいてい全曲をまとめて買う以外に選択肢がなかった。欲しいのは2，3曲だけなのに，14曲を買わなくてはならない事実に辟易としている顧客も多かった。そこでは，明らかに代替モデルが求められていたのだ。

アップルは2003年4月28日にiTunesストアを開き，革新的な「アラカルト」の価格モデルを採用した。顧客は今では1曲単位で買えるようになった。故スティーブ・ジョブズはすべての大手レコード会社のトップに個人的に会いに行って，iTunesで曲を販売する権利やアラカルト・プライシングを用いる権利を求めたと言われる。これは，その後の価格差異化を含めて，音楽のアンバンドリングにつながった。iTunesライブラリには，音楽，電子書籍，アプリ，映画など3,500万作品が揃っている。音楽の場合，69セント，99セント，1.29ドルという価格帯だ。他の製品や作品は異なる価格カテゴリーに分類される。また，iTunesはウィークリー・スペシャルも提供する。iTunesはある時，丸1週間（7日間24時間無休）で1分につき2万4,000曲を売り上げた。iTunesはオンライン音楽市場の3分の2を占め

るようになり，2013年の全収録音楽市場シェアは34％となった[22]。最初の10年間で，利用者が同プラットフォームからダウンロードした曲は250億曲を超える。

　革新的な価格モデルは，iTunesの目覚ましい成功において大きな役割を果たしたが，だからといって将来の成功が保証されているわけではない。スポティファイ，パンドラ，グーグルはいずれも月額会員制をとり，統一料金で音楽ストリーミング・サービスを提供している。アップルはその後，iTunesラジオで対抗したり，ある曲を買ったら，アルバム内の残りの全曲を少額のバンドリング割引つき固定料金で追加できる「コンプリート・マイ・アルバム」というオプションを長らく提供している。これは，ユーザーにとってお得感がある[23]。

　もっとも，競争は進展を続けている。シリウスXMラジオは2013年に，衛星ラジオ・サービスの加入者が2,500万人を超えた。スポティファイは2015年時点で2,000万人の有料会員と7,500万人のアクティブ・ユーザーを擁している。ヘッドホンのラインナップで最も有名なビート・エレクトロニクスは，2,000万曲以上を提供する音楽ストリーミング・サービスを開始し，アメリカの携帯電話会社のAT&Tモビリティのスマートフォンのサービスとバンドリングする形で排他的な家族プラン・サービスを打ち出している。アップルは2014年5月にビート・エレクトロニクスを32億ドルで買収する計画を発表した。時間と価格スキームは変わり続けている。

✛ハーバード・ビジネス・レビュー・プレス

　アラカルト・モデルは多くの業界にうまくフィットする。ハーバード・ビジネス・レビュー・プレスは，書籍の各章やハーバード・ビジネス・レビュー（HBR）誌の各記事をそれぞれ6.95ドルで販売している。他の出版社も類似のモデルを採用してきた。これは特定のテーマや方面に特に関心を持つ顧客にとって非常に魅力的なモデルだ。出版社側は，全体的な価格戦略の再考を余儀なくされたはずだ。HBR誌の年間購読費は，紙媒体とオンライン版が89ドル，モバイル・プラットフォーム上の「オール・アクセス」版が99ドルだ[24]。年間に読む記事が13本に満たない人は，アラカルトで買ったほうが賢明だろう。6本の記事でよければ，年間購読よりもアラカルト・モデルのほうが53％の節約になる。アラカルトの価格モデル

にはリスクもあり，よく検討したうえで注意深く導入しなくてはならない。

✛オークション

　オークション（競売，入札）は最も古い価格設定の形態に入る。この本はその1つであるファーマーズ・マーケットの説明から始まった。農産物，花，コモディティ，芸術作品，公的機関の契約などの価格はいつもオークションで決まっているかのように見える。オークションには様々な形態があり，それぞれ特定の状況や課題に合わせて設計されている[25]。その重要性は近年高まっており，数々のイノベーションも起こっている。これは，1つには政府が電話通信用の帯域幅，エネルギー権，石油やガス産業の採掘などで大規模入札を行うためだ。企業も調達でオークションを頻繁に用いるようになっている。タンク・アンド・ラストは2013年から，高速道路のガソリンスタンド100カ所以上で燃料供給の権利を販売するために，新しいオークション・プロセスを用いている。

　インターネットはオークションの利用促進とアピールに一役買ってきた。最も広く知られているのが，イーベイだ。イーベイ上のオークションでは，最も高い価格をつけた人が勝つが，次に高い価格を付けた人よりもわずかに高い金額を払うことになる。これは，ドイツの文豪ヨハン・ヴォルフガンク・フォン・ゲーテが1800年頃に用いたオークション・プロセスとほぼ同じだ。ゲーテは自分の原稿を最も高い価格をつけた出版社に，2番目に高かった価格で販売した。コロンビア大学教授のウィリアム・ヴィックリーは，こうしたオークションは参加者がそれぞれの支払意欲を明らかにするうえで最適であることを証明した。彼は1996年にこの重要なインサイトに対してノーベル賞を受賞し，現在ではこの形のオークションに彼の名前がつけられている。

　グーグルは広告スペースを売るために，広告主の支払意欲とともに，検索エンジンのユーザーにとっての広告の効用を考慮に入れた賢いオークション・システムを用いている。グーグルは，広告主に広告効率に関する主要なデータも提供する。このシステムは，有名な経済学者で，2007年以降グーグルのチーフ・エコノミストを務めてきたハル・ヴァリアンによって開発された。

オークションは通常，入札者から最大の支払意欲を引き出すという考えに立つ。公的機関の契約の場合，参加企業の財務的な実現可能性の確認，エネルギー供給者の確保，キャパシティ上の制約の回避など，他の目標が優先されることもある。これらの目標を達成するために，経済学者たちは特別な「マーケット・デザイン」を考案してきた[26]。

こうしたオークションは時として非常に高額になってしまうこともある。ドイツの携帯電話サービス会社は2000年に，政府の入札でUMTS帯域幅の権利に対して合計500億ユーロ（650億ドル）を支払った。オランダでは2013年の帯域幅の入札で，予想よりもはるかに多い38億ユーロ（約50億ドル）の価格がついた。チェコでは当局が2013年春に帯域幅の入札を取り止めた。入札に勝った業者が，新しいインフラに必要な資金を調達できなくなる懸念があったからだ。携帯電話ネットワーク事業者は今や帯域幅の入札を恐れており，最大手企業のCEOはこうした入札は業界にとって厄介な問題となっていることを認めている。オークションとマーケット・デザインは現代の経済調査の中で最も革新的な領域となっている。その時点の市場の特有の状況に合わせたオークションを通じて，ますます多くの価格が設定されるようになると考えられる。

注◆

1　2014年3月13日，アメリカのAmazonプライム会員宛ての電子メール。

2　Stu Woo, "Amazon increases bet on its loyalty program", The Wall Street Journal Europe, November 15, 2012, p.25.

3　Financial Times, March 20, 2013, p.14 and Lisa Fleissner, "'Internet of Things' gives ARM a boost", The Wall Street Journal Europe, April 24, 2014, p.19.

4　Lisa Fleissner, "'Internet of Things' gives ARM a boost", The Wall Street Journal Europe, April 24, 2014, p.19.

5　2013年3月26日付コメルツ銀行のDM。

6　"Nicht jedes Angebot ist ein Schnäppchen. Null-Prozent-Finanzierungen werden für den Handel immer wichtiger," General-Anzeiger Bonn, April 3, 2013, p.6.

7　"Axel Springer glaubt an die Bezahlschranke", Frankfurter Allgemeine Zeitung, March 7, 2012, p.15.

8　Saul J. Berman, Not for free – revenue strategies for a new world, Boston: Harvard Business Review Press, 2011.

9　"Das nächste Google kommt aus China oder Russland", Frankfurter Allgemeine Zeitung, March 18, 2013, p.22.

10 "Enthüllungsportal Mediapart bewährt sich im Internet", Frankfurter Allgemeine Zeitung, April 4, 2013, p.14.

11 "A compact, good analysis of Freemium can be found in Uzi Shmilovici, The Complete Guide to Freemium Business Models", TechCrunch, September 4, 2011.

12 ADAC Motorwelt, March 2013, advertising section from tema.

13 著者宛ての書簡。

14 スターバックスの2013年の年次報告書。

15 著者はイーアプレス（IhrPreis. de）の取締役会のメンバーだった。

16 プライスラインのIRサイト（ir.priceline.com）。

17 Eliot van Buskirk, "2 out of 5 Downloaders Paid for Radiohead's 'In Rainbows'", Wired Magazine, November 5, 2007.

18 http://www.ryanair.com/en/investor/traffic-figures

19 www.slate.com/blogs/moneybox/2012/05/15/taxi_button_tipping.html, May 15, 2012.

20 "Wir müssen effizienter und produktiver warden", Interview with Christoph Straub, Frankfurter Allgemeine Zeitung, January 30, 2012, p.13.

21 Marco Bertini and John Gourville, "Pricing to create shared value", Harvard Business Review, June 2012, pp. 96-104.

22 Marcus Theurer, "Herrscher der Töne", Frankfurter Allgemeine Zeitung, April 20, 2013, p.13.

23 "Apple's Streaming Music Problem", Fortune, April 8, 2013, pp.19-20.

24 2014年5月のHBR.org website上の価格表より

25 Vijay Krishna, Auction theory, London: Elsevier Academic Press, 2009 and Paul Klemperer, Auctions: theory and practice, Princeton: Princeton University Press, 2004.

26 Axel Ockenfels and Achim Wambach, Menschen und Märkte: Die Ökonomik als Ingenieurwissenschaft, Orientierungen zur Wirtschafts-und Gesellschaftspolitik, No.4, 2012, pp.55-60.

---第 **9** 章---
経済危機への対応と価格戦争

✛危機とは何か？

　危機とは，この本の文脈でいうと，需要が崩壊することを指す。危機になると，プライシングにとっていくつかの好ましくない結果を招く。需給バランスのとれた市場と違って「買い手市場」を誘発し，パワーバランスが買い手有利に変わってしまうのだ。このような状況を示す基本的な指標を挙げてみよう。

○**設備稼働率**：企業内で生産能力と従業員が十分に活用されなくなり，その結果として一時帰休，人員削減，賃金カットが行われることもある。
○**在庫**：倉庫や工場，再販業者に売れ残り品が積み上がる。
○**価格への圧力**：顧客が新しいパワーバランスに乗じようとしたり，競合他社が互いに値下げを始めたりすると起こる。売れ残った在庫を一掃する必要に迫られると，内部でも値下げ圧力が増す。
○**販売への圧力**：営業部隊は数量を捌こうと強引に売り込むようになり，それと同時に，顧客はますます購入を渋るようになる。営業担当者としては目標達成が一層難しくなる。

　このような需要と供給の展開は，価格に大きな影響を及ぼす。危機をきっかけに，複数の利益ドライバー（価格，数量，コスト）が作用して企業に不利益をもたらすのだ。通常価格では販売数量が減少する。需要の減少や競合他社の値下げに対応して，自社の価格を引き下げる必要があると感じるかもしれない。

　利益に及ぼす負の影響を見るために，ここで再び電動工具の事例を使うことにしよう。今回は，攻撃ではなく防御する立場だ。開始状況は価格100ドル，単位当たり変動費60ドル，固定費3,000万ドル，売上数量100万個とする。**図表９−１**は，価

図表9-1 価格と数量の減少による影響

5％減少すると   利益はこれだけ減少する

	利益ドライバー		利益	
	旧	新	旧	新
価格	100ドル	95ドル	1,000万ドル	500万ドル
数量	100万個	95万個	1,000万ドル	800万ドル

-50%
-20%

格もしくは数量が5％減少すると，利益がどのように減少するかを示している。

　価格が5％下がると利益は50％減少し，数量が5％減った場合の利益減少20％よりもはるかに大きい。利益の点では，危機に際して値下げよりも数量減少で苦しんだほうがいいということになる。この理由はわかりやすい。価格が下がると利益はもろに影響を受け，固定費の配賦分を含めた粗利が1個当たり10ドルから5ドルへと半減する。数量と変動費は変わらず，固定費もどのみち変わらないので，利益は同じく半分に落ち込んでしまう。しかし，数量が5％（5万個）減っても価格がそのまま維持されれば，状況は大きく異なる。数量が減少すれば，変動費は300万ドル（60×50,000）となるので，全体の利益は500万ドルではなく200万ドルのみの減少に留まる。

　こうした状況に直面すれば，次のA案とB案のどちらかを選ぶ必要があるが，これは激しい議論を呼ぶ。

　A案：5％の値下げを認めて，数量をそのまま維持する。
　B案：5％の数量の減少を認めて，価格をそのまま維持する。

　私はセミナーやワークショップで大勢のマネジャーたちとこの2つの選択肢について議論をしてきた。たとえ利益が300万ドル下回ったとしても，ほぼ全員がA案を選好する。皆の見解はおおむね同じで，A案のほうが数量，市場シェア，人材活用が高く，一時帰休や全面的な人員削減を回避できるという。すでに第5章で利益と数量とでは基本的な目的が食い違うことを見てきた。マネジャーは平常時でも「低価格，数量維持」という選択肢を好む傾向があるが，危機になるとこの傾向はなおさら顕著になる。売上，設備稼働率，雇用を維持する取り組みが優先されるのだ。しかし，危機に際して，それはまさに誤ったアプローチとなりかねない。

電動工具の事例は，値下げと数量削減が同時ではなく，どちらか一方が起こるという想定だったが，それだけでも十分に悪い状況である。しかし，価格と数量が同じ比率で減少する危険に比べれば，害は比較的少ない。図表９－２はこの破壊的な影響を示している。

数量と価格が５％低下すると，売上高は9.75％減り，利益は67.5％も激減する。価格と数量が20％低下すると，売上高は36％減り，1,400万ドルの損失が出る。価格と数量が同時に30％下がれば，売上高は51％まで急落する。一見すると，極端な落ち方のように思えるかもしれないが，最悪の世界恐慌が起こった2009年には，このように深刻で致命的な落ち込みを示す事例は珍しくなかった。

✦ 数量削減か，値下げか

危機にはどう対応すればいいのだろうか。価格を下げるのと，数量減少を呑むのとでは，どちらがよいのか。次に紹介する自動車業界の２人のCEOの発言から，危機における価格と数量のマネジメントの問題に対する見解の違いが明らかになる。

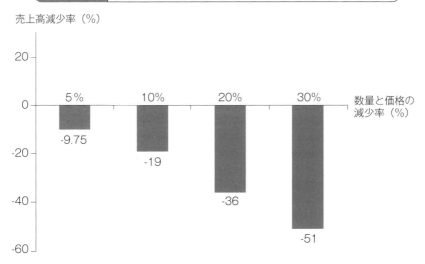

図表９－２　価格と数量が同時に下がると，売上高はどうなるか？

GMの元CEOのリチャード・ワゴナーは「この業界は固定費が極めて高い。危機の際には減産しないで低価格で切り抜けている。結局のところ，一部の競合他社と違って，当社はこの戦略でも儲けが出ている」と語った[1]。一方，ポルシェの元CEOであるヴェンデリン・ヴィーデキングはまったく逆の見解を示している。「当社はブランドを守り，中古車価格の下落を防ぐために，価格を安定的に維持する方針をとっている。需要が落ちれば減産するが，価格は下げない」[2]。彼はさらに踏み込んだ発言もしている。「我々にとって１つ明確なのは，自動車の需要がないときに，市場をモノ余りの状態にさせないことだ。我々は常に市場の需要を超えない台数分を生産したいと思っている」[3]

どちらの経営者も危機によって引き起こされた需要低下について語っているが，まったく正反対の結論を導き出している。

○GMは価格を下げて，生産量の低下を食い止めたり緩和させたりする。
○ポルシェは減産して，価格下落を食い止めたり緩和させたりする。

これまでの分析によると，利益の観点では，価格を下げるよりも，数量を減らしたほうがよかった。確かに，危機の時には数量管理は重要な対策だ。しかし，どちらが正しい選択なのだろうか。経済学の法則では，ここでも無情な力が働くことになる。企業や産業が市場に製品を供給しすぎれば，低価格と低利益率になることは避けられない。問題は工場で始まる。雇用維持と一定数量の生産を求めて圧力がかかれば，供給過剰となって価格を抑制することになる。低い単位当たり変動費と高い固定費は，好調の時は良くても，危機の時には災いする。固定費が高ければ，できる限り最大数の製品に配賦しなくてはならない。同時に，単位当たり変動費が低ければ，低価格でも単位当たり貢献利益はまだプラスになることもある。こうした要因はすべて営業担当者にとって大きなプレッシャーとなり，価格で譲歩して必要な数量を動かそうとするのだ。

危機の間の目標の１つは，このたちが悪い数量と供給サイクルをなるべく速やかに断ち切ることとなるはずだ。2009年には様々な業界の多くの企業がこれに取り組み，危機が深刻化する中で冷静沈着に対応した。勤務のシフトを短くし，工場の操業を停止したのだ。自動車業界ではほぼすべての企業がそうした対応をとった。世界的な大手化学企業のBASFは世界80工場で製造を中止した。鉄鋼業における世

界的なマーケット・リーダーのアルセラミタルはもっと迅速に反応し、2008年11月という早い段階で3分の1の減産に踏み切った[4]。デルタ航空が2009年6月に海外便を15%、国内便を6%削減することを発表すると、アメリカの航空会社はそれに追随し、アメリカン航空も同じく7.5%削減した[5]。フランスでは、2009年にシャンパンの需要が20%減ったが、同地域のワイン生産者は価格を下げる代わりに、畑の葡萄の3分の1を収穫しないことにより、比較的安定した価格レベルを維持した。いずれも賢明な動きである。しかし、それでも値下げが避けられない場合がある。

✝ 賢明な値下げのやり方

「この不況において最も重要な意思決定の1つは、価格をどうするかだ。好況時にはプライシングの適正化を図る必要はないが、今はやらなくてはならない！」と、フォーチュン誌の編集者でコラムニストのジェフ・コルヴィンは2009年に書いている[6]。危機の間、価格は極めて重要になるが、十分に理解されていないツールでもある。賢明なプライシングの必須条件は、価格と数量の関係を正しく理解することだ。危機が起こって以降、何が変わったのか。通常の安定的な状況よりも、危機の際に価格変更の影響力は変わるのだろうか。危機の時に最も一般的に行われる値下げやさらなる割引は、最も誤った対応だ。なぜそうした逆効果の行動をとるのだろうか。繰り返しになるが、その主な動機はほとんどの場合、既存の数量レベルを守り、自宅待機や解雇が必要とならないレベルで人員活用を続けることにあるのだ。

数量の危機とは、同じ価格で販売数量が減ることを指す。しかし、決してその逆になることはなく、値下げしても以前と同じ数量が売れるわけではない。それはめったに実現しない壮大な幻想なのだ。なぜかというと、2つの理由がある。第1に、危機によって需要曲線が変わって下方向にシフトする。つまり、同じ値段では従前と同じ数量は売れないということだ。今までの需要曲線はもはや使えなくなるのだ。第2に、競争相手も値下げするので、価格を下げたり大幅に割引しても、望んでいるような売上の上昇は見込めない。この事実だけでも、市場シェアを拡大させたり、以前の数量を維持したりできるかもしれないという企業の望みはすべて断ち切られる。

危機が続いている間，高い価格にすると消費者が買い控えるというのは真実ではない。消費者が買わなくなるのは，不確実性が高いと感じて貯金するためだ。正常な範囲内で値下げしたところで，こうした不確実性の緩和にはほとんど役立たない。したがって，危機の間は積極的に価格面の施策を打たないようにすることは理に適っているのだ。成り行き上，最も起こりやすいのは，企業が価格戦争に走ってしまうことだが，そうなれば，どの企業も数量を増やせないし，長期にわたって利益率にダメージを与えてしまう。その一方で，価格面で一切の妥協をすることなく危機を乗り切れるというのも幻想にすぎない。

値下げや価格面の譲歩がもはや避けられないなら，損失の影響を最小に食い止め，数量増加の効果を最大化させる方向で組み立てた価格引き下げでなければならない。サプライヤーの利益は非対称的で，価格の上げ下げに左右される。理想的には，顧客に気づかれないような値上げがいい。値下げの場合は，気づいてくれる顧客が多いほど，数量が増える効果は大きくなる。この場合，コミュニケーション手段を用いて製品やサービスの価格弾力性を高める責任はサプライヤーにある。実証研究によると，特に価格訴求広告，露出の拡大，特別表示などの施策を実施すれば，値下げによる数量増加がかなり拡大するとされている。危機が続く間，このような数量増加はこれまで以上に不可欠だが，厳しい時期だけにコミュニケーション予算も制限されるため，企業にとってはジレンマとなる。さらに値下げする必要があっても，それを効果的に伝える資金が不足してしまうのだ。

2009年の「エコカー（低燃費車）買い替え補助金」プログラムは，実際に売上を押し上げたことで有名な価格インセンティブの例だ。古い車を下取りに出して燃費の良い新車を買った消費者は3,500〜4,500ドルをもらえる。アメリカの自動車情報サイトのエドムンズ・コムの推定では，下取りに出される中古車の平均残存価値は1,475ドルだという。このため，この補助金はアメリカの消費者にとって大きなメリットがあった[7]。政府が後援するこのプログラムは2週間で当初用意していた10億ドルの資金が底を尽き，議会はさらなる拡大に向けて20億ドルの追加予算を割り当てた。ドイツでも，同様のプログラムが好評を博した。自動車メーカーは政府が提供した3,500ドルにインセンティブを上乗せし，定価からの割引は30％を超えたのだ。ドイツ政府は当初このプログラムに20億ドルの予算を当てていたが，最終的に総額70億ドルになった[8]。このような値下げは明らかに高い関心を集め，ター

ゲット層の多くが抱いていた購入への抵抗感を打破した。このプログラムでは，広く公表された巨大なインセンティブがいかに効果を発揮するかが証明されたが，危機の際にあらゆる産業が政府から補助金をもらえるという幸運に恵まれるわけではない。

　政府の支援なしに効果を上げた事例として，ドイツのローカル企業で日曜大工店チェーンを展開するヘラが挙げられる。ドイツの小売店は今日でも，年4回の指定「オープン」日を除いて日曜日は営業しない。2009年春の指定日の日曜に，ヘラの1つの店舗で全購入品について20％の割引サービスを実施した[9]。その結果，周辺の駐車場は満車状態になり，ひどい交通渋滞を引き起こした。皆がヘラの商品にどっと群がったのだ。大幅な値下げと効果的なコミュニケーション，さらに日曜のオープン日が相俟って，消費者は不確実性を脇に置いて，買い物に行くよう背中を押された。ヘラが，このすさまじい交通量を実際の利益に変えられたかどうかは，また別の話だ。数量の増加によって，商品が売れるたびに生じる20％の「犠牲」は埋め合わせできたのか。仮にヘラの粗利が25％だとすれば，同じレベルの利益を得るためには，通常の営業日の5倍多く売る必要がある。危機という状況下でも，また，大幅な値引きと集中的なコミュニケーション・キャンペーンの組み合わせによる効果が見込まれるとしても，こうした値下げについては依然として慎重を期すべきである。

✦値下げよりも，キャッシュや製品を 提供したほうがいい？

　価格面の譲歩は，キャッシュバック（取引価格が減少する）や製品・サービスの追加という形で行われることもある。危機が続く間，価格を安くする代わりに製品やサービスを提供することには，いくつかのメリットがある。

○**価格**：表示価格に対するダメージがない。
○**利益**：同じ比率だとすれば，割引するよりも製品やサービスを提供するほうが，サプライヤーにとって利益面でプラスに働く。
○**数量**：このような形の割引を通じて数量が増加し，雇用を維持できる。

　これを説明するために，ある遊具メーカーの事例を見ていこう。危機が起こった

ときに，このメーカーは再販業者に対して，5台購入すれば6台目は無料になるという特別サービスを提供することにした。再販業者は6台を受け取るが，支払うのは5台分のみなので，単価が1万ドルだとすれば，これは事実上の16.7%の値下げに当たる。利益を計算すると，ストレートな割引に対して，製品を介した割引の効果がわかる。単価1万ドルで1台を無料にした場合，売上は5万ドル，販売数量は6台，貢献利益は1万4,000ドルだ。しかし，純粋に16.7%割引にすると，それを反映させた単価は8,330ドルとなり，売上は4万1,650ドル，販売数量は5台，貢献利益は1万1,650ドルとなる。

　割引の手段として製品を使えば，数量，人員活用，利益の改善につながることに加えて，別のメリットもある。危機の間の一時的な措置とするならば，危機が去った後で簡単に取り下げ可能であることだ。危機対策で8,330ドルにした表示価格を，以前の1万ドルに戻そうとするほうが格段に難しい。

　あるデザイナー家具メーカーも2009年の危機の際に，製品を用いた割引をうまく実施した。この大手企業は，価格の一貫性と継続性を非常に重視していた。顧客が値引きを求めてきたときは常に（これは危機が続く間，ひっきりなしに起こった），値引きではなく，むしろ家具の数量を増やす形で譲歩した。ほとんどの場合，顧客はこうしたサービスに満足していた。この戦術によって設備稼働率が高まり（値引きするよりも販売数量が増えた），貢献利益も増加した。貢献利益が増えたのは，主にメーカーと顧客の間で，追加分の家具の価値に対する受け止め方に違いがあるためだ。顧客は小売価格に基づいて追加分の家具の価値を捉えているのに対し，メーカーは変動費で見ている。つまり，顧客の目には100ドルの価値のあるギフトだが，メーカーからすればそのコストはわずか60ドルなのだ。直接値引きすれば，顧客に同じ価値の「ギフト」を提供するために100ドルを実際に諦めることになる。

　同じ原則は買い物だけでなく，賃貸ビジネスにも当てはまる。一般的に，新しい入居者に1平米当たり賃料を割引するよりも，数カ月のフリーレント（賃料無料）を提供したほうが，家主にとってメリットが大きい。建物の価値は賃料の倍数で決まり，銀行は融資の決定に同じ基準を用いる。仮に最初の数カ月間は賃料がゼロになったとしても，家主には通常の賃料を高くしたいというインセンティブが働く。興味深いことに，入居者側もフリーレントに高い知覚価値を感じる。それは，賃貸

第9章　経済危機への対応と価格戦争　253

期間の初めに，引っ越し費用や新しい家具の購入費がどうしても必要になる事実によるのかもしれない。

✢ 顧客のレーダースクリーンをかいくぐれ！

　危機が続く間，強い値引き要求があったとしても，依然として選択的に値上げすることは可能だ。一方，価格システムの中には，非常に複雑で，顧客にとって十分に価格透明性がないものもある。品揃えや個々の価格要素が膨大な場合や，システムの条件が複雑な場合に，そういうことが起こりうる。たとえば，銀行の価格表のうち一部の項目に気づかない顧客や，実際の価格をまるで気にしない顧客も多い。顧客は通常，特定の目立つ価格や価格要素しか見ないのだ。銀行の人間であれば，毎月の基本サービス料，投資ファンドの取引手数料，現時点の預金の金利，譲渡性預金証書，マネー・マーケット・アカウントなどに目が行くだろう。法人顧客であれば，重要な国際的な金利や電信送金の費用を見る可能性が高い。その一方で，個人顧客が投資ファンドの管理料，当座貸越の金利，さらには正確なクレジットカードの金利を知っている可能性は低い。こうした価格要素には値上げの機会が秘められている。

　直近の危機の際に，ある地方銀行が顧客のレーダースクリーンをかいくぐって，一部の価格を引き上げた。そして，顧客に不満を抱かせずに，数十万ドルの追加の売上が得られた。このときの必要条件は，取引，資産，利益，値上げに対する顧客の感度に関して，あらゆる価格と製品の構成要素を徹底的に分析することだった。行内の顧客リレーション担当チームがアンケート調査を実施して，これらの側面について研究したが，そのプロセスは迅速かつ費用対効果が高かった。

　幅広い製品を取り揃えている場合，いろいろな場所に選択的に値上げする余地が隠されている。これは，小売業，スペア部品，観光旅行に当てはまる。顧客はたいてい2，3の主要製品に慣れ親しみ熟知しているが，残りの製品の価格についてはほとんど知識がない。めったに買わない製品になると特にそうだ。第3章で紹介した，納屋の南京錠の話を思い出してみてほしい。南京錠の価格についてほとんど知識のなかった私が中間の価格帯を選んだというエピソードだ。

スペア部品の場合，危機が続く間に数量を減らさずに値上げできる領域がいくつかある。第1に，危機であろうとなかろうと，顧客はスペア部品を必要としている。注力すべき領域の1つは，顧客の支払意欲の違いをもとにセグメンテーションを行い，部品を差異化することだ。正規品メーカーからしか入手できない排他的部品と，正規品メーカー以外のサプライヤーから買えるコモディティといったカテゴリーに分けられる。ここでの課題は，特定の数量レベルごとに適正な価格方針を策定することだ。サイモン・クチャー＆パートナーズは自動車メーカーのために，スペア部品事業で平均価格を12%引き上げるのをサポートし，基本シナリオよりも20%の利益改善を達成した。これは買い手のニーズと行動を詳細に分析し，価格弾力性が非常に小さいスペア部品を選んで値上げした成果である。

もう1つの考慮すべき側面は，価格差異化の性格が変化することだ。危機によって人々の習慣が変わり，新しい機会が生まれる。いくつかの研究によると，危機の間，外食が減り，家で過ごす時間や暇な時間が増えるので，読書量が増える傾向が見られた。こうした変化は需要レベルや価格感度の増減となって現れることがある。つまり，危機が起こったときに，価格や価格戦略をどう変えるべきかについて，十把ひとからげに言い表すことはできないのだ。影響や程度の強さ，継続期間を十分に理解したときにのみ適切な答えを導き出すことができる。

✛ 過剰設備という大敵

現代の世界でプライシングの際に直面する最大の課題は，過剰設備だ。私にとって，この結論は時間とともにますます明確になっており，直近の危機の際にも多くの支持が得られた。風力発電技術やスマートフォンなどの新しい成長産業でさえも，このような問題に直面する。

2013年に「風力発電業界の生産能力は世界需要の2倍を超える」とある業界組合の当局者は述べていた[10]。設備過剰の状況は至る所で見られる。サイモン・クチャー＆パートナーズが行った建材業界のプロジェクトでも，設備過剰が何よりもマネジャーを悩ましている問題だった。鉄鋼業界は常に供給過剰という事実を嘆いているし，自動車業界でも慢性的な問題になっているようだ。自動車業界では2011

第9章　経済危機への対応と価格戦争　255

年に世界の全売上台数は過去最大の8,010万台となったが，世界の製造能力は1億台で，しかも拡大を続けている。設備過剰の問題が起こるのはたいてい市場が成熟段階に入ったときであり，企業は往々にして成長性を過大評価している。また，企業は通常予期していないが，市場の縮小段階においてもよく起こる。新興国市場でさえ，かなり急速に設備過剰の状態に達する可能性があるのだ。

　「自動車メーカーの世界的な設備過剰は，ヨーロッパの飽和市場の問題だけではない。新興国市場，特に中国の自動車メーカーはすぐに製造能力を増やすので，遅かれ早かれ問題になりうる」と，ある専門家は言う[11]。

　ある市場でグローバル・リーダーのエンジニアリング企業のCEOの率直な発言からも，過剰設備が価格と利益に与える影響がよく伝わってくる。「私たちのビジネスでは誰も儲けを出せずにいます。どの企業も生産能力を持て余しているのです。プロジェクトが入札になるたびに，誰かが必死に勝ち取ろうとして，自殺的な価格を提示します。それは私たちの場合もあれば，競合他社の場合もあります。サプライヤー4社で世界市場の80％を占めているのに，誰も儲かっていないのです」

　そう言われたときに，私はすぐにこう答えた。「この設備過剰が続く限り，何も変わりませんよ」

　2009年の世界的不況によって，同業他社の1社が市場から撤退を余儀なくされ，生き残った企業はいずれも供給能力を削減した。その後，どうなっただろうか。この業界ではすぐに収益性が回復したのだ。先のCEOのいるエンジニアリング会社の株価はこの抜本的な変化によって恩恵を受けた。同社は長年苦しんでおり，2009年の株価は1株13ドルで停滞していたが，業界全体の供給能力が抑えられると，2015年までに株価は100ドル以上も上昇した。同業他社はどこも単独では悲惨な過剰設備を除去できなかったが，数社が同じ方向で動くとようやく，業界内の価格は利益の出る水準に上昇した。結局，どの競合企業も各社の能力を需要に合わせざるを得なくなったことから，実は危機が役立ったのである。

　過剰設備で価格への圧力が生じていたからといって，必ずしも能力増強への投資をしなくてもいいことにはならない。その良い例が高級ホテル業界だ。たとえば同

業界の状況について，「過剰設備により，トップクラスのホテルでダンピングが行われている」「スタンダード料金が高いほど，利益は低い」などと囁かれている[12]。価格が下降気味であるにもかかわらず，新しい高級ホテルへの投資は引き続き活発である。これでは問題が悪化するだけだ。私は，様々な企業や業界で，適正な利益を生み出し，確実に生き残るために必要な価格を実現させようとマネジャーたちが悪戦苦闘しながら，（中には何年もかけて）様々な試みや議論を重ねる様子を目撃してきた。しかし，市場内に過剰設備が残っている限り，より良い価格にする努力の大半はあまり効果を生まない。ここでの答えは，無駄に値上げを試みることではなく，キャパシティを縮小することにある。つまり，価格とキャパシティ間の複雑な相互作用は，経営トップの最優先課題ということだ。

　自社がキャパシティを削減したのに競合他社がそうしなかった場合，どうなるのだろうか。あるいは，さらに悪いことに，当社のキャパシティ縮小に競合他社が乗じてシェア拡大を図ろうとする場合，どんな手が打てるのだろうか。値上げの状況と同じで，ここでも囚人のジレンマに陥ってしまう。競合他社がこちらの動きに追随しなかったり，キャパシティ増強策に打って出てきたら，キャパシティ削減は危うい動きとなりかねない。そうなれば，市場シェアを失ったり，市場における長期的な地位が脅かされたりするだろう。このような理由により，値上げの場合と同じく，企業は競合他社をじっくりと観察し，法律が許す範囲内で，業界全体でキャパシティを下げる必要があることを説明しなくてはならない。

　もちろん，独占禁止法は，いかなる競合企業間の調整も契約上の協力関係も禁じており，業界内の価格やキャパシティにもこれは適用される。シグナルを送ることや，企業の意図や計画を発表することは，囚人のジレンマに直面した際にとるべき適切な行動を判断するのに役立つ，違法ではないやり方の１つだ。したがって，価格だけでなくキャパシティ管理の手段として体系的なシグナルの活用を検討したほうがいい。自社の市場シェアを守り，供給状況の変化に乗じる競合他社の動きには報復措置をとると発表することも効果的なシグナリングとなる。

　プライシングと同様に，言動を一致させることが大切だ。企業は信用を維持するためにも，公式に発表した変更やタイミングは守らなければならない。営業部隊が価格変更や割引などの営業政策に従い，規律を守るよう，経営層は徹底させる必要

がある。経営層が規律ある行動方針を発表したのに，営業担当者が積極的な価格攻勢を続ければ，競合他社から猛反発を食らい，自社のみならず業界全体が損害を被ることにもなりかねない。寡占業界の価格マネジメントに関する経済学やマーケティングの学術文献の内容は，同じくキャパシティ管理にも当てはまるのだ[13]。

　危機的状況の際に，競合他社がそれぞれの利益のためにキャパシティ縮小の必要性を理解すれば，チャンスは広がる。2008年から2010年にかけて，業界全体でキャパシティを大幅に縮小させた事例が多く見られた。たとえば，大手旅行代理店のTUIとトーマス・クックはヨーロッパ中でキャパシティ削減策をとった[14]。また，利用の少ない目的地への運航を取りやめた航空会社も多い。市場の値下げ要求には常に根本原因があり，その１つが過剰設備ということがよくある。この根本原因に手を打たず，未解決のままにしておく限り，企業がどれほど変更を加えようとも，対症療法にすぎず，永続的な治療法は見つからないのだ。合理的かつ妥当で有益な価格へと続く道には，過剰設備の除去が必要になることが多い。

✛危機の最中に値上げは可能か？

　危機によって市場の需要と供給状況が変わるので，企業にとって自社の価格提案を分析し見直す機会となる。もはや値下げしかないと自ら思い込むのではなく，視野を広げて代案も検討したほうがいい。たとえば，危機に見舞われた2008年から2010年にかけて，レストラン業界は特にひどい打撃を受けた[15]。結局のところ，自宅で食べるよりも外食すれば高くつくものなのだ。しかし，当時アメリカに約1,300店舗を展開していたパネラ・ブレッドは，危機の際に競合他社とは異なる対応を取った。値下げやプロモーションを行う代わりに，パネラはメニューをアップグレードして価格を引き上げたのだ。たとえば，16.99ドルのロブスター・サンドイッチをメニューに追加した。パネラCEOのロナルド・シェイクはこの動きについて次のように説明している。「世の中の大半の人は，失業中のアメリカ人に注目しているようです。当社が注目するのは，まだ雇用されている90％の人たちです」[16]。業界のトレンドとは逆に，2009年にパネラの売上は４％増，利益は28％増となった[17]。明らかに，パネラのターゲット層は高められた価値に対してより高い価格を支払うことを厭わなかったのである。

危機が最高潮に達した2009年6月，アメリカのステンレス鋼メーカーは価格を5～6％引き上げた。同業界の設備稼働率は当時わずか45％で，自動的に単位当たりトータルコストも上昇していたのだ。すべてのメーカーがほぼ等しく影響を受けていたので，この価格引き上げの試みは成功した。「現状の低い需要レベルでは工場の操業コストが増えてしまうので，当社では価格を引き上げているのです」と，ユニバーサル・ステンレス・アンド・アロイ・プロダクツのCEOであるデニス・オーツは語る。「業界内でマインドセット全体が変わりました。時には，値上げは危険だとする事実を受け入れなくてはなりません。しかし，まさにどん底にある需要は追わないほうがいいのです。当社の顧客はほぼすべて値上げを受け入れてくれました」[18]。たとえ結果論だとしても，この値上げは賢明な動きに見える。

✛ 価格戦争は企業の利益を破壊する

価格戦争は世界のどこでも多くの業界で起こっている。サイモン・クチャー＆パートナーズが行った世界的なプライシング調査では，回答したマネジャーの約59％が「自社は価格戦争に巻き込まれている」と述べた[19]。この状況は日本が最悪で，回答者の74％がそう答えた。ドイツは53％と平均をやや下回り，最も低いアメリカとベルギーは46％だった[20]。

しかし，非常に驚きだったのは「誰がその価格戦争を始めたか」という質問項目の答えである。回答者のなんと82％が「競合他社が始めた」と述べたのだ。人生ではよくあることだが，扇動者は常に自分ではなく「他人」だ。「自ら意図的に価格戦争を仕掛けた」と答えたのは約12％だった。残りの5％は，意図的ではないものの自社から始めたことを認めた。それは，競合他社の反応を正しく予想せずに動いたからに他ならない。

価格戦争は長期にわたって産業内の利益を破壊する最も効果的な方法となる。アメリカのあるマネジャーの指摘はこの状況を簡潔にまとめている。「戦争では，原子爆弾と価格には同じ制約がかかる。つまり，どちらも1度しか使えない」と。この指摘はやや誇張があるとしても，類似点ははっきりしている。産業内で価格戦争を始めるのは簡単だが，やめるのは難しいものだ。大きな不信感が生まれ，後には

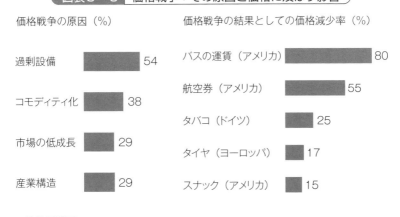

焦土しか残らない。では，どのような要因で価格戦争が引き起こされるのだろうか。また，それは価格レベルにどれほど損害を及ぼすのだろうか。図表9－3はこの問いに答えたものだ[21]。

この調査によると，価格戦争のきっかけとして最も多いのが過剰設備だ。特に，ほとんど差異化できず，価格がしばしば決定的な購買基準となるコモディティ化した製品やサービスの場合はそうだ。低成長のときにも価格戦争の危険性が増す。図表9－3の右グラフが示すように，値崩れの状況は悲惨だ。これほど値崩れした後で，利益を出せるとは実質的に考えられない。

産業ごとの価格戦争の発生率を見ると，この診断はほぼ当たっている。図表9－4は，世界中で平均以上の頻度で価格戦争が起こる産業を示している[22]。いかに高頻度で起こり，産業の違いを超えていかに似通っているかという点は特筆される。

企業はどうすれば価格戦争を回避できるのだろうか。どのように価格戦争に終止符が打てるのだろうか。これは確かに，簡単に答えられる質問ではない。1つだけ明言できるのは，最も確実で普遍的に適用できるような解決策はないことだ。図表9－3の左グラフの要因に加えて，マネジャー個人の攻撃的性格も重要な役割を果たす。競争相手を徹底的につぶすことが唯一の目標であるかのように振る舞うマネ

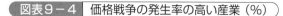
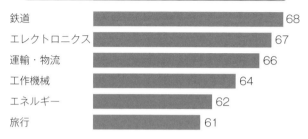

ジャーたちを，私は何度も見てきた。一度などは，CEOが部下の営業担当バイスプレジデントに向かって単刀直入に「ライバルのX社を市場から追い落とすのに，いくらかかるか」と尋ねる光景を目撃した。

営業担当バイスプレジデントが「20億ドルかかります」と言うと，そのCEOは一瞬のためらいもなく「それなら，やってみろ」と命じたのだ。

この企業は結局，明確な行動に出ることはなかった。しかし，ボスがそういう態度で配下のチーム，特に営業部隊にけしかける企業であれば，市場に価格攻勢をかけたとしてもおかしくはない。

非現実的な目標も同じカテゴリーに分類される。たとえば，GMは伝統的に市場シェアを重視してきた。ウェスタンオンタリオ大学リチャード・アイビー・スクールのロジャー・モア教授は「GMの財務的指標は昔から，キャッシュフローと利益よりも，市場シェアと売上を重視するものだった」と述べている[23]。GMのマネジャーたちはその哲学で長年過ごしてきた。2002年に開かれた営業会議で，マネジャーたちは「29」と書かれたバッジをつけた。同社のアメリカの市場シェアは何十年も安定的だったが，その当時は29％を大きく下回っていたのだ[24]。バッジの「29」という数字は新しい目標シェアを表していた。社外の人は誰も，GMがこの目標を達成できるとは思っていなかった。しかし，「29」という目標が夢物語であることを実際の市場動向がはっきりと示した後でさえ，経営層は信念を持ち続けていた。

第9章　経済危機への対応と価格戦争　261

「我々が"29"を実現するまで，ずっと"29"だ。その後で私はおそらく"30"のバッジを買うだろう」と，その２年後にGMノースアメリカのプレジデント（当時）のゲイリー・カウガーは語った[25]。GMが自ら華々しく証明してみせた通り，こうした非現実的な態度や目標は，価格攻勢，価格戦争，ついには破産へとつながっていく。GMの市場シェアは2002年以降下がり続け，2009年は19.9％，2012年は17.9％となった。価格戦争を避ける最善策は，攻撃的な発言や行動をやめて，売上，数量，市場シェアに関して現実的な目標を設定することだ。マネジャーたちには，もっと平和的に競合他社とつきあい，頑固さや規律は顧客との交渉にとっておくよう強く勧めたい。こうしたアドバイスが，大半のマネジメントやマーケティングの本に書かれている内容に反することは重々承知している。

ところで，価格戦争は決して自動車など成熟市場に限定されたものではない。若い市場でも同じく見られるものだ。2014年４月に，ウォールストリート・ジャーナル紙は「クラウド・サービスで価格戦争が勃発」という記事を書いている[26]。アマゾンとマイクロソフトとグーグルは様々なサービスの価格を最高で85％まで引き下げ，三つ巴の価格戦争を引き起こした。ここで良い思いをするのは顧客であり，中には「うちのビジネスには申し分ないことだ」と述べた人もいた。

価格戦争を回避し，終止符を打つために不可欠なのが，コミュニケーションとシグナリングだ。次のアドバイスはその勘所をよく捉えている。「一貫して価格戦争をうまく回避している企業は，価格競争の怖さとメリットを公然と表明している。記事，社内報，業界団体の会議，公開討論会など事あるごとにこの点の"説得"に当たっている」[27]

トヨタの奥田碩元会長の次の発言が示すように，軟化した姿勢で競争に臨むことは，トップ企業がすでにたどってきた道でもある。奥田は報道陣に「日本の自動車産業は，デトロイトに息を整える時間と余地を与える必要がある」と語り，トヨタがアメリカで値上げを行う可能性を示唆した。価格が高くなれば，トヨタの利益を押し上げる可能性が高いので，この動きにはまだ利己的要素が含まれている。しかし，アメリカの自動車メーカーが市場シェアを伸ばすチャンスも生じるだろう[28]。

価格コミュニケーションを通じて，価格施策やその背後の動機について顧客と競

合他社が誤解する可能性を減らさなくてはならない。最初に読み間違えたのが競合他社であろうと自社であろうと，価格とその変更について誤解があれば悪影響が生じる。どちらにせよ価格戦争に発展しかねないのだ。仮にA社が旧モデルに代わる新製品を導入したがっているとしよう。A社の倉庫には，古いモデルの在庫がまだ大量にある。おそらく，最も単純な解決策は大幅な値下げを行い，その後，価格コミュニケーションのキャンペーンを重点的に行うことだ。しかし，そのキャンペーンの中で，新旧のモデル交代という意図や，旧モデルの在庫処分という値下げの背後にある動機にはあえて言及しなかったとする。

　A社が幸運に恵まれれば，顧客は格安価格で製品を買い，倉庫は空になる。しかし，さらなる情報がなければ，競合他社はこの価格攻勢にどんな反応を示すだろうか。可能性として高いのは，競合他社がこの価格施策は攻撃的で，市場シェアを奪うための試みだと思ってしまうことだ。この状況では，競合他社はすぐにも反撃に出て価格攻勢を仕掛けてくるかもしれない。競合他社が実際に値下げしてくれば，A社は急遽2つの問題が突きつけられることになる。第1の問題は，当初の予想ほど古いモデルの個数が捌けず，在庫も減らない状況だ。第2の問題は，恒常的な値崩れが起こり，新モデルを低価格で発売しなくてはならなくなる状況である。

　それよりも，A社がまもなく新モデルを発売し，値下げは在庫一掃のための一時的措置だと発表したならば，おそらく競合他社の反応はまるで違ってくるだろう。競合他社が（A社のこれまでの行動から）この説明が信用できると思えば，自制して価格戦争を避けようとする可能性が増す。たとえば，一時的に30%値下げするという同じ行動について，顧客と競合他社はそれぞれ違う形で解釈し，まったく異なる反応を示すかもしれない。価格戦争のリスクを減らしたいならば，これは選択法のシグナルとなる。

　価格戦争に関する私の見解をごく簡単にまとめよう。賢明な業界と自滅的な産業があるが，その違いはどこにあるのか。賢明な業界は価格戦争を回避し，自滅的な業界は価格戦争で身動きがとれなくなる。賢明な業界は収益性が高く，自滅的な業界は損失を出したり，利益を食いつぶしたりする。問題は，産業全体を自滅的状態にさせるには，自滅的な企業が1社あれば十分なことだ。だからこそ，願わくは賢明な競合他社を持ちたいものである。

第9章　経済危機への対応と価格戦争　263

注◆────────

1　2003年9月にフランクフルトで開催された国際自動車見本市での発言。

2　サイモン・クチャー＆パートナースCEOのゲオルク・タックがヴェンデリン・ヴィーデキングとの会話について著者に教えてくれた。

3　"Sportwagenhersteller Porsche muss sparen", Frankfurter Allgemeine Zeitung, January 31, 2009, p.14.

4　"Hoffnung an den Hochöfen", Handelsblatt, February 12, 2009, p.12.

5　The Wall Street Journal, June 12, 2009, p. B1.

6　Geoff Colvin, "Yes, you can raise prices", Fortune, March 2, 2009, p.19.

7　"Congress Passes $2 Billion Extension of 'Cash for Clunkers' Program", ABC News, August 6, 2009.

8　"Driving Out of Germany, to pollute another day", The New York Times, August 7, 2009.

9　この行動は，ホームセンターのプラクティカの「ペットフード以外はすべて20％オフ」というコピーを思い出させる。プラクティカがずっと20％割引にしても売上への影響が最小となっている主な理由は，売り切ってしまうことにある。これに対して，ヘラはほとんど割引しない。そのため，特に危機の最中での20％割引は非常に効果があったのだ。

10　Frankfurter Allgemeine Zeitung, January 31, 2013, p.11.

11　Produktion, April 23, 2012.

12　"Unter einem schlechten Stern", Handelsblatt, March 20, 2013, p.20.

13　Hermann Simon and Martin Fassnacht, Preismanagement, 3rd Edition, Wiesbaden: Gabler, 2008.

14　Klaus Meitinger, "Wege aus der Krise", Private Wealth, March 2009, pp.26-31.

15　"Industry trends in a downturn", The McKinsey Quarterly, December 2008.

16　Julie Jargon, "Slicing the bread but not the prices", The Wall Street Journal, August 18, 2009.

17　John Jannarone, "Panera bread's strong run", The Wall Street Journal, January 23, 2010.

18　The Wall Street Journal, June 11, 2009, p.B2.

19　国際価格調査では50カ国の2,713人のマネジャーから回答を得た。

20　Simon-Kucher & Partners, Global Pricing Study 2012, Bonn, 2012.

21　Oliver Heil, Price wars: issues and results, University of Mainz, 1996.

22　Simon-Kucher & Partners, Global Pricing Study 2012, Bonn, 2012.

23　Roger More, "How general motors lost its focus - and its way", Ivey Business Journal, June 2009.

24　David Sedgwick, "Market Share meltdown", Automotive News, November 4, 2002.

25　"GM is Still Studying the $100,000 Cadillac", Automotive News, May 17, 2004.

26　Shira Ovide, "Price war erupts in cloud services", The Wall Street Journal Europe, April 17, 2014, p.20.

27　著者のプレゼンテーション: "How to Boost Profit Through Power Pricing" at the World Marketing & Sales Forum, Madrid, November 22, 2008.

28　Jathon Sapsford, (2005) "Toyota Sends Mixed Messages on Detroit Woes", The Wall Street Journal, April 27, 2005, p.22.

第10章
プライシングはCEOが
取り組むべき仕事である

　CEOから，うちの会社にできる最善の価格活用法について忌憚のないアドバイスをしてほしいと言われたら，私はどんなことを言うだろうか。これは修辞的効果を狙った問いかけではない。私は四六時中そういう質問をされるし，CEOが「御社の置かれている状況によりけりですが……」「それは実に複雑でして……」という前置きの付いた答えを求めているわけではないことにも気づいている。CEOたちはそんなことはとうに承知しており，それ以上のアドバイスを求めているのだ。

　私が最近手掛けた案件でも，CEOはまさにこうした悩みを抱えていた。このCEOは内部昇進を果たし，年商500億ドル超のグローバル企業の舵取りを任されていた。同社は昔から市場シェア重視で，それが企業文化の中に「強迫観念」として根づいていた。20～30年前ならそれでも構わなかったが，今や市場の成長は鈍化し，かなり成熟状態にあった。

　「それで，私は何をすべきでしょうか。あなたはどのような特効薬や秘策をお持ちでしょうか」と，そのCEOは聞いてきた。
　私はもちろん，そんなものは持ち合わせていないことを認めた。特効薬を持っている人などいるはずがない。ただし，私は1つの答えを持っていた。
　「社内で利益重視を徹底することです。そして，価格が最も効果的な利益のドライバーであることを肝に銘じてください」と，私は言った。
　「それは"言うは易し行うは難し"で，途方もなく難しいことですね」とCEOは答えた。そして，彼の前任者が人前で市場シェアを失った部下を叱りつけた一件に言及した。

　毎日できるだけ「利益第一」を繰り返すように，私は勧めた。CEOは当然ながら，

それを口にするたびに自分でそのメッセージを聞くことになるが，他の人には1〜2回にすぎず，耳にタコができるほど聞かされるわけではない。言葉に一貫性を持たせて，適切な行動をとり続けることも大切だ。最も重要な施策の1つは，各国の担当マネジャーの報酬制度を，売上や数量や市場シェアなどの目標ではなく，厳格に利益に基づくようにすることだ。

　戦術的な要素として，言動を強く一致させることも大切だ。どのような価格戦争でも自社から始めてはいけないし，競合他社の攻撃的な動向にいちいち反応すべきではない。市場リーダーの地位にある国や地域において，価格と価値の重要性を打ち出したコミュニケーション・キャンペーンを継続的に行いながら，価格リーダーシップを追求すべきである。

　最も重要なのは長期的に利益重視の立場をとることだが，CEOとしては短期的な成功も求められるだろう。そうだとしても，目指すべきは，断固たる決意をもって自社の関心とエネルギーを長期的利益に振り向けることだ。そのためには，価値創造を重視しなくてはならない。顧客にとっての価値が，価格において最も重要な側面なのだ。

　「良いプライシングには必須条件が3つありまして，価値を生み出すことと，価値を定量化すること，そして，価値を伝えることです。それは，価値に見合った価格，利益を出せる事業にするために必要な価格をつけたときなのです。それから，価格戦争は絶対に避けなくてはなりません」と，私は総括した。

　企業が価格戦争の誘惑に打ち勝ち，市場シェアを失う汚名を防いだなら，産業全体の利益状況を改善することができる。このCEOが率いる企業の場合，ポーランドの子会社が市場で2位につけていた。同国を担当することになった新任マネジャーは価格戦争に終止符を打ち，値上げする方向性を打ち出した。すると，マーケット・リーダーがその動きに追随した。結果的に，この子会社は増益を果たし，市場シェアは軽いロスで済んだ。このマネジャーが市場シェアを失ったことについてCEOから叱責されなかったときに初めて，これは成功であると認識され，他国の担当マネジャーたちに強いシグナルを送ることとなった。

✟ 価格と株主価値

　第1章の初めで取り上げたように，プライシングの唯一の合理的な目標は利益の最大化にある。人が利益の最大化に言及するときには，たいていある期間（たとえば，1年や四半期）を思い描いている。実際にはもっと長期展望を持つべきで，一定期間に限定しないほうがいい。短期志向になること，特に上場企業にありがちな四半期に固定された見方は，最も論争の的となる資本主義の一側面と言える。

　経営層は長期的利益の最大化に集中すべきである。上場企業の場合，それは株主価値や時価総額を高めなくてはいけないと言うのと同じことだ。価格は最も効果的な利益ドライバーなので，経営層が株主価値の向上に向けて取り組む際にはおのずと価格が決定的な役割を果たすことになるはずだ。したがって，価格はトップ・マネジメントの重要事項となる。プライシングが企業に利益をもたらし，その利益が株主価値を押し上げるとすれば，どうしてCEOがプライシングを自分の最優先課題としないことができようか。

　残念ながら，価格に高い優先順位を置いているCEOが多いようには見えない。マイクロソフトの元CEOのスティーブ・バルマーは，価格は「本当に本当に重要」であるが「熟考が足りない」人が多いと指摘している[1]。一般の投資家コミュニティでも，価格の優先順位は高くない。近年では価格について言及されることが増えてきたが，株式アナリストの報告書などの解説を見ると，ごく稀にしか出てこない。例外は投資家のウォーレン・バフェットの「ビジネスを評価するときに最も重要な唯一の意思決定はプライシング・パワーだ」という指摘である[2]。

　通常は，ある企業に出資した後でその価値を高めることを目指すプライベート・エクイティ投資家でさえ，価格の機会を生かそうとすることはめったになく，だいたいはコスト削減か，数量を伸ばすことに注目する。コスト削減は内部的なものなので，直に効果がわかる。数量を増やす試みであれば，通常は顧客が否定的反応を示すこともない。しかし，価格を上げれば，顧客との関係が壊れてしまう危険があるうえ，価格変更の効果は間接的なことが多い。このようなリスク回避の考え方や，成果に対するコントロール不足という認識のせいで，コスト削減や数量増強と比べ

て，価格を動かすことは好ましい選択肢ではなくなってしまうのだ。経営幹部やシニア・マネジメントも同じで，往々にしてプライシングへの関与が足りていない。CEOや経営層が個人的に価格マネジメントに関与する企業のほうが大きな利益を出していることは周知の通りだが，大半の企業では経営層が実際にプライシングに向ける注意は限定的なのだ。

✛ 価格を使っていかに時価総額を高められるか

　時価総額と税引後利益の関係を表すのが，株価収益率（PER）という指標だ。ダウ・ジョーンズ平均工業株価（ダウ平均）に組み入れられた全30社の平均PERは，2014年5月16日時点で16.6倍だった[3]。つまり，平均的な企業価値は企業利益の16.6倍だと市場が評価したということだ。PERは時間とともに大きく変動する可能性があるが，16.6倍という数字は長期的なダウ平均とおおむね一致している。

　第5章の図表5－2で，価格を2％上げた場合に上場会社の収益性に及ぼす劇的な効果を示したが，仮にこの値上げが定着し，PERが一定だとしよう。その前提で，価格の2％上昇が時価総額に与える影響はどうなるだろうか。図表10－1は，図表5－2に挙げた企業に関する計算結果だ。これらの企業の平均PERは17.93倍と，上述のダウ平均のPERよりもわずかに高い。

　ソニーが製品ポートフォリオ全体で2％の値上げを行ってうまくいけば，時価総額は427億3,000万ドル増えるだろう。図表10－1に挙げた企業を平均すると，時価総額が488億8,000万ドル増え，（平均時価総額1,828億ドルに対して）26.7％の増加となる。比較的小幅な価格上昇が企業価値に及ぼす効果は，長期的な性質を持つので，経営トップや事業主には興味深く関連性のある業績指標となるはずだ。これらの数値は非常に印象的な形で，プライシングが企業価値の拡大に寄与するポテンシャルの大きさを示している。いったい何人のリーダーや事業主が価格のレバレッジ効果に気づいているのだろうかと，私は思わずにいられない。実際に専門的なプライシングを用いて，その効果を引き出すように組織を促しているかについては言うまでもない。

第10章　プライシングはCEOが取り組むべき仕事である　269

図表10-1　価格を2%上げたときの時価総額の変化

企業	時価総額 （10億ドル）	PER	価格を2％上昇時 の時価総額の増加 （10億ドル）
ベライゾン・コミュニケーション	124.1	18.7	246.37
BP	272.0	7.6	136.57
エクソンモービル	671.0	10.7	100.89
ウォルマート	241.7	14.0	94.90
ネスレ	458.8	18.0	59.99
AT&T	211.6	14.6	55.40
トヨタ自動車	131.2	13.2	45.09
バンク・オブ・アメリカ	120.9	46.4	43.24
ソニー	18.1	107.0	42.73
ゼネラル・エレクトリック	237.4	13.8	38.46
IBM	407.0	12.6	38.44
CVSケアマーク	77.9	14.1	36.88
カーディナル・ヘルス	22.0	12.8	33.26
プロクター・アンド・ギャンブル	262.7	20.1	31.05
アップル	484.0	14.1	27.25
シーメンス	95.6	14.0	26.95
サムスン電子	207.2	10.3	26.94
ボーイング	73.8	14.7	23.19
バークシャー・ハザウェイ	117.6	17.6	19.36
アリアンツ	62.6	9.2	18.60
日立	22.6	13.5	17.56
フォード・モーター	48.5	9.2	17.13
ゼネラル・モーターズ	38.2	8.9	14.06
BMW	61.4	9.4	14.00
フォルクスワーゲン	102.1	3.7	13.59

✛ プライシングを通じて１億2,000万ドルの増益

　次の事例は，株主価値に対する価格と利益のインパクトが理論上の夢物語でない
ことを証明している。これは完全に現実の話なのだ。あるプライベート・エクイ
ティ投資家は，５年間保有してきた世界の大手駐車場運営会社の売却準備を進めて
いた。その投資家はコスト削減や駐車場増設といった常套手段に，利益成長分をす
べてつぎ込んでいた。しかし，プライシング面の体系的な施策はまったく打ってい
なかった。

　詳細に分析したところ，特に大都市で値上げの余地があることが明らかになった

ので，同社は直ちに行動に出た。すべて一律に値上げする代わりに，差異化したアプローチをとって，個々のガレージの魅力度，設備稼働率，競争状況に基づいて金額を決めたのだ。投資家が駐車場の借り手と交わす契約内容に新しい価格を含めたところ，年間1,000万ドルの追加収入が得られるようになった。値上げを実施してから数カ月後に，その投資家はこの企業をPERの12倍で売却した。契約により1,000万ドルの利益増が保証されたことで，企業価値が一気に1億2,000万ドルも高まったが，これは値上げ前の算定額よりも1億2,000万ドル多かった。この事例は，値上げによって企業価値を急速かつ大幅に高められることを示している。

✛価格と時価総額

　株式市場は企業に対する最も客観的な評価者とみなされている。株価は市場で入手可能な全情報を反映しているとされる。そこから湧いてくる疑問は，価格の動きが株価にどのように影響するかである。私の知る限りでは，それに関する代表的研究は行われていない。その理由の1つは，企業の価格関連情報が標準的な企業レポートにほとんど出てこない事実にあるのかもしれない。対照的に，通常とは異なる価格動向によって株価が大きく変動することが多い。それに続いてどんなことが起こるかは次に挙げる事例研究で見ていこう。いずれもプライシングが株価に及ぼしうる突然の劇的な影響を示す事例だ。

✛フィリップ・モリス：マールボロ・マンが落馬した日

　1993年4月2日金曜日，世界最大のタバコ・ブランド「マールボロ」を手掛けるフィリップ・モリスは，アメリカ市場で同ブランドの大幅な値下げを発表した。このところ市場シェアを伸ばしてきた無名の競合他社に対抗するためだ。フィリップ・モリスの株価はその日26％下落し，時価総額130億ドルが消え去った。それにつられてコカ・コーラやRJRナビスコなど大手消費財企業の株価も軒並み低下し，ダウ平均は同日に2％下落した。

　フォーチュン誌は，マールボロ・マンが落馬した日として「マールボロの金曜

第10章　プライシングはCEOが取り組むべき仕事である　271

日」と言い表した。投資家はこの値下げを，無名の競合他社との戦いで高価格を貫けなかったフィリップ・モリスの弱さや譲歩の表れだと解釈したのだ。1954年から用いられ，世界中で知られる最大のマーケティング・アイコンであるマールボロ・マン（訳注：馬に乗ったカウボーイのCMやエンブレムなどで知られている）は価格戦争に敗れたのである。投資家はこの敗北を，大手ブランドが全体的に非効率なマーケティングを行っていることの証拠として受け止めた。1993年にアメリカの大手消費財メーカーの時価総額が低迷したことを受けて，広告宣伝費もやや減少に転じた。これは1970年以降，初めてのことだった。この出来事は「ブランドの終焉」であり，マーケティングよりも，むしろ製品の真の価値を重視する新しい消費者世代が増えてきたことの表れとみなされた。

✛ プラクティカ：「すべて20％オフ」は効果的？

　ヨーロッパのホームセンター・チェーンのプラクティカは，年商約50億ドル，従業員数2万5,000人，数百店舗を展開し，2007年半ばの株価は40ドルを超えていた。同社は「ペットフード以外はすべて20％オフ」というコピーを長年用いながら，ドイツ第2の規模を誇るチェーンとなった。その後，プラクティカは特定の製品カテゴリーについて「プラグつきのものはすべて25％オフ」などの割引キャンペーンを開始した[4]。プラクティカは「これは価格の話です」というコピーも使っている。プラクティカはホームセンターの中でハード・ディスカウント業態に自社を位置づけ，最終的にこれらのコピーを使ってそのことを示した。

　プラクティカの積極的な価格戦略は裏目に出て，2008年末までに同社の株価は13ドルを下回った。ハード・ディスカウント戦略は同社を誤った道へと導き，最終的にこの戦略を放棄せざるを得なくなったのだ。プラクティカは2010年に大胆な動きに出た。今度は年末に「すべて20％オフ」というコピーを打ち出したのだ。しかし，株価は再び落ち込み，2013年春には約1.90ドルとなった。**図表10－2**は2007年から2013年にかけての同社の株価下落を表している。

　プラクティカの経営陣は「割引文化」から抜け出すことの複雑さを軽く見ていたとして批判され，「新しいポジショニングには時間と多額のコストがかかることが

明らかになるとすぐに，同ブランドの信用は失われた」と報じられた[5]。別のレポートは"ペットフード以外は全部20％オフ"といった魔法の公式をひねり出すような人には，それがどういうことかがわかっていない。プラクティカは魂のない会社である」と述べている[6]。注目されるのは，プラクティカがつまずく一方で，同業他社は絶好調だったことだ。2008年から2010年にかけて，ドイツのホームセンター・チェーンの売上総額は13億ドル超から247億ドルに増加した。プラクティカは2013年に破産申請し，営業活動を停止することとなった。

小売業者ウールワース会長のディーター・シンデルは，自社チェーンを悩ませるのは「プラクティカ症候群」だと語った。ウールワースは2009年4月に倒産した後，ヨーロッパで心機一転し新たなスタートを切った。同社は意識的に新コンセプトの下で「プラクティカ症候群」に屈しないと決意した。これまで行ってきたような割引攻勢をかけると宣言する代わりに，400品目以上について直接的かつ恒久的な値

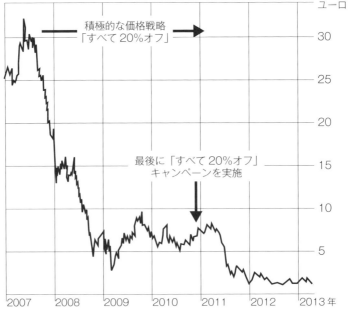

図表10-2　プラクティカの株価下落

資料：www.onvista.de

下げを実施したのだ。[7]

　この事例の教訓は，企業は低価格のみに頼ったポジショニングに身を委ねる前に，利益，さらには株価に対する潜在的な影響を考慮すべきだということである。また，一度そういうポジショニングをとれば，その方針から抜け出そうと試みても惨憺たる結果になることを認めなくてはならない。

✣炭酸カリウム市場：
　価格戦争がもたらした破壊的な影響

　世界の炭酸カリウム（肥料に用いる重要な添加物）市場は，ロシアのOAOウラルカリ，カナダのポタシュ，ドイツのK＋Sの3社によってそこそこ平和裏に寡占されてきた。価格は1メートルトンにつき400ドル程度で比較的安定していた。2013年7月末にウラルカリが「非公式のカルテル」を破る3つの方策について発表

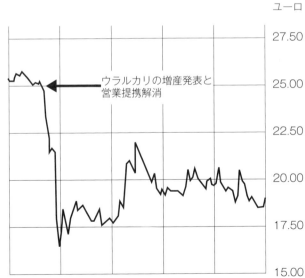

図表10-3　ウラルカリの株価下落

資料：www.onvista.de

し，株価が急落すると，状況は一変した。ウラルカリは新しい「価格よりも数量重視」戦略[8]に沿って次年度に30％増産すると宣言し，炭酸カリウムの世界屈指の消費国である中国に優遇価格を提供したのだ。さらに，ベラルーシの姉妹会社と築いてきた共同販売組織の関係を打ち切った[9]。

　図表10－3が示すように，ウラルカリの株価は直ちに甚大な影響を受けた。同社の株価は2日間で24％下落し，競合他社も運命を共にすることとなった。ポタシュの株価は23％，K＋Sは30％下落した。K＋Sの見通しは特に暗く，同社の生産コストとほぼ同じ1トン当たり288ドルまで値下がりすると見るアナリストもいたほどだ。ウラルカリの発表後，K＋Sの利益予測を84％下方修正するアナリスト・グループも出てきた。ウラルカリは数カ月後，中国のコンソーシアムと6カ月の協定を結んで炭酸カリウムの新たな下限価格を事実上設定したが，それは2013年前期の価格よりも約25％安い，1メートルトンにつき305ドルだった[10]。

✛ネットフリックス：成功体験が災いした？

　ネットフリックスはもともとDVDレンタル事業から始まった企業だ。月額料金で好きなだけDVDをレンタルできるというサービスを打ち出し，DVDは郵送で届け，見終わったらやはり郵送で返却してもらう仕組みになっていた。ネットフリックスはこの画期的なビジネス・モデルにより，2009年にアメリカ国内に何千店補も展開していた巨大なDVDレンタル・チェーンのブロックバスターを倒産に追いやったのだ。ネットフリックスは段階的に，映画ストリーミング・サービスへの展開を始め，安い月額購読料というシンプルな価格モデルはそのまま維持した。2010年，同社はまさにオンラインのスター企業となり，2011年夏までに2,500万人の顧客を誇り，競合は事実上存在しなかった。

　このような成功を収めた企業がプライドの犠牲になることは，それほど珍しくもない。2011年7月12日，ネットフリックスはライセンス費用の急騰を理由に60％の値上げを発表した。しかし，ライセンス費用は顧客の興味を少しもそそるものではなかった。顧客の反応は悪かったが，同社の純損失は比率的に小さかった。しかし，投資家はそれほど寛容ではなく，ネットフリックスに手厳しい態度をとったため，

第10章　プライシングはCEOが取り組むべき仕事である　275

図表10-4　大幅に値上げした後のネットフリックスの株価

その後の3カ月間で同社の株価は約75％急落した。

　過去には160億ドルを超えていたネットフリックスの時価総額はついに50億ドルを下回るようになった。コンテンツのサプライヤーはライセンス契約を解除した。立場の弱くなったネットフリックスに対して、アマゾンやアップルは攻勢を強めた[11]。図表10-4は2011年7月の値上げ後、3カ月間のネットフリックスの株価の推移を示したものだ。ここから得られる教訓は、特に人も羨むような成功が続いた後に、プライシングで傲慢になってはいけない、ということだ。

✣J.C.ペニー：トレードアップ戦略の落とし穴

　2011年6月、デパートをチェーン展開するJ.C.ペニーは、元アップル役員のロン・ジョンソンが11月1日付けでCEOに就任すると発表した。ジョンソンは単に小売企業で経営トップ層に上り詰めた月並みなマネジャーではなかった。目を見張るよ

うな成功を収めたアップル・ストアを陰で支えた男であり、2000年の立ち上げを任されて以来、同事業の育成と拡大に携わってきたのだ。ジョンソンがCEOに就任する前、J.C.ペニーは取扱商品の約4分の3を半額以上の割引価格で販売していた。J.C.ペニーはその潜在的影響について事前にテストすることなく、2012年2月1日に抜本的なプライシングの変更に踏み切った。ほぼすべての販売促進策を中止するのと同時に、より高価格のブランドへと取扱商品を大幅にアップグレードし、100店舗以上で販売しようとしたのだ。事前にテストしなかった点について批判的な質問を受けたジョンソンは「アップルではテストしませんでした」と答えた[12]。

　J.C.ペニーの2012年度の売上は3％落ち込む一方、「トレードアップ」戦略を行ったせいでコストが上昇した。これらの影響が重なり、2011年に3億7,800万ドルだった税引後利益は、2012年に1億5,200万ドルの赤字へと転落した。2011年半ばに、同社がジョンソンの起用を発表した際には好感して株価が上昇した。しかし**図表10－5**が示すように、新しい価格戦略が実施されると、株価は急落し、2012年1月30

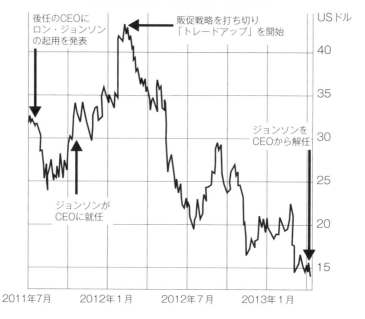

図表10－5　J.C.ペニーの株価

日から2013年4月2日までの間に41.81ドルから14.67ドル（65％の減少）へと落ち込んだ。同時期にダウ平均は16％上昇している。これについて補足のコメントは要らないだろう。このストーリーの結末はというと，ジョンソンは2013年4月に解雇された。

2015年に株価は10ドルに低下した。

✣アバクロンビー・アンド・フィッチ：割引と販促キャンペーンが裏目に

2011年第3四半期に，アパレル小売業者のアバクロンビー・アンド・フィッチは割引と販促キャンペーンを開始した。値下げと単位当たりコストが2桁増加となったことが重なり「粗利について重大な圧力」にさらされていたと，CEOのマイク・ジェフリーズは語った。クリスマスの買い物シーズンが終わってからでないと，値上げや割引撤回は無理だとみなされていたので，同社は2012年末まで利益は減少すると予測していた。

図表10－6　販売促進策を実施後のアバクロンビー・アンド・フィッチの株価

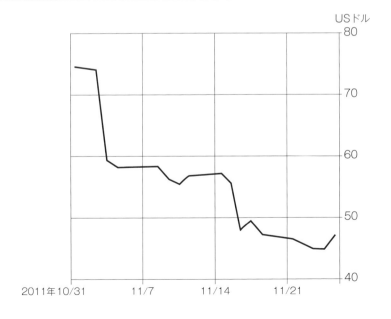

2009年から始まった金融危機の間，アバクロンビーは目立った販売促進策を行うことを頑として拒んだため，売上低迷に苦しむこととなった。2011年第3四半期に打った販売促進策により，売上は伸びたが，利益率が悪化した。投資会社の1社は同社株式の評価を格下げし，小売業界アナリスト・レポートには「以前の予測よりも粗利率がはるかに悪化している。また，特に経営陣が国内チャネルで積極的な販売促進策をとろうというスタンスなので，粗利の回復には予測よりも長くかかると思われる」と書かれた[13]。図表10－6が示すように，値下げをした結果，アバクロンビーの株価は30％以上も下落してしまったのだ。2015年には約20ドル辺りで低迷している。

✈ 電話通信会社：価格統制で時価総額が向上

今度はうまくいった事例を見てみよう。アメリカのデータと音声サービスの卸売市場は価格戦争が激しいことで有名だ。いったんネットワーク・ケーブルを敷設すれば，ほとんど変動費はかからない。このためどうしても，思い切った低価格で顧客を引きつけたくもなる。アメリカのある大手企業は2年間で株価が67％下落するという経験を経て，ついにこの戦略に対してもう我慢の限界に達したと感じた。そこで，サイモン・クチャー＆パートナーズが，同社の価格を安定させる包括的プランを作成することとなった。その新しいプログラムは営業部隊に厳しい価格統制を課すものだった。

同社は記者会見で，新しい戦略の滑り出しは順調だと発表した。同日の株価は大幅に上昇し，最終的に半年も経たないうちに2倍になった。図表10－7は，プログラム導入の前後の株価の推移を示したものだ。この成功を目の当たりにした競合の中には独自の価格統制で追随するところもあり，この事例は戦略的な価格リーダーシップの手本となった。

この企業の経営陣は株価の上昇傾向についてこう述べている。「継続的で規律の取れたプライシング手法の成果に満足しています。第3四半期の業績には，適度な価格圧縮を続けることも含めて，前向きな業界動向が反映されています」。アナリストも新たに開発された価格統制を絶賛した。「同社が卸値を引き上げたことは，

第10章 プライシングはCEOが取り組むべき仕事である 279

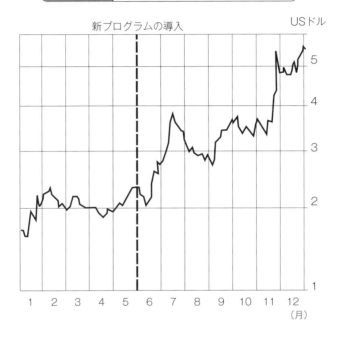

図表10-7 電話通信会社の価格統制と株価

値下げ圧力が緩和している一般的な傾向，すなわち，健全な価格傾向の一端を示している。より安定的なプライシングはどのプレーヤーにも役立つはずだ」

　これらの事例が示しているのは，価格の施策が株価と時価総額に劇的な影響を及ぼしうることだ。経営層やIR部門は今後，価格の役割をもっと真剣に受け止め，その重要性をもっと積極的に伝えるようになりそうだ。重大なプライシングの失策を避けることは，適正な価格戦略を見出すこと以上に重要だとも思われる。マールボロ，J.C.ペニー，アバクロンビーのような突然の短期的影響を伴う失策と，プラクティカのような長期的な価格ポジショニング上の失策という2種類の過ちは，何としてでも回避しなくてはならない。正しい価格決定は，即時性があるというよりも，少し遅れて株価に影響を及ぼす。というのは，こうした意思決定はたいてい目立つものではなく，ただ望ましい価格ポジションへと徐々に近づけるものであるからだ。その影響は非対称的である。前述の事例が示すように，稚拙な価格決定は直ちに株価に破壊的影響をもたらしかねない。健全な価格決定は多くの場合，その影

響が完全に表れるまでに時間がかかり，株式市場が気づくようになると，ささやか
だが着実に株価向上へと転じていくのだ。

✛ プライシングと金融アナリスト

　アナリスト・レポートは投資家にとって非常に重要な役割を果たしている。ここ
まで私はいろいろと指摘してきたが，価格水準，プライシングの能力，プライシン
グ・パワーなどの話題がアナリスト・レポートにも明示的に取り上げられていると
思う人もいるかもしれない。しかし，そんなことはない。こうしたレポートで価格
に触れられていることはほとんどなく，言及されるときは決まってその企業が高価
格品のサプライヤーである事実など些末なことにすぎない。プライシングへの言及
は非常に表面的なものに留まっていることが常なのだ。

　しかし，こうした状況は財政危機の余波で徐々に変わりつつあるように見える。
アナリストはプライシングにもっと注意を向け始めている。おそらく，プライシン
グ・パワーに関するウォーレン・バフェットの指摘もそれに関係しているのだろう。
バフェットほど，言葉に重みがあり，投資家コミュニティに幅広い聴衆を持つ人は
いない。

　ある大手銀行グループのアナリスト・レポートを見れば，潮流が変わりつつある
ことの証左となる[14]。「グローバル株式戦略」と題するそのレポートは，価格の重
要性と株式評価におけるプライシング・パワーの重要性を深く掘り下げて論じてい
る。この研究のいくつかのキーポイントは一読に値するものだ。プライシングは
「絶対的に重要であり，我々の試算では価格を１％ポイント上げると，DCF（割引
キャッシュフロー）法による評価額が16％上昇する」とアナリストたちは結論づけ
ており，まさにこの本で繰り返し述べてきたことの裏づけとなる。

　このレポートでは，プライシング・パワーに関する産業分析も行っている。高級
車，ラグジュアリー品，タバコ製品，テクノロジー製品，投資銀行，ソフトウエア，
メンテナンス契約はプライシング・パワーが大きい。一方，大衆車，観光，航空，
家電（カメラなど），メディアはプライシング・パワーが極めて小さい産業だとい

第10章　プライシングはCEOが取り組むべき仕事である　281

う。さらに，個別企業のプライシング・パワーも評価している。プライシング・パワーが大きいのは，BMW，インペリアル・タバコ，ダイムラー，ゴールドマン・サックス，オラクル，SAPなど。これに対して，プライシング・パワーが小さいのは，ソーラーワールド（ドイツの太陽光発電企業），プジョー・シトロエン，フィアット，ナイキ，CVSヘルス（アメリカのドラッグストア・チェーン）などである。

　プライシング・パワー，価格ポジション，プライシング能力といった要因が株主価値と株式評価の両方に重大な影響を与えることは，疑う余地もない。しかし，アナリスト・レポートでは昔からこうした側面があまり取り上げられてこなかった。その理由は2つある。第1に，貸借対照表と損益計算書には直接的な価格情報が全く含まれていない。当然ながら，年次報告書では時折こうした情報が出てくるが，この手の文書には標準フォーマットがないので，企業間で比較がしにくい。第2に，そもそも他の株主価値の決定要因（資本コストなど）と比べて，株主価値における価格の重要性が極めて高いことが十分に理解されていないのかもしれない。

　企業価値と株価の最も重要なドライバーは利益と成長だ。この両方の分野で毎年堅調な結果を出し続けている企業は株主価値を生み出し，投資家の間で人気となっている。ジャック・ウェルチがCEOを務めた1982〜2001年までの期間に，GEの売上高は2,700万ドルから1億3,000万ドルまで増加した。同期間の利益は毎年安定的に増加し，7倍になっている。株式分割と配当分を調整したGEの株価は，その20年間で53セントから27.95ドルまで上昇した。つまり，5,273％の増加だ……。しかも，ベンチャー企業ではなく，1897年以降ダウ平均に組み込まれている企業の話なのだ。GEはそう主張することができる唯一の企業である。GEはしばらくの間，世界で最も企業価値が高かったが，その後，驚くほど長期にわたって高成長率と高い利益を継続させているマイクロソフトとアップルに抜かれることとなった。

　ここで，非常に興味深い疑問が湧いてくる。企業価値に対して成長や利益はどのくらい寄与しているのか。これついては何千回も調査されてきたと思うかもしれないが，そうでもないのだ。この問いについて調査した少数派の1人が，投資銀行に勤めていた故ナサニエル・マスで，2005年にハーバード・ビジネス・レビュー誌でその結果を発表している[15]。マスは，売上成長率1％が利益成長率1％と比較してどのくらい株主価値に寄与しているかを示す「成長の相対値（RVG：relative value of growth)」という指標を開発した。たとえば，RVGが２の場合，売上が１％成長すると，高価格か低コストを通じて利益率が１％改善した場合の２倍，株主価値に貢献することを意味する。ただし，マスは価格が株主価値に果たす役割を明示的に研究したわけではない。そうした役割を理解するには，成長を構成要素に分解する必要がある。

「成長」という言葉は通常，売上成長率を意味する。しかし，売上成長につながる方法はいろいろとある。価格が一定で数量が５％増えれば，売上は５％増加する。価格を５％上げて数量が一定だった場合も，５％の売上成長率となる。企業のレポートで，この２つの基本的に異なる成長形態が区別されていることは稀だ。**図表５－３**からわかるように，この２つのシナリオは利益，ひいては株主価値に対して明らかに異なる影響を及ぼす。**図表５－３**の例を使うと，純粋な「価格」の上昇によって利益成長率は50％となるが，純粋な「数量」の増加による利益の増加はわずか20％である。実際には，これら２つの成長ドライバー（数量と利益）にはいろいろな組合せが考えられる（たとえば，両方とも上げる，一方を上げる，他方を下げる，……）。石油市場で一時期そうだったように，数量と価格が両方とも上昇すれば，売上と利益は非常に力強く成長する。値下げと数量の増加では何とも言えない。値上げと数量の減少も同様だ。

マスが行った研究では，こうした異なる成長形態が区別されていないが，純粋に数量ベースの成長が暗黙の前提となっている。数量と価格という成長形態を区別すればもっと明白になるが，残念ながらそれは難しい。というのも，年次報告書と損益計算書ではその先のデータが取れないのだ。前述の株式レポートと同じように，アナリストはもっと価格関連データを使った研究に取り組むべきである。価格と株主価値の関連性についてより多くの研究が行われることが急務となっている。

✛ 価格とプライベート・エクイティ投資家

プライベート・エクイティ投資家の典型的なビジネス・モデルでは，有利な価格で企業を獲得した後，できるだけ速く利益を高めようとする。その取り組みで最初のターゲットとなるのはたいていコストだ。投資家は自らの経験を踏まえて，短期

第10章　プライシングはCEOが取り組むべき仕事である　283

的な改善策を図る。さらに，通常は成長を目指して新しいセグメントや新しい市場
（海外市場の場合が多い）への参入に力を入れる。要するに，被買収企業は単純に
数量拡大へと移行する必要があるのだ。

　そこで，数量を増やすことについて考えてみよう。プライベート・エクイティ投
資家は値上げして高い利益を出す成長に向けた取り組みに尻込みすることが多い。
これは1つには，彼らは被買収企業が競争している市場についてあまりよくわから
ないので，価格面の行動よりも，リスクの低い施策に精力を傾けることが多いから
だ。さらに，彼らがこうした変革の監督を託す人材はたいてい合理化の経験は積ん
でいるが，マーケティングやトレードアップの経験ははるかに少ない。しかし，こ
の章の初めに挙げた駐車場の事例からわかるように，価格を動かすことには，成長
と利益の促進策として非常に大きな可能性がある。プライベート・エクイティ投資
家は，コスト削減の影響よりも定量化しにくいこともあって，必ずしもこうした可
能性を認めていない。別の説明として，価格の測定基準はイノベーションのプロセ
スと同じように，長期志向でなければならない。多くの場合，大きな動きを1回し
ただけでは望ましい価格レベルに達することはない。長年にわたってもっと小刻み
に進めていく必要があるのだ。

　プライベート・エクイティ投資家は，デュー・ディリジェンスの段階でこの未活
用の価格の可能性についても考慮に入れたほうがいい。特に獲得前にその可能性を
評価するのは必ずしも簡単ではないが，それでも価格とプライシング・パワーは潜
在的な株主価値の判断に不可欠な要因だ。プライシング・パワーに関するウォーレ
ン・バフェットの指摘を忘れてはいけない。

　とはいえ，プライベート・エクイティ投資家の態度も変わり始めている。投資規
模500億ドル以上の大手プライベート・エクイティ投資会社であるTPGキャピタル
は，プライシングに最善の注意を払い，サイモン・クチャー＆パートナースにも頻
繁にコンサルティングを依頼してくる。利益を意識し，プライシングの可能性を重
視して体系的に調べ始めるプライベート・エクイティ投資会社が次第に増えている
のだ。彼らにとって特に重要なのは，いかに安定的で持続可能な価格ポジションを
とるかである。

✛ トップ・マネジメントの主要な役割

　プライシングはCEOが取り組むべき問題である。それは疑う余地もないことだが，現実はというと，まるで違って見える。サイモン・クチャー＆パートナースでは，ある世界最大級の自動車サプライヤーの取引状況を調査したことがある。このサプライヤーでは通常，自動車会社と交渉する場合，社内で受容可能な最低価格（下限価格）を設定していたが，担当者がとってくる契約のほぼすべてが最低価格であることがわかった。この結果を知らせると，同サプライヤーのCEOは逆上した。彼はプライシング・プロセスの詳細，特に下限価格が設けられていることを知らなかったのだ。そうでなければ，この調査結果を聞いても，これほど驚かなかっただろう。

　あるエンジニアリング企業のCEOは，新しいプロジェクトのたびに価格の「チェスゲーム」が行われることに嫌気が差し，営業部隊に対してあるルールを設けた。粗利20％未満のプロジェクトはすべてCEOの個人的承認を求めなくてはならないとしたのだ。いかにも妥当なように聞こえる。その1年後に聞いた話では，営業担当者はCEOの承認が必要な案件をとってくることはほとんどなくなったという。その点は申し分ない！　私が続けて取引の粗利はどうかと尋ねると，「常に20.1％です」とそのCEOは答えた。「以前は粗利が24〜25％やそれ以上になることもあったのですが，今ではなくなりました」。一方的なプロセスをルール化したのだから，これは当然の帰結だ。粗利20.1％でCEOが一向に構わないとすれば，どうして営業担当者がわざわざ大変な思いをしながら，粗利25％を求めて顧客と交渉しなくてはならないのか。

　競合他社や国ごとの価格差など，価格についてある程度の詳細情報をトップマネジャーに尋ねても，素通りになることが多い。もちろん，トップマネジャーが価格を逐一，背景まで全て知っているとは期待していない。しかし，基本的な事実やプロセス，結果について報告を受けてしかるべきである。

　企業はトップマネジャーに価格ベースの報酬を与えるべきだろうか。原則として，それは可能だ。値上げを実現する，インフレ率を達成もしくは上回る，競合他社の

第10章　プライシングはCEOが取り組むべき仕事である　285

価格に調整する，あるいは，割引を減らすという目的で，こうした報酬を出すのだ。時には，露骨な価格目標を置く企業もある。トヨタは相対価格制度を用いており，自社の価格を示すときには，関連する競合モデルの平均価格との比較で表現する。数年でこの相対価格をどう変更すべきかについて，会社がマネジャーたちに具体的な指示を出すのだ。このような明確な目標は，望ましいプライシング行動を促し，報いるうえで良い出発点となりうる。

　そうはいうものの，私は一般的に，営業担当者向けならいいが，トップマネジャー向けにはこうした報酬はやめたほうがいいと助言する。こうしたインセンティブをもらう事業主や取締役は一般的に，株主価値を高めるためにどのような価格基準が最適であるかということがわかっていない。企業は価格など個々のツールではなく，株主価値が向上したかどうかという結果に基づいてインセンティブを与えたほうがいい。

　トヨタの事例から導き出されるもう1つのインサイトは，トップマネジャーが利用する価格指標を設けると非常に役立つことだ。相対価格はとても意味のある指標だと，私は考えている。この指標は各製品レベルだけでなく，製品グループ，事業部門，各国，全社単位で算定できる。トップマネジャーはこうした「主要なプライシング指標」を使って，自社の価格ポジションとその変更について基本的な評価をすることができる[16]。

　トップマネジャーはプライシングに対してもっと多くの時間とエネルギーを割くべきだというのが私の主張だが，これは，CEOがすべての価格交渉に自ら関与すべきだという意味ではない。個別案件の中にはCEOの関与が必要なものもあるかもしれないが，このやり方にはデメリットもある。ある大手物流サービス会社のCEOは年1回，自動車産業の顧客企業のCEOを訪問することを常としていた。先方のCEOたちは定期的に価格を話題に持ち出し，物流会社のCEOから価格面でさらなる譲歩を引き出そうとした。こうした会合によって，営業部隊の数カ月間の努力がふいになっていたのだ。サイモン・クチャー＆パートナースがCEOに年1回の訪問をやめるよう進言した。CEOはこのアドバイスに従ったところ，同社の粗利は改善されたのである。

幸いにも，プライシングに多大な注意を払っているCEOもいる。その一例がポルシェの元CEO，ヴェンデリン・ヴィーデキングだ。彼は個人的に重要な価格決定に関与し，詳細まで完全に精通していた。CEOの関与を含めて，極めて専門的な価格マネジメントを行っていることが，ポルシェが世界で最も収益性の高い自動車メーカーになった理由の1つである。ポルシェは2013年に，前年の17.5％を上回る18.0％の売上利益率を達成した。それに比べれば，同業他社の数値はすべて霞んでしまう。

GEでもトップ・マネジメントがプライシングに細心の注意を払っている。2001年，GEは各部門に最高プライシング責任者を配属し，部門リーダーに直接報告を上げるようにした。その数年後，同社CEOのジェフ・イメルトはこの新しいポストがもたらしたプラスの影響について言及している。価格統制がかなり厳格に行われるようになり，目標価格の達成状況も向上した。最高プライシング責任者は教育的な役割も担っており，価格交渉の準備がはるかに徹底されるようになった。全般的に，期待を大幅に上回る成果があったと，イメルトは指摘していた。

隠れたチャンピオン（各産業の中で比較的無名の世界的マーケット・リーダー）は，CEOが価格問題に大幅に関与するという特徴がある[17]。CEOが注目するため，経営幹部も事業の詳細をすべて把握している。その結果，経営幹部が一定範囲について意思決定を行い，価格問題の解決に向けて主要な役割を果たすことができるのだ。隠れたチャンピオンが請求する価格はたいてい市場レベルを10〜15％上回っているが，それでも世界的なマーケット・リーダーである。こうした企業の利益は同じく，業界平均の2.4倍を上回っている[18]。CEOがプライシングに関与することは，このレベルの成功を遂げるうえで少なからぬ役割を果たしている。

サイモン・クチャー＆パートナースが2011年と2012年に実施したグローバル・プライシング調査から，トップ・マネジメントがプライシングで重要な役割を担っていることが明らかになった[19]。2012年には，50カ国以上で様々な業界の2,713人のマネジャーを対象に，プライシングをめぐるトップ・マネジメントの役割について掘り下げて調査した。トップマネジャーがプライシングに強い個人的な興味を持つ企業では，そうではない企業と比べて，以下の点で際立っていた。

第10章　プライシングはCEOが取り組むべき仕事である　287

CEOが強く関与している企業は，

○プライシング・パワーが35%上回った。
○値上げの実行における成功率が18%高かった。
○値上げ後に粗利率がさらに26%高かった。これは単にコストの増加分を顧客に
　転嫁しただけではないことを意味する。
○こうした企業の30%が特別なプライシング部門を設置しており，そのことは利
　益にさらにプラスの影響を及ぼしていた。

　強いプライシング・パワーを持つ企業は，そうではない企業よりも売上が25%上
回ることが研究で示された。この種の結果を解釈するときには，常に前提となって
いる因果関係に注意しなければならない。しかしこれらの調査結果は，CEOがプ
ライシングに関与すると，より大きな利益が見込まれるという根拠になる。

　いま一度，言っておこう。プライシングはCEOが扱うべき案件なのだ！

注◆————

1　"Be all-in, or all-out: Steve Ballmer's advice for start-ups", The Next Web, March 4, 2014.
2　2010年5月26日に開催された金融危機調査委員会（FCIC）の前に，ウォーレン・バフェッ
　トが語った。
3　Market Data Center, The Wall Street Journal, May 16, 2014.
4　Frankfurter Allgemeine Zeitung, March 18, 2009, p.15.
5　Hagen Seidel, "Praktiker: Es geht um 100 Prozent", Welt am Sonntag, July 31, 2011,
　p.37.
6　Bernd Freytag, "Magische Orte", Frankfurter Allgemeine Zeitung, December 29, 2011,
　p.11.
7　"Woolworth will zurück zu seinen Wurzeln", Frankfurter Allgemeine Zeitung, July 2,
　2012, p.12.
8　Lukas I. Alpert, "Uralkali signs potash deal with China", The Wall Street Journal,
　January 20, 2014.
9　"Uralkali bringt Aktienkurse in Turbulenzen", Frankfurter Allgemeine Zeitung, July 31,
　2013.
10　Lukas I. Alpert, "Uralkali signs potash deal with China", The Wall Street Journal,
　January 20, 2014.
11　この事例の詳細は，George Stahl, "Netflix Shares Sink 35% after Missteps", The Wall
　Street Journal, October 26, 2011, p.15. 及びハーバード・ビジネス・スクールのネットフリッ

クスのケースを参照のこと。

12 Dana Mattioli, "For Penney's Heralded Boss, the Shine is off the Apple", The Wall Street Journal, February 25, 2013, p.A1.

13 The Wall Street Journal, November 17, 2011.

14 Credit Suisse, Global Equity Strategy, October 18, 2010.

15 Nathaniel J. Mass, "The relative value of growth", Harvard Business Review, April 2005, pp.102-112.

16 "Viele Preiskriege basieren auf Missverständnissen", Interview with Georg Tacke, Sales Business, January-February 2013, pp.13-14.

17 Hermann Simon, Hidden champions of the 21st Century, New York: Springer, 2009.を参照

18 Hermann Simon, Hidden Champions – Aufbruch nach Globalia, Frankfurt: Campus, 2012.

19 Simon-Kucher & Partners, Global Pricing Study, Bonn, 2011 and 2012.

索　引

欧文

A.ランゲ＆ゾーネ ························ 99
Amazonプライム ······················ 222
ARM ···································· 223
AT&T ··································· 36
AT&Tモビリティ ······················· 241
B2B ····································· 38
BASF ·························· 8, 216, 248
BIC ····································· 92
BMW ······························ 185, 281
C.K.プラハラード ······················ 82
Cra-Z-Art ······························ 89
CVSヘルス ····························· 281
EDLP（エブリデー・ロープライス）戦略 ····· 199
E-Plus ·································· 230
GE ················· 87, 90, 215, 281, 286
GM ············· 122, 128, 133, 159, 248, 260
H&M ···································· 75
HP ································· 77, 203
HUKコーブルク ························ 160
IBM ··································· 123
iPhone ································· 204
iPod ···································· 91
iPodナノ ································ 90
iTunes ································· 240
J.C.ペニー ························· 275, 279
K+S ···································· 273
KT ····································· 90
OAOウラルカリ ······················· 273
P&G ··································· 122
PWYWモデル ······················ 232, 238
SaaS ··································· 219
SAP ··································· 281
TUI ····································· 11
Tモバイル ······························ 228

あ行

アウディ ···························· 47, 203
アップル ····· 90, 116, 123, 188, 204, 240, 275

アーノルド・シュワルツェネッガー ········· 48
アバクロンビー・アンド・フィッチ ······· 277, 279
アマゾン ··········· 32, 79, 121, 188, 190, 221, 261
アムトラック ···························· 36
アメリカン・エキスプレス ············ 62, 102
アメリカン航空 ························· 249
アリアンツ ····························· 160
アリババ ······························· 79
アルセラミタル ························· 249
アルディ ··············· 73, 80, 81, 144, 159
アンカー価格 ··············· 48, 50, 53, 173
アンカー効果 ························ 47, 51
安価な代替品（LEA） ···················· 78
アンカリング ··························· 48
アングリーバード ······················ 224
アンドレ・ガボール ····················· 56
アンハイザー・ブッシュ・インベブ ·········· 159
アンバンドリング ················ 184, 236, 240
イーアプレス ··························· 231
閾値の効果 ····························· 55
イケア ······························ 75, 81
威光効果 ····················· 43, 48, 99
イージージェット ······················· 38
一括払い ······························· 65
イーベイ ····················· 79, 173, 242
イベント・ベースの価格差異化 ············ 199
任鐸旭（イム・タクウク） ················· 161
イーライ・ギンズバーグ ················· 55
イールド・マネジメント ················· 197
インクリメンタル式 ····················· 187
インサイダー ··························· 151
インセンティブ ························· 161
インターネット・バブル ················· 165
インフレ ···························· 56, 164
インフレ率 ····························· 166
インペリアル・タバコ ··················· 281
ヴィジャイ・マハジャン ················· 82
ヴィックリー・オークション（封印入札方式）
 ······································ 173
ウィリアム・ヴィックリー ··············· 242

ウィルキンソン・ソード ……………… 92
ヴェブレン効果 …………………… 42, 99
ヴェンデリン・ヴィーデキング ~ 94, 106, 248, 286
ウォルマート ………………… 116, 122
ウォーレン・バフェット …… 37, 267, 280
ユニクレディット・バンカ ……… 189
売上高利益率 ………………………… 74
ウールワース …………………… 79, 272
営業力弾力性 ……………………… 133
エイサー …………………………… 77
エイスース ………………………… 204
エイモス・トヴァスキー ………… 41, 57
エクハルト・クチャー ……… 8, 54, 55, 155
エドウィ・プルネル ……………… 226
エネルコン ………………………… 90, 94
エビアン …………………………… 137
エブリデー・ロープライス（EDLP）……… 81
エミレーツ航空 …………………… 18
エーリッヒ・グーテンベルク ……… 117
エール・フランス ………………… 237
エルメス …………………………… 101
エンバイロフォーク ……………… 216
エンベロープ ……………………… 99
オークション …………………… 173, 242
奥田碩 ……………………………… 261
オプション ………………………… 183
オペル ……………………………… 108
オメガ ……………………………… 101
オラクル …………………………… 281
オリカ ……………………………… 217

か行

買い溜め効果 ……………………… 127
カイ＝マルクス・ミュラー ……… 68
価格インセンティブ ……………… 250
価格感度 …………………………… 66, 153
価格感度測定 ……………………… 152
価格競争 …………………………… 37
価格決定力 ………………………… 37
価格交渉 …………………………… 20
カカクコム ………………………… 19
価格差異化 …… 64, 174, 177, 178, 188, 207, 209, 222, 236, 254
価格サイクル ……………………… 34

価格差別化 ………………………… 187
価格シグナル ……………………… 168
価格政策 …………………………… 7
価格戦争 …………………… 139, 163, 262, 266
価格測定基準 ……………………… 218
価格弾力性 …… 4, 5, 55, 132, 148, 150, 154, 194, 226
価格透明性 ……………… 18, 213, 214, 253
価格の閾値 ………………………… 54
価格の交差弾力性 ………………… 214
価格バンドリング ……………… 5, 6, 181
価格反応関数 …………………… 140, 161
価格プロモーション ……………… 16
価格ベースの報酬 ………………… 284
価格ポジショニング ……………… 73, 109
価格ポジション …………………… 73
価格マネジメント ………………… 7
価格リーダーシップ ………… 158, 159, 266
価格理論 …………………………… 7
過剰設備 …………………………… 254, 259
寡占市場 …………………………… 157, 163
価値の維持 ………………………… 21
価値の創出 ………………………… 21
価値の伝達 ………………………… 21
株価 …………………………… 270, 275, 279
株価収益率（PER）………………… 268
ガブリエル・タルド ……………… 37
カルティエ ………………………… 101, 105
カルテル …………………………… 36
カール＝ハインツ・セバスチャン ……… 8
カルバン・グリーダー …………… 86
カール・マイヤー ………………… 86
為替レートの変動 ………………… 147
カンティロン効果 ………………… 165
気温ベースの価格差異化 ………… 175
希少性 ……………………………… 33, 51
キャッシュバック ………………… 62, 251
9のつく価格 ……………………… 54
供給過剰 …………………………… 35
供給不足 …………………………… 35
競合ベース ………………………… 145
均衡価格 …………………………… 33
金融恐慌 …………………………… 36
グーグル ………………… 196, 241, 242, 261
クッパーベルク …………………… 55

索 引 291

クライスラー	128
クライブ・グランガー	56
グランドコンプリカシオン	99
クリス・トリンブル	86
クリス・ラングトン	188
クールノー仮説	161
クレオラ	89
クレジットカード	61
グレーマーケット	193
グローエ	87
クロノグラフ・レーサー	99
景気の波	34
経済合理性	25
ゲイリー・ベッカー	41
計量経済学	155
ゲオルク・タック	30
月額固定料金	219
ゲーム理論	3, 157, 197
限界効用	57, 178
限界効用逓減の法則	57, 142
限界収穫逓減の法則	179
限界損失	57
限界費用	229
現金払い	61
コアコンピタンス	219
高価格戦略	90, 93, 94, 98, 111
高価格帯	85
高価格品	43
高価格ポジショニング	89
高価格ポジション	95
貢献利益	130
広告弾力性	133
交差価格弾力性	156
行動学的プライシング	42
行動経済学	17, 42, 69
効用	41, 57
効率性	75
コカ・コーラ	26, 174
顧客価値	20, 24, 99
顧客主導型プライシング	231
心の平安	53
コストプラス	44, 130, 143, 145
コストリーダーシップ	111
固定費	28, 105, 124, 131, 171, 246

古典派経済学	17, 41, 52, 62, 63, 69, 142
コミュニケーション	261
コミュニケーション・キャンペーン	266
コモディティ	137, 234, 259
ゴールドマン・サックス	281
混合バンドリング	183
コンジョイント測定	153, 158
コーン・ホッグ循環	34

さ行

最適価格	43, 141, 146, 148, 163, 171
サイモン・クチャー＆パートナース	ii, 10, 38, 54, 108, 124, 149, 155, 168, 183, 226, 230, 234, 235, 254, 258, 278, 283, 284, 285, 286
サウスウエスト航空	76
サウル・バーマン	225
授かり効果	59
サニフェア	220
サノフィ	206
サバイバルコスト	9
サムスン電子	90, 122, 228
サモア航空	188
ザラ	75
ザランド	79, 189
産業財	85
サンクコスト（埋没費用）	60, 66, 195, 229
サンゴバイン	36
ジェフ・イメルト	286
ジェフ・コルヴィン	249
時価総額	268, 271, 275, 279
時間ベースの価格差異化	193, 195, 196
ジクスト	239
シグナリング	158, 160, 256, 261
市場シェア	119, 120
市場の均衡価格	33
市場リーダー	266
事前予約割引	201
ジップカー	217
シーバス・リーガル	43
支払意欲	20, 144, 148, 172, 181, 186, 194, 231
シミュレーション	154
シーメンス	87
ジャック・ウェルチ	281
シャネル	105

囚人のジレンマ ……………………… 157, 256
従量制課金 ………………… 97, 215, 217
従量制保険オプション ……………… 216
需給ギャップ ………………………… 34
需給バランス ………………………… 15
シュテファン・シェルツァー ……… 225
需要曲線 ……… 5, 43, 140, 142, 145, 149, 154, 161, 176, 249
ジュール・デュピュイ ……………… 209
純粋なバンドリング ………………… 240
上限価格 ………… 147, 148, 152, 173, 176, 181
消費財 ………………………………… 85
消費者物価指数（CPI）…………… 165
消費者余剰 ………………… 172, 179, 186
中宇（ジョウユウ）………………… 87
ジョエル・ディーン …………………… 55
ジョージ・スティグラー …………… 162
ジョン・フォン・ノイマン ………… 157
シリウスXMラジオ ………………… 241
ジレット ………………………… 85, 91
神経経済学 …………………………… 69
スウォッチ ……………………… 86, 111
スカイプ ……………………………… 224
スキッピー ……………………… 56, 89
スキミング戦略 …………………… 204, 206
スコープヴィジオ …………………… 219
スターバックス ………………… 68, 230
スティーブ・ジョブズ …………… 91, 240
スティーブ・バルマー …………… 15, 267
ステータス …………………………… 53
スノッブ効果 …………………… 42, 99
スペリー＆ハッチンスン ……………… 63
スポティファイ ……………………… 241
スマッカーズ ………………………… 89
スリーエム …………………………… 90
成長の相対値 ………………………… 281
正の効用 ………………………… 62, 64
製品ポートフォリオ ………………… 138
製品ライフサイクル …………………… 4
政府の干渉 …………………………… 35
セット価格 …………………………… 17
ゼネラル・エレクトリック（GE）… 26
ゼネラル・モーターズ（GM）… 108, 200
セレシオ ……………………………… 120

ゼロサム・ゲーム …………………… 38
ゼロのマジック ……………………… 52
線形の需要曲線 ……………………… 171
選択肢 ………………………………… 52
先着割引 ……………………………… 201
相対価格制度 ………………………… 285
送料無料 ……………………………… 125
ソースティン・ヴェブレン …………… 42
ソニー …………………………… 122, 268
ソーラーワールド …………………… 281
損益分岐点 ……………………… 96, 131

た行

耐久財 …………………………… 85, 141
対称寡占 ……………………………… 161
対象者別の価格差異化 …………… 188, 190
ダイナミック・プライシング …… 194, 196
ダイナミック・モデリング …………… 5
ダイムラー ……………………… 11, 281
多次元の価格構造 …………………… 223
タタ …………………………… 83, 87
タタ・ナノ …………………………… 83
ダチア・ロガン ………………… 83, 87
ダニエル・カーネマン …………… 41, 57
タリマン ……………………………… 231
タンク・アンド・ラスト ………… 220, 242
ダン・ナイマー ………………… 6, 8
地域的／国際的な価格差異化 ……… 192
チェンバレン仮説 …………………… 161
知覚価値 ……… 21, 26, 91, 131, 142
中間価格帯 …………………………… 85
中間の選択肢 ………………………… 53
中間のマジック ………………… 50, 53
チューリッヒ ………………………… 230
チューリップ・バブル ……………… 165
超低価格 …………………… 82, 84, 88
追加料金 ………………………… 235, 237
ディ・ヴェルト ……………………… 225
低価格 ………………………………… 109
低価格戦略 ……………… 74, 79, 80, 111
低価格ポジショニング ………………… 81
定額制料金 ……………………… 227, 228
ディーター・シンデル ……………… 272
テスラ ………………………………… 106

索 引 293

テディーズ	89
デニス・オーツ	258
デビアス	104
デビッド・オグルビー	26, 139, 151
デミネックス	34
デュール	216
デル	77, 80, 81
デルヴォー	43
デルタ航空	133, 249
ドイチェ・バーン	28
統一価格	171, 172, 176, 207
独占禁止法	32, 36, 191, 256
特別割引	16
トーマス・ネーグル	5
トヨタ	202, 261, 285
トレーダー・ジョーズ	74
トレーディング・アップ	224
トレーディング・スタンプ	63
トレードアップ	276

な行

ナイキ	281
ナサニエル・マス	281
ニコラス・ネグロポンテ	84
ニコラス・ハイエク	86
二次元モデル	223
二次効果	24
二者択一	141, 152, 176
2段階価格スキーム	29, 32
ニューネット	204
ニューヨークタイムズ紙	225
ニューロ・プライシング	67
ネスレ	85, 123
ネットフリックス	274
ネーム・ユア・オウン・プライス方式	231
ノヴェダ	120
ノキア	206
ノースウエスト航空	185
ノーフリル	76, 80
ノルウィッチユニオン	216

は行

バイエルン・ミュンヘン	201
ハイエンド	139

ハイパーインフレ	164, 167
ハイブリッド型消費者	110
ハイロー（High&Low）戦略	81, 199
"バグズ" バーガー・バグ・キラーズ	96
ハーゲンダッツ	56
バージョニング	206
場所ベースの価格差異化	214
端数価格	54
ハードデータ	26
ハナロTV	217
パネラ・ブレッド	257
ハーバート・サイモン	41
ハーバード・ビジネス・レビュー・プレス	241
ハル・ヴァリアン	242
バルタサル・グラシアン	22
ハルトムート・メードルン	29
ハロー効果	43
バーンカード	28, 223, 227
バンク・オブ・アメリカ	240
パンドラ	224, 241
バンドリング	17, 104, 241
ピークロード・プライシング	194
ビジャイ・ゴビンダラジャン	86
非線形の需要曲線	172
非線形プライシング	5, 17, 142, 180
非耐久財	142
ピーター・シュッツ	107
ピーター・ドラッカー	9, 117, 207
ビッグデータ	154, 190
ビート・エレクトロニクス	241
ヒューバート・ジョリー	16
ビューラー	86
ヒューレット・パッカード（HP）	77, 203
現代自動車	161
費用曲線	140
ヒルティ	219
品質指標	44
ファームビル	224
黄昌圭（ファン・チャンギュ）	90
フィアット	281
フィリップ・コトラー	4
フィリップス	87
フィリップ・ミロウスキ	69
フィリップ・モリス	270

フィールド実験 ･････････････････ 154	ボリューム志向の価格差異化 ･････････ 186
フェニックス ･･････････････････ 120	ボリューム・ディスカウント ･･･ 125, 186
フェラーリ ･････････････ 42, 106, 107	ポール・ウィリアムソン ･･････････ 27
フェンス ･････ 177, 192, 208, 214, 224	ポール・サミュエルソン ･･････････ 41
フォード ･････････････････････ 128	ポルシェ ･･････････ 106, 107, 248, 286
フォルクスワーゲン ･････ 24, 28, 46, 103	ポルシェ・ケイマン ･･･････････ 93
フォン・ヴェステンドルプ ･･･････ 152	ホールフーズ ･･････････････････ 74
不確実性 ････････････････････ 16, 53	ホンダ ･･･････････････････････ 83
ブガッティ・ヴェイロン ･･･････ 103	ホンダウェーブ ････････････････ 84
ブジョー・シトロエン ･･･････････ 281	ホンダドリーム ････････････････ 83
賦存効果 ･････････････････････ 59	**ま行**
不動産バブル ･･････････････････ 165	
負の効用 ･･･････････ 60, 63, 65, 192	マイクロソフト ･･･ 15, 91, 206, 219, 261
フュルスト・フォン・メッテルニ ･･･ 55	マイケル・J・サンデル ･･･････････ 38
プライシング・パワー ･･･････････ 280	マイケル・オリーリー ･･････････ 236
プライスライン・コム ･･･････････ 231	マイケル・デル ････････････････ 77
プライベート・エクイティ投資家 ･･･ 267, 282	マイケル・ブルームバーグ ･･･････ 37
プラクティカ ･･･････････ 79, 271, 279	マイケル・レイノア ･･･････････ 111
プラシーボ（偽薬）効果 ･･･････ 45, 46	マイバッハ ･･･････････････････ 103
ブリガムズ ････････････････････ 89	前売価格 ･････････････････････ 201
フリッツ・マイヤー ････････････ 86	前払い制 ･････････････････････ 230
フリーミアム ･･････････････････ 223	マーカス・ミーレ ･･･････････････ 93
ブルジュ・アル・アラブ・ホテル ･･････ 102	マークアップ ･･････････････････ 130
フルボリューム式 ･･･････････････ 187	マケッソン ･･･････････････････ 120
プレイ・モービル ･･･････････････ 203	マシフィケーション ･･･････････ 107
ブレークスルー ････････････････ 28	マッハ3 ･･････････････････ 85, 91
プロクター・アンド・ギャンブル（P&G）85	マム ･････････････････････････ 55
プロスペクト理論 ･･･ 41, 57, 59, 62, 63, 229, 239	マルチパーソン・プライシング ･･･ 17, 185
ブロック・ブッキング ･･･････････ 181	マルティン・ウィンターコーン ･･････ 24
分割払い ･････････････････････ 65	マールボロ ･･･････････････････ 279
並行輸入品 ････････････････････ 193	真ん中のマジック ･･･････････････ 49
ペイ・ワット・ユー・ウォント方式 ･･･ 232	ミクロ経済学 ･･･････････････････ 4
ヘキスト ･･････････････････････ 8	ミシュラン ･･･････････････････ 215
ベストバイ ･･･････････････ 16, 116	ミラークアーズ ････････････････ 159
ペニーギャップ ････････････････ 225	ミルトン・フリードマン ･･････････ 41
ペネトレーション戦略 ･･･････ 202, 224	ミーレ ･･･････････････ 23, 90, 92
ヘムユ・クライン ･･･････････････ 28	無形のベネフィット ･･･････････････ 24
ヘラ ･･･････････････････････ 251	ムムタズ・アーメド ･･･････････ 111
ベン・アンド・ジェリーズ ･･･････ 56, 89	ムーン・プライス ･･･････････････ 63
変動費 ･･･････ 28, 105, 124, 131, 147, 246	メイタグ ･･････････････････････ 90
変動量 ･･･････････ 142, 152, 178	メディアショップ・グループ ･･･････ 43
ポタシュ ･･･････････････････ 273	メディパール ･････････････････ 226
ボッシュ ･･････････････････････ 83	メルセデス ･･･････････････ 103, 106
ボブ・ルッツ ･･････････････････ 130	

索　引　295

メンタル・アカウンティング
　（心の会計）理論 ································· 66
メンタル口座 ····································· 66
モデロ ··· 159
モトローラ ·· 117
モメンタム ·· 175

や行

ユニバーサル・ステンレス・アンド・アロイ・
　プロダクツ ···································· 258
ヨハン・ヴォルフガング・フォン・ゲーテ ··· 242

ら行

ライアンエアー ···················· 75, 81, 185, 236
ライフサイクル・コスト ······················· 97
ライフタイム・バリュー（生涯価値） ········· 224
ラインハルト・ジンカン ······················· 93
ラインハルト・ゼルテン ······················ 3, 11
ラグジュアリー ·············· 99, 100, 105, 109
ラグジュアリー品 ······················· 43, 103
ラグジュアリー・プライシング ················ 108
ラコステ ·· 107
ランクセス ·· 121
利益志向 ·· 233
利益重視 ·· 266
利益ドライバー ····················· 123, 124, 245
リスク回避 ··· 53
リチャード・カンティロン ····················· 165
リチャード・ターラー ··························· 66
リチャード・ワゴナー ··························· 248
リッチモント・グループ ······················ 101

リッツ・カールトン ····························· 102
利得 ·· 57
リドル ·· 81
リバース・プライシング ······················· 231
リマインダー効果 ································· 61
留保価格 ·· 142
リンクトイン ····································· 224
ルイ・ヴィトン・モエ・ヘネシー（LVMH）··· 43,
　101
ルノー ··· 83, 87
ルパート・マードック ··························· 37
ルフトハンザ・カーゴ ·························· 239
ルフトハンザ航空 ································ 175
ルミア900 ·· 206
レクサス ·· 202
レスター・テルサー ····························· 155
レネ・オベルマン ································ 229
レノボ ·· 77
レバレッジ効果 ··································· 268
レベニュー・マネジメント ····················· 197
ロイヤル・カスタマー ··························· ii
ロジャー・モア ··································· 260
ロバート・ドラン ································· 5
ロールスロイス ···························· 103, 215
ロレックス ·· 101
ロン・ジョンソン ································ 275
ロンドン・オリンピック ······················· 27

わ行

割引 ·· 63, 252

［監訳者紹介］

上田　隆穂（うえだ　たかほ）

学習院大学経済学部教授。博士（経営学）。

東京大学経済学部卒業。一橋大学大学院商学研究科博士課程修了。

著書に『マーケティング価格戦略』（有斐閣），『買い物客はそのキーワードで手を伸ばす』（共著，ダイヤモンド社），『マーケティングを学ぶ』（共著，中央経済社），『リテールデータ分析入門』（共著，中央経済社），『生活者視点で変わる小売業の未来──希望が買う気を呼び起こす商圏マネジメントの重要性』（宣伝会議 実践と応用シリーズ）などがある。

［訳者紹介］

渡部　典子（わたなべ　のりこ）

ビジネス書の翻訳，執筆，編集等に従事。

慶應義塾大学大学院経営管理研究科修了。研修サービス会社等を経て独立。

翻訳書に，『グラミンフォンという奇跡』（共訳，英治出版），『リバース・イノベーション』（ダイヤモンド社），『グローバルビジネスの隠れたチャンピオン企業』（中央経済社），『文化を超えるグローバルリーダーシップ』（中央経済社）などがある。

価格の掟
■ザ・プライシングマンと呼ばれた男の告白

2016年10月20日　第1版第1刷発行

著　者	ハーマン・サイモン	
監訳者	上　田　隆　穂	
訳　者	渡　部　典　子	
発行者	山　本　　　継	
発行所	㈱中央経済社	
発売元	㈱中央経済グループ パブリッシング	

〒101-0051　東京都千代田区神田神保町1-31-2
電話　03（3293）3371（編集代表）
　　　03（3293）3381（営業代表）
http://www.chuokeizai.co.jp/
印刷／昭和情報プロセス㈱
製本／誠　製　本　㈱

ⓒ2016
Printed in Japan

＊頁の「欠落」や「順序違い」などがありましたらお取り替えいたしますので発売元までご送付ください。（送料小社負担）
ISBN978-4-502-19991-2　C3034

JCOPY〈出版者著作権管理機構委託出版物〉本書を無断で複写複製（コピー）することは，著作権法上の例外を除き，禁じられています。本書をコピーされる場合は事前に出版者著作権管理機構（JCOPY）の許諾を受けてください。
　JCOPY〈http://www.jcopy.or.jp　eメール：info@jcopy.or.jp　電話：03-3513-6969〉